PROJETO DE PESQUISA EM CIÊNCIAS DA SAÚDE

Dados Internacionais de Catalogação na Publicação (CIP)
(Câmara Brasileira do Livro, SP, Brasil)

Scorsolini-Comin, Fabio
　Projeto de pesquisa em ciências da saúde : guia prático para estudantes / Fabio Scorsolini-Comin. – 1. ed. – Petrópolis, RJ : Editora Vozes, 2021.

　ISBN 978-65-5713-000-1

　1. Ciências da saúde 2. Ciências da saúde – Pesquisa 3. Pesquisa – Metodologia 4. Projetos científicos I. Título.

21-54293　　　　　　　　　　　　　　　　　　　　　　　　　　CDD-001.42

Índices para catálogo sistemático:
1. Pesquisa : Metodologia　　　001.42

Maria Alice Ferreira – Bibliotecária – CRB-8/7964

Fabio Scorsolini-Comin

PROJETO DE PESQUISA EM CIÊNCIAS DA SAÚDE

Guia prático para estudantes

EDITORA VOZES

Petrópolis

© 2021, Editora Vozes Ltda.
Rua Frei Luís, 100
25689-900 Petrópolis, RJ
www.vozes.com.br
Brasil

Todos os direitos reservados. Nenhuma parte desta obra poderá ser reproduzida ou transmitida por qualquer forma e/ou quaisquer meios (eletrônico ou mecânico, incluindo fotocópia e gravação) ou arquivada em qualquer sistema ou banco de dados sem permissão escrita da editora.

CONSELHO EDITORIAL

Diretor
Gilberto Gonçalves Garcia

Editores
Aline dos Santos Carneiro
Edrian Josué Pasini
Marilac Loraine Oleniki
Welder Lancieri Marchini

Conselheiros
Francisco Morás
Ludovico Garmus
Teobaldo Heidemann
Volney J. Berkenbrock

Secretário executivo
João Batista Kreuch

Editoração: Leonardo A.R.T. dos Santos
Diagramação: Sheilandre Desenv. Gráfico
Revisão gráfica: Nilton Braz da Rocha / Fernando Sergio Olivetti da Rocha
Capa: Ygor Moretti

ISBN 978-65-5713-000-1

Editado conforme o novo acordo ortográfico.

Este livro foi composto e impresso pela Editora Vozes Ltda.

SUMÁRIO

Lista de quadros 9

Apresentação 11

Capítulo 1 – O que é um projeto de pesquisa: usos e recomendações 19
Relevância do projeto de pesquisa 22
A originalidade do projeto 24
Marcadores pessoais na construção do projeto de pesquisa 26
Com quem caminhar: a figura do orientador do projeto de pesquisa ... 27
Reflexões sobre o Capítulo 1 30

Capítulo 2 – A escrita acadêmica 35
A autoria 37
Plágio e autoplágio 41
Escrevendo com as "próprias palavras" 44
Reflexões sobre o Capítulo 2 46

Capítulo 3 – A escolha do objeto de pesquisa 51
A busca ativa pelo objeto 54
A coesão do projeto 57
Reflexões sobre o Capítulo 3 59

Capítulo 4 – A escrita dos objetivos do projeto 65
Os objetivos podem mudar ao longo do tempo? 66
A escolha dos verbos para a redação dos objetivos 67
A precisão na delimitação dos objetivos 69
Objetivo geral e objetivos específicos 70

A relação entre objetivo e método 73
Reflexões sobre o Capítulo 4 74

Capítulo 5 – A escrita da introdução e da justificativa do projeto 79
A importância da leitura para a escrita da introdução 79
Como integrar as leituras e construir uma sequência na introdução 82
A escrita da justificativa 85
Aspectos formais para a escrita da introdução 89
Reflexões sobre o Capítulo 5 91

Capítulo 6 – A construção do método: Tipos de estudos 95
Pesquisa pura e pesquisa aplicada 96
Pesquisas exploratórias, descritivas, explicativas e interventivas 97
Pesquisas de laboratório, de campo e documentais 99
Estudos quantitativos e qualitativos 102
Pesquisas experimentais, de coorte, ensaios clínicos e estudos
de caso 103
Pesquisas participantes e etnográficas 105
Estudos longitudinais e transversais 109
Reflexões sobre o Capítulo 6 111

Capítulo 7 – A construção do método em um estudo de revisão 115
Estado da arte e revisão narrativa 118
Revisão sistemática, revisão integrativa e metanálise 120
Etapas para a elaboração de revisões sistemáticas e integrativas 123
Reflexões sobre o Capítulo 7 130

Capítulo 8 – A construção do método em um estudo empírico 135
Elementos que compõem o método 136
Reflexões sobre o Capítulo 8 153

Capítulo 9 – Questões éticas na elaboração do projeto de pesquisa e a escrita do Termo de Consentimento Livre e Esclarecido para pesquisas envolvendo seres humanos 157
A importância do Termo de Consentimento Livre e Esclarecido 158

Regulamentação ética 159
Consentimento e assentimento 160
Estrutura do Termo de Consentimento Livre e Esclarecido 162
Reflexões sobre o Capítulo 9 174

**Capítulo 10 – Recomendações para a construção de projeto
de pesquisa quantitativo** 179
A pesquisa quantitativa 179
Recomendações iniciais para o projeto de pesquisa quantitativo 181
Definição da amostra 182
Definição dos instrumentos 184
Procedimentos de coleta de dados em projetos quantitativos 188
Procedimentos de análise de dados em estudos quantitativos 190
Reflexões sobre o Capítulo 10 195

**Capítulo 11 – Recomendações para a construção de projeto
de pesquisa qualitativo** 199
A pesquisa qualitativa 200
Recomendações iniciais para a escrita do projeto qualitativo 202
Estratégias para a pesquisa qualitativa 204
Critérios de qualidade para a pesquisa qualitativa 208
A equipe de pesquisa 209
Desenho do estudo qualitativo 212
Análise de dados qualitativos 215
Apontamentos finais sobre o projeto de pesquisa qualitativo 219
Reflexões sobre o Capítulo 11 220

**Capítulo 12 – Recomendações finais para a escrita do projeto
de pesquisa** 223
Primeira recomendação: a escolha do orientador 224
Segunda recomendação: a leitura 224
Terceira recomendação: a escolha da pergunta de pesquisa 225
Quarta recomendação: o método 226

Quinta recomendação: a exequibilidade 226
Sexta recomendação: a forma 227

Referências 233

Bibliografia complementar recomendada 239

Apêndices 243
Apêndice A: Guia rápido para a confecção de projetos de pesquisa 245
Apêndice B: Fluxograma de composição do projeto de pesquisa 249
Apêndice C: Modelo de capa de projeto de pesquisa 251
Apêndice D: Modelo de contracapa de projeto de pesquisa 253
Apêndice E: Modelos de cronograma de projeto empírico 255
Apêndice F: Modelos de cronograma de projeto de revisão 257
Apêndice G: Modelo de orçamento 259
Apêndice H: Exemplos de citações e referências pelas normas
da ABNT 261

Sobre o autor 265

LISTA DE QUADROS

Quadro 1: Características de um bom projeto de pesquisa 29

Quadro 2: Passos anteriores à escrita do projeto de pesquisa 30

Quadro 3: Princípios norteadores para a escrita do texto acadêmico 36

Quadro 4: Principais características do texto acadêmico 41

Quadro 5: Representação da alocação do objeto de pesquisa dentro de uma área de referência 54

Quadro 6: Integração das diferentes partes que compõem o projeto 58

Quadro 7: Taxonomia de Bloom 68

Quadro 8: Níveis da taxonomia de Bloom e seus verbos 69

Quadro 9: Representação das relações entre objetivo geral e objetivos específicos 71

Quadro 10: Representação da correspondência entre objetivos e método 74

Quadro 11: Representação da sequência da escrita da introdução do projeto ... 84

Quadro 12: Pontos principais que devem orientar a escrita da introdução do projeto 85

Quadro 13: Representação dos elementos que devem compor a justificativa ... 86

Quadro 14: Classificação das pesquisas em relação aos seus resultados 97

Quadro 15: Classificação das pesquisas em termos dos seus fins 99

Quadro 16: Classificação das pesquisas quanto aos ambientes em que são desenvolvidas 102

Quadro 17: Classificação dos estudos quanto ao método 108

Quadro 18: Principais características de um estudo de revisão de literatura 117

Quadro 19: Principais características das revisões sistemáticas e integrativas..122

Quadro 20: Sequência para a realização de uma revisão de literatura.........127

Quadro 21: Recomendações para a construção do projeto de pesquisa de revisão......130

Quadro 22: Representação da sequência de apresentação dos itens que compõem o método em um estudo empírico......135

Quadro 23: Sumarização dos principais elementos que devem ser descritos na subseção de coleta de dados......147

Quadro 24: Sumarização dos principais elementos que devem ser descritos na subseção de coleta de dados......151

Quadro 25: Representação do percurso de um projeto de pesquisa em Comitê de Ética em Pesquisa......168

Quadro 26: Elementos que devem compor o Termo de Consentimento Livre e Esclarecido......172

Quadro 27: Perguntas norteadoras para a escolha dos instrumentos em um projeto de pesquisa quantitativo......185

Quadro 28: Representação dos três primeiros itens do domínio 1 do COREQ.....209

Quadro 29: Representação dos demais itens do domínio 1 do COREQ.......210

Quadro 30: Representação dos cinco primeiros itens do domínio 2 do COREQ..213

Quadro 31: Representação dos itens 14 a 16 do domínio 2 do COREQ.......214

Quadro 32: Representação dos itens 17 a 23 do domínio 2 do COREQ.......214

Quadro 33: Representação dos três primeiros itens do domínio 3 do COREQ.....216

Quadro 34: Representação dos itens 27 a 31 do domínio 3 do COREQ.......217

Quadro 35: Sequência de organização de um projeto de pesquisa 230

APRESENTAÇÃO

> Respondi que eu gostaria mesmo era de poder um dia afinal escrever uma história que começasse assim: "Era uma vez..." Para crianças?, perguntaram. Não, para adultos mesmo, respondi já distraída, ocupada em lembrar-me de minhas primeiras histórias aos sete anos, todas começando com "era uma vez". Eu as enviava para a página infantil das quintas-feiras no jornal de Recife, e nenhuma, mas nenhuma mesmo, foi jamais publicada. E mesmo então era fácil de ver por quê. Nenhuma contava propriamente uma história com os fatos necessários a uma história. Eu lia todas as que eles publicavam, e todas relatavam um acontecimento. Mas se eles eram teimosos, eu também (LISPECTOR, 2010, p. 17).

Sempre gostei de iniciar meus textos com citações ou menções a trechos de obras literárias. Pelo que me lembro, esse prazer ao empregar epígrafes começou na época em que eu ainda era estudante do curso de Psicologia da Universidade de São Paulo, a USP. Quando me dei conta, já estava usando esses trechos nas aberturas não apenas de trabalhos de disciplinas, mas também em provas – sim, guardava comigo sempre alguns trechos memorizados para poder empregar quando fosse necessário ou quando houvesse abertura para tal.

Mesmo quando não havia tal abertura, por uma questão de normas ou protocolos, fazia questão de trazer um verso ou outro na tentativa de que aquilo pudesse ajudar a construir a narrativa que eu pretendia tecer. Anos se passaram, tornei-me professor dessa mesma universidade e, ainda hoje, uso a mesma estratégia, ora como forma de permitir a construção de um sentido específico em uma aula, por exemplo, ora como recurso para sinalizar que mesmo os meus textos mais acadêmicos possuem uma determinada marca, que é a do meu pertencimento a esse universo da literatura.

Assim, gostaria de abrir este livro que pretende refletir sobre o processo de construção de uma determinada escrita – a do projeto de pesquisa – com uma alusão à escrita de uma das autoras brasileiras mais importantes: Clarice Lispector, nascida na Ucrânia em 1920 e naturalizada brasileira. Em 2020, ano em que se comemorou o centenário do seu nascimento, é a ela que recorro para falar da escrita acadêmica, modalidade na qual este livro foi produzido e com a qual dialogaremos ao longo de todas as páginas desta obra.

Embora tenha se tornado uma das autoras mais importantes da literatura brasileira, Clarice enfrentou diversas dificuldades e incertezas em sua construção como escritora. No trecho do relato que abre o presente livro, Clarice destaca o sentimento de inadequação quando encaminhava seus textos para um jornal no Recife. Seus textos eram recusados, segundo ela, pois a então Clarice criança se recusava a escrever/descrever acontecimentos, assim como as demais crianças de sua idade. Clarice gostava de escrever sobre sensações, sobre experiências, e isso desde muito cedo. Essa sua predileção a tornaria uma autora considerada inadequada para uma escrita produzida por crianças, mas selaria desde então o seu destino como escritora capaz de descrever as mais densas experiências humanas. E, sendo assim, tornando universal uma experiência que era, em princípio, particular.

Essa metáfora nos diz sobre o estilo de escrita e também sobre a quem se destinam os nossos textos. Embora possamos ter um estilo próprio ou determinadas características de escrita – como o prazer de sempre iniciar um texto com uma ancoragem na literatura – é importante que, para podermos ser compreendidos dentro de uma mesma inteligibilidade, possamos fazer uso desse idioma em comum, desse modo compartilhado não necessariamente de ver o mundo, mas de narrá-lo.

No meio científico, essa característica de manter-se atento à pertinência dentro de um determinado estilo ou padrão não se constitui como uma característica ruim ou pouco inovadora, pelo contrário – é a capacidade de seguir protocolos e adaptar-se a esse universo compartilhado que permitirá que suas ideias também possam ser acessadas pelo seu grupo, que possam ser compreendidas, debatidas, postas à prova, ou, em outras palavras, que possam ser alvo do conhecimento científico. Seguir padrões e normas estabelecidas para a escrita acadêmica nos permite compartilhar uma determinada linguagem que nos leva a acessar conhecimentos, divulgá-los e poder contribuir de modo mais propositivo para a sua construção e também para a aplicação desses saberes em nosso cotidiano.

Nosso estilo individual e nossas características mais importantes para a nossa definição como pessoas, embora sejam muito caras, devem se colocar a serviço da escrita acadêmica, e não o contrário. Assim, ouso dizer que a escrita acadêmica é um espaço narrativo no qual se abre a possibilidade tanto da descrição de um acontecimento (como a narrativa de um experimento, por exemplo) como também o compartilhamento de sensações e experiências (em pesquisas que tomam por base as percepções humanas).

Essa escrita deve ser organizada e seguir determinados padrões que, longe de cristalizar um modo único, visam a permitir justamente a fluidez de ideias, o compartilhamento de descobertas e a construção de um modo de comunicação que se baseia na aceitação mútua de que sempre há um modo melhor de se narrar um problema e sua solução, o que sempre será perseguido pela ciência. Embora essa ciência também possa ser plural, abarcando diferentes tendências e também recomendações ligadas a esses diferentes "lugares", este livro foi escrito buscando uma determinada inteligibilidade a partir de um posicionamento específico, que é a minha ancoragem nas ciências humanas e da saúde.

Este livro foi escrito com uma missão importante dentro do ensino da ciência no Ensino Superior: ele se propõe a ajudar estudantes de graduação e de pós-graduação a elaborarem seus projetos de pesquisa no campo das ciências da saúde. Embora seja um convite a um público específico – e também diverso –, é importante considerar que vários apontamentos aqui compartilhados também podem ser endereçados a outros estudantes que se encontrem em processos semelhantes em relação à necessidade de planejar um projeto de pesquisa mesmo em outras áreas.

Como docente da área de Metodologia de Pesquisa em cursos como os de Psicologia e de Enfermagem, tanto na graduação como na pós-graduação, fiz um primeiro movimento no sentido de auxiliar os meus alunos nesse campo representado socialmente como complexo que é o da Metodologia em 2010, com a publicação do meu primeiro livro acerca do assunto (SCORSOLINI-COMIN, 2010; 2012). Em 2014 publiquei meu primeiro livro voltado exclusivamente a estudantes que estavam realizando a iniciação científica (SCORSOLINI-COMIN, 2014) e, dois anos mais tarde, uma nova incursão, agora sobre uma técnica específica nas abordagens qualitativas, que é a entrevista (SCORSOLINI-COMIN, 2015). Nesse conjunto de produções voltadas à metodologia sempre parti de um argumento comum: para ensinar algo muito complexo como metodologia é importante ser o mais didático possível, a fim de possibilitar uma inteligibilidade mesmo em um contexto que potencialmente emerge envolto em ansiedade, estresse e sensação de inaptidão para a tarefa de, por exemplo, construir um projeto de pesquisa.

O projeto de pesquisa foi escolhido nesta obra como um primeiro passo na construção do conhecimento científico: para fazer qualquer tipo de estudo é preciso, antes, planejar essa investigação. E, *a priori*, o projeto de pesquisa nada mais é do que esse planejamento. Obviamente que se trata do planejamento de algo bastante complexo, mas que deve ser transformado em algo palatável e mais próximo dos estudantes de graduação e de pós-graduação, a fim de que a ciência não seja reforçada como um campo exclusivo, prioritário e elitizado, mas que possa ser convidativo para diferentes pessoas, com diferentes condições, frutos de diversos determinantes e marcadores sociais.

Essa ciência contemporânea, em movimento, é uma ciência que se debruça sobre si mesma também para produzir mais do que evidências científicas – mas para produzir, sobretudo, acolhimento, saúde, bem-estar, pertencimento e humanização. É por uma ciência alinhada a essas buscas fundamentais que este livro foi escrito, dedicado com todo o carinho aos meus alunos que me acompanham em todos esses anos como professor dessa área tão complexa e, ao mesmo tempo, tão fascinante.

Em termos da organização do presente livro, o **Capítulo 1** (*O que é um projeto de pesquisa: usos e recomendações*) trabalha com as principais definições de um projeto de pesquisa, abordando orientações para quem está iniciando-se nessa escrita. É também uma apresentação de demais problemas que serão cotejados de modo mais específico ao longo dos capítulos seguintes. O **Capítulo 2** (*A escrita acadêmica*) explora a questão da escrita do projeto de pesquisa, diferenciando-a de outras escritas e estilos possíveis. São trazidas diversas recomendações acerca de como deve ser a escrita do projeto de pesquisa, ou seja, tomando por base a escrita de caráter acadêmico.

Feita a apresentação do livro e dos pressupostos de base para a elaboração do projeto, abordam-se as seções que compõem esse documento e permitem a sua inteligibilidade a partir daquilo a que se propõe: a ação de planejar. Seguindo para as partes que compõem o projeto de pesquisa, o **Capítulo 3** (*A escolha do objeto de pesquisa*) explora como podemos escolher ou selecionar o nosso objeto de pesquisa a partir do nosso interesse por uma determinada área ou por uma determinada disciplina dentro das ciências da saúde. O **Capítulo 4** (*A escrita dos objetivos do projeto*) permitirá ao leitor redigir os seus objetivos a partir da delimitação correta do objeto e tendo em vista o problema que se pretende solucionar com a sua pesquisa.

No **Capítulo 5** (*A escrita da introdução e da justificativa do projeto*) vamos trabalhar com a primeira parte que compõe o projeto de pesquisa, que é a introdução.

Vamos discutir se a justificativa pode vir ao final da introdução ou então como uma seção independente, ao final da introdução. Vamos discutir, fundamentalmente, que todo projeto de pesquisa deve estar sustentado em uma revisão que nos permita alocar o fenômeno que pretendemos apreender, discutindo, inclusive, a necessidade desse projeto e as suas potencialidades de contribuição com o conhecimento já existente.

Na sequência, o **Capítulo 6** (*A construção do método: tipos de estudo*) vai trabalhar com os principais delineamentos que podemos conduzir em pesquisas no campo da saúde, com destaque para os estudos de revisão, os quantitativos e os qualitativos que serão posteriormente abordados com mais detalhes. Os estudos de revisão são explorados no **Capítulo 7** (*A construção do método em um estudo de revisão*) e os estudos empíricos, no **Capítulo 8** (*A construção do método em um estudo empírico*).

O **Capítulo 9** (*Questões éticas na elaboração do projeto de pesquisa e a escrita do Termo de Consentimento Livre e Esclarecido para pesquisas envolvendo seres humanos*) aborda as resoluções éticas em vigência no Brasil para as pesquisas aplicadas, trazendo recomendações práticas para a elaboração de documentos como o Termo de Assentimento e o Termo de Consentimento Livre e Esclarecido. Pensando nos dois tipos principais de delineamentos em estudos empíricos, o **Capítulo 10** (*Recomendações para a construção de projeto de pesquisa quantitativo*) vai explorar os estudos quantitativos, trazendo orientações para a elaboração de projetos, especialmente no que tange à parte metodológica. Exercício semelhante é realizado no **Capítulo 11** (*Recomendações para a construção de projeto de pesquisa qualitativo*), explorando também como seguir critérios de qualidade na elaboração desses projetos.

Por fim, o **Capítulo 12** (*Recomendações finais para a escrita do projeto de pesquisa*) sumariza algumas das principais ideias trabalhadas ao longo do livro, permitindo que o leitor possa, de maneira segura, iniciar a escrita do seu projeto. A cada capítulo são trazidos exercícios reflexivos não apenas para a fixação de conteúdos, mas permitindo uma aplicação prática dos conhecimentos compartilhados, passo a passo, contribuindo também para o amadurecimento do aluno em torno da tarefa de escrita do projeto. Assim, a presente sequência tem como objetivo acompanhar o modo como um projeto pode ser construído. Obviamente que outras formas de escrita, de organização e de sequenciamento são possíveis, mas o exercício aqui proposto toma por base um percurso típico em uma disciplina de Metodologia de Pesquisa, permitindo que, de fato, o estudante possa ser bem-sucedido nessa tarefa.

Este livro foi escrito para ser lido pelos alunos como se fosse uma aula particular, na cadência da fala, com uma linguagem acessível, direta e que parte das dúvidas que tenho colecionado ao longo desses anos como professor e com o desafio de, a cada semestre, ajudar tantos alunos não apenas a escreverem projetos, mas aprenderem sobre ciência, método e também sobre escrita. Como psicólogo e educador, reconheço que essas aprendizagens não ocorrem de modo dissociado também da nossa construção como pessoa, com o nosso amadurecimento ao longo de todo processo de ensinar-e-aprender.

Assim, espero que este livro seja útil em sua formação quer seja como pesquisador, quer seja como profissional de saúde, quer seja como pessoa que, atenta a si e ao seu entorno, pode produzir caminhos. Caminhos como aqueles que tentamos tocar na escrita de um projeto de pesquisa ou na literatura. Caminhos para presentificar um futuro que desejamos.

CAPÍTULO 1

O QUE É UM PROJETO DE PESQUISA: USOS E RECOMENDAÇÕES

Objetivo do capítulo:
- ✓ Apresentar ao leitor o que é um projeto de pesquisa, a sua importância, bem como as orientações iniciais para seu planejamento e sua construção.

O que abordaremos neste capítulo?
- ✓ Vamos discutir de que modo o pesquisador pode refletir sobre a relevância do projeto de pesquisa e explicitá-la ao leitor do projeto, a fim de que se possa justificar a sua necessidade e a sua importância para a construção do conhecimento em dada área.
- ✓ Vamos tratar dos critérios para a originalidade de um projeto, bem como podemos selecionar um projeto que atenda não apenas aos critérios científicos e de relevância social, mas que também estejam alinhados aos interesses e predileções do pesquisador. A escolha de um orientador capaz de acompanhá-lo nesse percurso é fundamental.
- ✓ Ao final, serão apresentados exercícios reflexivos para solidificar a aprendizagem desses conteúdos.

Capítulo 1

O que é um projeto de pesquisa: Usos e recomendações

Este livro foi escrito com o objetivo de ajudar estudantes de graduação e de pós-graduação, sobretudo os da área de saúde, na escrita de seus projetos de pesquisa. No entanto, esse objetivo poderia ser confundido com algo eminentemente prático, semelhante ao que podemos encontrar em diferentes manuais e guias amplamente divulgados em nosso contexto editorial, com importantes produções que podem ser acessadas para nortear essa atividade.

Para além das questões de ordem prática que também serão encontradas neste livro, propomo-nos a apresentar a escrita do projeto de pesquisa como uma atividade importante na formação em saúde não por permitir o desenvolvimento de um trabalho de conclusão de curso, por exemplo, obrigatório para a conclusão da graduação na maioria dos cursos de Ensino Superior em nosso país, mas justamente para destacar que o projeto de pesquisa não serve exclusivamente para as finalidades de conclusão de um produto, de um curso ou de uma disciplina. Assim, este capítulo tem por objetivo apresentar o que é um projeto de pesquisa e de que modo ele pode ser empregado não apenas na sua formação, mas também em sua atuação profissional.

Como professor da área de Metodologia de Pesquisa em cursos de Enfermagem e de Psicologia, é importante reconhecer que toda disciplina que se propõe a ensinar os alunos a construírem projetos de pesquisa é potencialmente ansiogênica, o que significa que todo aluno que tiver que entregar ou apresentar um projeto de pesquisa ao final de uma disciplina ou de um ciclo pedagógico enfrentará sensações como ansiedade, insegurança e questionamentos acerca da adequação do seu projeto, sua exequibilidade e até mesmo se a sua escrita está adequada aos parâmetros exigidos. Isso acontece por muitos motivos, mas um deles se relaciona com a própria atividade da escrita, que envolve maior isolamento, introspecção, reflexão, ou seja, necessidade de voltar-se para si mesmo para encontrar o tom adequado, a justificativa mais convincente, a estratégia mais coerente.

O exercício de escrita de um projeto de pesquisa também envolve a autonomia crescente do estudante e talvez seja essa condição que tanto desperte sentimentos às vezes controversos durante a formação, quer seja na graduação ou, em menor grau, na pós-graduação. Mesmo com a figura do orientador ou da orientadora, fundamentais nesse percurso, o estudante pode se sentir sozinho nesse caminho. Na verdade, o convite à sua maior autonomia deve ser reconhecido como um rito de passagem, e talvez um trabalho de conclusão de curso possa ser um marcador desse processo de crescimento e de amadurecimento tão necessário para a formação como pesquisador, mas também como profissional. Assim, devemos reconhecer, de partida, a legitimidade de todos esses sentimentos e afirmar que não abandonaremos essas sensações para produzir o projeto de pesquisa.

Em um mercado editorial rico em referências práticas para essa organização, oferecendo modelos bem intuitivos e simples de serem seguidos por quem deseja construir o seu projeto, por que então essa tarefa é disparadora dessas reflexões todas? Se as regras existem para serem seguidas, como reza o senso comum, por que, de posse delas, eu posso não conseguir aplicá-las a contento? Por que um guia, sozinho, nem sempre irá me ajudar? Compreendo, como professor, que não basta ensinar ou apontar modelos para os alunos – é importante construir com eles o pensamento científico, uma espécie de raciocínio capaz de assegurar, de fato, a importância de se escrever um projeto de pesquisa. Assim, o projeto de pesquisa não se esvai como um mero produto que atesta a conclusão de algo, mas se torna uma ferramenta útil ao aluno. Embora nosso objetivo, ao final do livro, seja instrumentá-lo para a escrita do projeto, sabemos que a construção de um produto final não deve ser tomada como o único indicativo de um percurso bem-sucedido – por isso mesmo, a ideia de cada capítulo, de modo isolado, é útil no sentido de possibilitar que passos sejam dados e que o desenvolvimento vá sendo construído – e também apreciado.

Para além disso, mais do que aprender a escrever o seu projeto de pesquisa em específico, que poderá se tornar o seu trabalho de conclusão no futuro, por exemplo, os ensinamentos aqui compartilhados podem ajudá-los a construir um raciocínio que justamente incorpore o projeto como uma de suas etapas e não meramente como um registro. Se o projeto de pesquisa for compreendido como algo necessário para determinados desfechos em termos de uma boa pesquisa, essa etapa de planejamento passará a ser significada como inerente ao pesquisar, e não como uma burocracia ou como uma exigência estipulada por gestores, professores ou mesmo pelos órgãos reguladores do Ensino Superior, por exemplo.

Obviamente que nem todos os estudantes universitários possuem como objetivo se tornarem pesquisadores. Assim, muitos deles tendem a significar a obrigatoriedade de escrever um projeto de pesquisa para o trabalho de conclusão de curso como um sofrimento. Aqui cabe uma ressalva importante que pode redefinir o modo com que o estudante se conecta com a necessidade de construção desse produto: aprender a escrever um projeto não é útil apenas para quem pretende continuar seus estudos na pós-graduação ou se tornar um pesquisador.

Escrever projetos é uma atividade que pode fazer parte da rotina de muitos profissionais de saúde. Se você fizer parte de uma equipe de saúde ou trabalhar no setor público, por exemplo, terá a oportunidade – e, por vezes, a exigência – de elaborar projetos para a realização de pesquisas e de intervenções, para a aquisição de equipamentos, para que se possa obter financiamentos importantes para aquele equipamento de saúde, ou mesmo para que se possa receber bolsas ou determinados auxílios financeiros. Para verificar se determinado protocolo de saúde é o mais efetivo em seu trabalho, você precisará delimitar um projeto que possa acompanhar a evolução desse protocolo, a fim de que possa estimar com segurança se há efetividade ou não e, dependendo da resposta, desenvolver um novo processo de trabalho, por exemplo.

Você também pode escrever projetos que precisem ser avaliados por câmaras específicas, assim como quando solicitamos a possibilidade de realização de uma determinada prática a uma prefeitura, por exemplo. Em uma empresa privada, como no caso de um hospital, projetos podem ser requisitados sempre que um novo serviço, protocolo ou intervenção for realizada. Para que novos protocolos sejam desenvolvidos e testados em sua eficácia são necessários projetos que prevejam determinadas etapas de avaliação desse novo protocolo, como exemplificado anteriormente.

Assim, muito provavelmente, em todos os setores de atuação da área de saúde poderemos entrar em contato com projetos. Por isso, aprendermos a respeito disso não é algo isolado e exclusivo de uma disciplina, mas atravessa a formação de qualidade de um bom profissional de saúde. Pelo que pudemos compreender até o momento, a elaboração de um projeto é uma ação que atravessa diversas atividades profissionais no campo da saúde. Mas daqui em diante trabalharemos especificamente com uma modalidade de projeto: o **projeto de pesquisa**, o projeto que envolve uma pesquisa científica.

Uma boa e rápida definição de projeto é a seguinte: o projeto é um documento no qual o pesquisador planejará toda e qualquer pesquisa. Podemos, com tranquilidade, destacar que o projeto nada mais é do que um planejamento. Mas isso não diminui a sua importância ou a sua dificuldade, haja vista que planejar também é uma ação bastante complexa e que envolve diferentes variáveis. Para planejar algo precisamos, primeiro, saber o que iremos planejar. No caso de um projeto de pesquisa, portanto, eu preciso anteriormente saber o que é uma pesquisa e a que ela serve.

Por mais que um trabalho de conclusão de curso seja algo necessário para a conclusão do Ensino Superior, como já mencionamos aqui, a pesquisa narrada nesse trabalho de conclusão possui objetivos para além das suas necessidades pessoais de conclusão de curso. Isso significa que uma pesquisa não pode ser útil apenas ao pesquisador, respondendo a necessidades individuais exclusivamente. A pesquisa possui um sentido, tendo a necessidade de ser descrita em termos de sua **relevância científica** e de sua **relevância social**. Ou seja, toda pesquisa que realizamos deve ter uma fundamentação científica que a legitime e também um sentido social, a fim de que ela possa ser útil a algum processo, a alguém, a alguma comunidade, a alguma política pública, por exemplo. Embora nem sempre as nossas pesquisas possam ser explicadas rapidamente em relação a essas justificativas, é importante que o pesquisador se atenha à necessidade de refletir sobre esses aspectos.

Relevância do projeto de pesquisa

Algumas pesquisas possuem uma aplicação social muito direta, a exemplo de estudos que trabalham com alguma condição social ou fenômeno que atravessa a vida de muitas pessoas. Quando investigamos a saúde da população de rua, por exemplo, estamos falando de um fenômeno social que impacta a vida de todos, de modo que estudos nesse campo podem ser úteis na reflexão sobre essa questão.

Um esclarecimento aqui se faz necessário: não é porque selecionamos um tema que está em voga na contemporaneidade que o nosso estudo possui uma justificativa social. Ele só terá um aporte social ou uma potencialidade de efetivamente contribuir com algo se o que ele propuser for, de fato, importante no estudo daquela questão em tela. Se for realizado um estudo com um método inapropriado ou escolhendo um delineamento pouco claro ou até mesmo equivocado, as chances de esse estudo ter alguma penetração social e relevância nesse cenário são diminutas.

Para concluir nossos apontamentos sobre a relevância social, mesmo que trabalhemos com uma questão que pode não parecer, à primeira vista, próxima de uma ligação social mais direta, sensação esta que é frequentemente relatada por estudantes que trabalham com pesquisas básicas, desenvolvidas em laboratório, por exemplo, é importante explicitar a que essas pesquisas respondem. As pesquisas com medicamentos e demais substâncias em animais, como em ratos, possuem uma justificativa social bastante clara: caso essas pesquisas demonstrem a sua efetividade nesses organismos mais básicos, podem disparar a produção de drogas importantes para os seres humanos, por exemplo. Obviamente que essa é uma descrição bastante simplista diante da importância e da complexidade desse tipo de estudo; mas, de modo bastante didático, é a essa necessidade de ser empregada e promover mudanças que essas pesquisas respondem. Assim, toda pesquisa possui uma relevância social.

O que é necessário, nesse sentido, é que os pesquisadores possam ter isso muito claro em seu cotidiano, mas não apenas isso – no espaço do projeto de pesquisa isso precisa ser destacado, isso precisa ficar muito claro. Assim, o projeto de pesquisa é um espaço no qual esses aspectos deverão ser explicitados. Essa explicitação é importante para todos os interlocutores que terão acesso ao seu projeto, quer seja um avaliador, um gestor ou mesmo um companheiro de trabalho.

Embora os projetos de pesquisa normalmente sejam lidos e apreciados por pessoas da mesma área de pesquisa, que podem compreender com tranquilidade os procedimentos metodológicos, avaliando sua pertinência, há que se considerar também que outras pessoas poderão ter acesso a esse projeto e buscar uma inteligibilidade nele, ainda que sejam oriundas de áreas distintas. Isso reforça o nosso argumento de que um bom projeto sempre deve ser claro, objetivo e com todos os passos descritos detalhadamente, permitindo ao máximo uma compreensão que, de fato, se aproxime ao que foi proposto ou planejado pelos seus idealizadores. Ser claro e didático no projeto de pesquisa é um desafio importante de ser corporificado por todo pesquisador, desde o iniciante até o mais experiente.

A **relevância científica** de um projeto de pesquisa é um dos aspectos centrais de qualquer proposta. Basicamente ela atesta a importância e também a necessidade de um determinado estudo. Para que possamos descrever a importância de um estudo é importante realizarmos buscas densas na literatura já existente. Essa busca pode se dar por meio de revisões de literatura organizadas segundo critérios sistematizados ou então a partir da seleção de evidências disponíveis em diferentes bases e bibliotecas físicas ou virtuais. Em outras palavras: para proporrmos algo que possa ser considerado novo, original ou inovador é fundamental que entremos em contato com aquilo que já existe e, no meio científico, com aquilo que já foi publicado. Por isso a recomendação de acesso a bases de dados eletrônicas que são alimentadas diariamente com novas publicações.

A fim de que possamos construir um argumento mais seguro em relação a qualquer pesquisa, é importante, cada vez mais, estar alinhado às metodologias de revisão sistemática de literatura. Uma revisão sistemática de literatura permite que o pesquisador tenha acesso ao que já foi produzido e publicado em relação ao seu tema de interesse, podendo até mesmo redefinir aquilo que previamente iria realizar. Quando entramos em contato com os estudos sobre o mesmo tema podemos ter acesso a informações como: principais resultados desses estudos, tendências de publicação, estudos realizados com maior frequência, achados mais frequentes, recomendações desses estudos para novas pesquisas, lacunas de produção e necessidades que devem ser atendidas por novos projetos. A partir disso, o estudante poderá elencar, dentro de um mesmo tema, aquilo que porventura ainda não tenha sido estudado ou que ainda precise de mais estudos a respeito, a fim de que as conclusões possam ser mais consistentes. Assim, pode situar a sua proposta a partir de uma determinada lacuna que pretende ser preenchida com a sua pesquisa – que, inicialmente, será narrada a partir do projeto de pesquisa.

A originalidade do projeto

Uma pesquisa original não necessariamente é aquela que nunca ninguém realizou – por mais que tenhamos acesso a diferentes bases de dados, de todo o mundo, jamais poderemos ter contato com toda produção acerca de um mesmo tema, até mesmo pela velocidade com que essa produção é realizada e também veiculada em todas as partes. Por mais que sejamos abrangentes e criteriosos em nossas buscas, nunca teremos acesso a tudo. Assim, afirmar categoricamente que algo nunca foi realizado pode ser um argumento perigoso. Recomenda-se, portanto, que essa frase possa ser escrita desde que se apresente em quais bases você realizou a sua busca e de que modo a operacionalizou, o que lhe permitirá afirmar que, dentro dos parâmetros de busca selecionados, você possa fazer determinadas afirmações.

Considero, desse modo, que para ter um estudo original você não necessariamente terá que realizar *algo nunca feito ou pesquisado*, pelos motivos já explicitados anteriormente. Dentro de um tema bastante investigado, por exemplo, você poderá fazer inovações em termos do desenho metodológico desenvolvido, controlando determinadas variáveis e seus efeitos, incluindo outros procedimentos, instrumentos ou mesmo explorando uma amostra ainda não investigada. Assim, muitos aspectos podem ser verificados para compor um estudo que possa se enquadrar como original.

Aqui um importante aspecto deve ser destacado também, assim como fizemos quando tratamos da relevância social. Toda pesquisa envolve um determinado nível de especificidade e determinadas características. Na nossa formação como pesquisadores passamos por diferentes níveis. Quando éramos crianças realizávamos experimentos em aulas de ciências, por exemplo, em que acompanhávamos o nascimento e o crescimento de uma espécie, podendo realizar registros dessas observações para que, posteriormente, realizássemos um relatório atestando tudo o que observamos, bem como nossas reflexões a respeito dessas observações. Quando crescemos, passamos a fazer experimentos em laboratórios com mais equipamentos, podendo fazer outras observações e apurar determinadas técnicas de coleta e de análise de dados.

Até chegarmos à universidade e entrarmos em contato, de modo definitivo, com o método científico – em todos esses experimentos narrados anteriormente estamos em contato com o método científico; mas, na universidade, este passa a ser o aspecto central tanto do ensino quanto da pesquisa. Na universidade também fazemos parte de uma "escala evolutiva": primeiro realizamos uma iniciação científica, depois fazemos o nosso trabalho de conclusão de curso e, caso tenhamos como objetivo a formação como pesquisadores e docentes para o Ensino Superior, prosseguimos nossos estudos em termos de uma pós-graduação, em que teremos que escrever uma monografia de conclusão de especialização, uma dissertação de mestrado e uma tese de doutorado. Nessa evolução da formação acabamos nos deparando com níveis crescentes de especialização, com maior quantidade de detalhes, com mais variáveis para controlarmos e com a necessidade de produzirmos estudos cada vez mais robustos e complexos.

Assim, no trabalho de conclusão de curso, por exemplo, o estudante entrará em contato com um nível específico de complexidade, ou seja, terá que manejar uma complexidade compatível com os conhecimentos que adquiriu até o momento, ou seja, durante a graduação. Quanto mais estudar e se aperfeiçoar, mais poderá entrar em contato com níveis crescentes de complexidade.

Em termos do projeto de pesquisa isso significa que, no trabalho de conclusão de curso, deve-se pensar na construção de uma proposta adequada a esse nível de formação. Não podemos, ainda, nesse momento da formação, nos direcionarmos para a complexidade de um projeto de doutorado, por exemplo. Assim, todo projeto de pesquisa deve ser compatível com o nível de formação do pesquisador responsável. Isso é fundamental para que o estudante construa propostas com as quais tenha condições de lidar efetivamente.

Até aqui falamos de duas importantes condições para escrevermos um projeto de pesquisa: ele deve possuir relevância tanto científica como social. Esses são critérios centrais e que serão sempre avaliados por quem for ler o seu projeto, quer seja um professor, um orientador, um membro de banca examinadora ou um assessor que poderá lhe conceder uma bolsa de estudos ou um financiamento para a realização da pesquisa. Mas são apenas esses aspectos que devemos considerar?

Marcadores pessoais na construção do projeto de pesquisa

Um aspecto que todo estudante deve avaliar – e que não faz parte da escrita do projeto – é a **relevância desse estudo para a sua vida e para a sua formação**. Nossos projetos de pesquisa precisam, sempre que possível, estar alinhados aos nossos objetivos, fazendo conexões com nossos valores, nosso modo de ser ou, em outras palavras, com aquilo que gostamos e com aquilo em que acreditamos. Por mais que você tenha um projeto de pesquisa correto do ponto de vista metodológico, é mister que esse projeto também possua uma ressonância em sua vida.

Para isso, costumo orientar meus alunos no sentido de pensarem em propostas que estejam alinhadas ao que acreditam e também em termos de conteúdos com os quais tenham alguma proximidade ou que tenham interesse de investigar mais a fundo. Na construção de qualquer projeto de pesquisa o pesquisador deverá ler muito até construir o seu argumento – para escrever a relevância científica da proposta, terá que entrar em contato com uma vasta literatura. Isso levará tempo e irá demandar muita dedicação e engajamento. Muitas dessas leituras são complexas, com elevado nível de detalhamento, também podem ser redigidas em outro idioma, ou seja, não são leituras fáceis de serem conduzidas.

Quando pesquisamos aquilo de que gostamos ou com que temos mais afinidade ampliamos as possibilidades de concluirmos a contento a tarefa. Assim, não menos importante que as justificativas científica e social para o projeto, o estudante deve avaliar de modo bastante sincero a sua justificativa pessoal para se engajar nele. Isso não significa que você deve pesquisar algo próximo a você, mas sim um tema com o qual você não tenha qualquer dificuldade ou receio. Muitas pessoas no campo da saúde investigam diversas facetas dos processos de saúde e de doença. Nesses cursos, muitos estudantes podem se interessar por determinados tipos de adoecimento por se sentirem próximos dessas situações.

Um exemplo frequentemente mencionado é o de pesquisas em oncologia. Muitas pessoas experienciam o adoecimento por câncer na contemporaneidade, quer seja em sua experiência individual, na experiência da família ou de alguma pessoa próxima. Para compreender melhor essa doença e suas repercussões, muitas pessoas acabam procurando estudos a respeito, desejando fazer um projeto na área. É sempre importante refletir sobre esse desejo, pois, muitas vezes, o estudante pode ter passado por experiências muito difíceis em relação a isso, como no caso de ter perdido um familiar próximo, o que pode dificultar a realização posterior da pesquisa justamente por ampliar a possibilidade de entrar em contato com situações semelhantes, expondo-se a eventos que podem promover muita mobilização emocional. Em outra interpretação, essa proximidade com o tema pode ser importante no sentido de ampliar o engajamento na pesquisa, promover maior empatia para com os participantes, entre outras potencialidades.

Assim, essa escolha requer uma reflexão sincera, a fim de que se possa ter clareza dos objetivos que nortearam a escolha da sua área ou do seu tema de pesquisa. Conversar com professores que pesquisam na área pode ser importante para reconhecer esses aspectos, a fim de que possa desenvolver um projeto não apenas relevante dos pontos de vista científico, social e pessoal, mas também com o qual o estudante se sinta habilitado a se engajar.

Com quem caminhar: a figura do orientador do projeto de pesquisa

Ainda em relação a esse processo de escolha da área ou do tema para a escrita do projeto de pesquisa, é fundamental que você possa ser orientado por um professor ou pesquisador que tenha condições de ajudá-lo. Isso envolve a

escolha de um orientador com conhecimentos suficientes na área em que você pretende pesquisar. A escolha de um orientador é sempre um processo complexo, pois ela atualiza outras relações importantes em nossa vida. Por mais que a relação orientador-orientando tenha um objetivo, muitas vezes com um prazo para começar e finalizar em termos do contrato de trabalho definido, há muitas variáveis que atravessam esse vínculo.

Costumo sugerir aos meus alunos para que escolham orientadores que trabalhem com os temas que eles desejam, mas com os quais possa ser estabelecida uma relação interpessoal saudável. Assim, essa escolha também deve se basear em aspectos subjetivos que, muitas vezes, podem contribuir para o sucesso na realização de uma pesquisa.

Há também que se considerar que aqui existe uma mútua escolha – tanto o orientando busca um orientador quanto o orientador deve aceitar essa orientação. Do mesmo modo que você deve fazer essas reflexões todas antes de decidir procurar alguém, também o orientador terá que se fazer alguns questionamentos, a fim de que o trabalho possa ser realizado da melhor maneira possível e que o projeto seja não apenas escrito de modo adequado, mas que também possa ser executado a contento no futuro.

Para conhecer seus possíveis orientadores, sugiro entrar em contato com os seus professores. Na Plataforma Lattes[1] você também encontra os currículos desses professores e pode conhecer um pouco mais a trajetória deles, como área de formação, linha de pesquisa, publicações mais atuais e também os projetos de pesquisa orientados ao longo da carreira. Sempre é bom que você tenha acesso a essas informações antes de conversar com seus professores, pois isso já pode direcionar esse diálogo e permitir a construção de um contrato de trabalho mais objetivo e que possa atender às expectativas tanto do estudante como do possível orientador.

A partir de todos esses aspectos trabalhados no presente capítulo, apresento o Quadro 1, a seguir, que sumariza as principais características de um bom projeto. Esse guia poderá ser útil em todo o processo de elaboração do seu projeto de pesquisa. As perguntas trazidas nesta figura podem ser guias orientadores das escolhas que você deverá fazer para a construção do seu projeto de pesquisa.

---

1 http://lattes.cnpq.br/

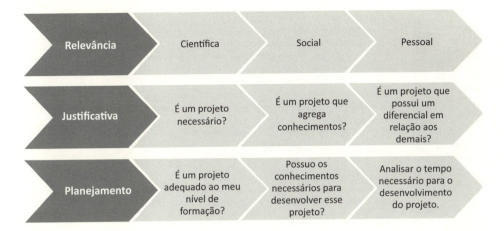

Quadro 1: Características de um bom projeto de pesquisa.
Fonte: Autor.

Como podemos observar no Quadro 1, o início da escrita de um projeto envolve reflexões importantes. Quanto mais você investir nessas reflexões, maiores as chances de você se engajar na construção de um projeto que realmente seja significativo para você. Não subestime quaisquer dessas perguntas: quando estamos iniciando um projeto é importante que consigamos responder minimamente a elas, a fim de que possamos nos engajar nesse percurso de modo amadurecido e com maior potencialidade para a autonomia, o que com certeza permitirá que esse trajeto seja percorrido com menos sofrimento, menos dúvidas e maior satisfação.

Por fim, apresento no Quadro 2 um passo a passo para a elaboração de um projeto de pesquisa, desde a escolha do tema até os encaminhamentos finais que envolvem inclusive a escrita. Esse roteiro ideal pode ser sempre revisitado e alterado, mas é importante que os estudantes se atentem ao modo como as atividades deverão ser organizadas ao longo do tempo para que o projeto seja possível de ser realizado.

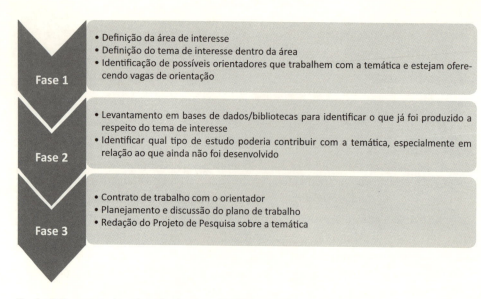

Quadro 2: Passos anteriores à escrita do projeto de pesquisa.
Fonte: Autor.

Para finalizarmos este nosso primeiro conjunto de conhecimentos, a partir do que você aprendeu neste primeiro capítulo, responda às perguntas a seguir, relacionadas à Fase 1 representada no Quadro 2. Esse processo irá ajudá-lo a iniciar o seu projeto de pesquisa.

Reflexões sobre o Capítulo 1

1. Entre as áreas e os conteúdos com os quais você já teve contato até agora no curso, com qual ou quais teve mais afinidade?

> Para refletir melhor: Você pode pensar em disciplinas que mais chamaram a sua atenção, em áreas que você sempre se interessou dentro do curso, em disciplinas nas quais você tenha se engajado mais, em disciplinas que porventura você tenha tido mais facilidade ou até mesmo uma avaliação melhor, em disciplinas/áreas nas quais você se imagina atuando, que gostaria de conhecer mais, que gostaria de se especializar, nas quais você demonstra mais interesse para ler mais a respeito...

2. Escolha uma dessas áreas a partir do que respondeu na primeira pergunta. Por que você acredita que pode desenvolver um projeto nessa área?

> Para refletir melhor: Aqui você pode listar **competências cognitivas** (ser um bom aluno na área/disciplina, ter uma boa avaliação na área/disciplina, ter facilidade para estudar assuntos relacionados a esses componentes, ter aprendido os conteúdos básicos que o habilitam a prosseguir nessa área...), **competências emocionais** (ter uma boa relação com os professores dessa área/disciplina, ter proximidade com o tema, ter passado por uma experiência de vida que o tornou mais atento a algum aspecto dessa área/disciplina...), bem como **justificativas de outra ordem** (porque você considera que essa área/disciplina está em ascensão, porque você acredita que possa ser bem-sucedido na área, porque há orientadores disponíveis para orientação nessa área, porque você considera mais simples ou rápido pesquisar a respeito disso do que de outros assuntos...).

3. Se você tivesse que escolher ou procurar um orientador para ajudá-lo na escrita de um projeto nessa área, quem procuraria primeiro?

> Para refletir melhor: É importante conhecer os possíveis orientadores. Geralmente os cursos possuem informações sobre os professores que estão oferecendo vagas para orientação a cada semestre e que tipo de estudo eles desejam orientar, se uma iniciação científica, se um trabalho de conclusão de curso ou outras modalidades. Você também pode conhecer um pouco mais sobre possíveis orientadores acessando os currículos dos seus professores. Os cursos geralmente possuem em suas páginas eletrônicas uma lista de professores com o link de acesso aos seus currículos. Caso não exista, você mesmo pode consultar a Plataforma Lattes para pesquisá-los. Conhecer os currículos é importante para que o estudante possa ter uma ideia mais geral dos assuntos de interesse do orientador, de modo que você possa apreender se e com quem será mais adequado entrar em contato.

CAPÍTULO 2

A ESCRITA ACADÊMICA

Objetivo do capítulo:
- ✓ Apresentar ao leitor o que é a escrita acadêmica, as suas principais características e como podemos desenvolver competências para uma escrita adequada do ponto de vista formal e acadêmico.

O que abordaremos neste capítulo?
- ✓ Vamos conhecer as principais características da escrita acadêmica e dos estudos que empregam essa modalidade de texto, como o projeto de pesquisa.
- ✓ Serão apresentadas as diferenças entre o projeto de caráter acadêmico e outros gêneros textuais.
- ✓ Vamos conhecer as principais recomendações para desenvolvermos uma escrita acadêmica adequada, correta e pertinente a cada tipo de texto que é veiculado no meio acadêmico, com destaque para a escrita do projeto de pesquisa.
- ✓ Vamos encorajá-lo a escrever seus primeiros textos usando a linguagem acadêmica.
- ✓ Ao final, serão apresentados exercícios reflexivos para solidificar a aprendizagem desses conteúdos trazidos no capítulo.

Capítulo 2

A escrita acadêmica

Como este livro foi produzido para ajudar estudantes de graduação e de pós-graduação a construírem seus projetos de pesquisa, é importante que haja uma clara menção a um aspecto central na produção de qualquer documento acadêmico. Embora a escrita de um projeto de pesquisa possa evocar que o elemento fundamental nesse tipo de documento seja o método a ser adotado e/ou desenvolvido, algo anterior e que atravessa toda essa tarefa deve ser problematizado: a escrita.

Aqui vamos tratar especificamente da **escrita acadêmica**, que possui características bem definidas e que podem ser apreendidas e corporificadas por todo pesquisador. Obviamente que, quando estamos nos iniciando no meio científico, podemos ter mais dificuldades com esse tipo de escrita, justamente por termos pouca familiaridade com ela. Isso ocorre geralmente quando ingressamos na universidade e passamos a entrar em contato mais direto com um tipo de texto, o acadêmico, representado, em grande parte, pelos artigos científicos publicados em periódicos ou revistas científicas. Até então, em nossa formação escolar, tínhamos mais contato com outros gêneros, como a narração e a dissertação. A entrada na universidade, desse modo, marca a necessidade de tornar esse novo gênero de escrita o mais cotidiano possível para os estudantes. Basicamente, toda formação universitária se faz a partir desse tipo de gênero textual.

No entanto, essa dificuldade não é comum apenas quando estamos nos iniciando na carreira acadêmica, mas pode emergir em todo o percurso de formação do pesquisador. Talvez você possa até mesmo encontrar pesquisadores muito experientes que destaquem a dificuldade de escrever um projeto de pesquisa ou outro tipo de texto acadêmico, uma vez que escrever não é um ato automático, embora possamos desenvolver diversos treinos e recomendações práticas que nos permitam cada vez mais um exercício mais fluido de escrita.

Costumo considerar que, para uma escrita não acadêmica, precisamos de inspiração e criatividade para escrever. Já para um texto acadêmico é preciso que se saiba, com precisão, aquilo que se pretende relatar e qual o padrão em que isso deve ser realizado, ou seja, quais as condições que eu devo reunir para poder construir tal tipo de texto. Assim, para uma escrita acadêmica precisamos ter informações suficientes sobre aquilo que pretendemos narrar e estarmos atentos ao formato no qual isso deve ser relatado, pois todo tipo de produto acadêmico deve ser desenvolvido tomando por base certo tipo de padrão.

Longe de trabalhar com recomendações que possam ser corporificadas a partir de exercícios extenuantes, costumo trabalhar com a ideia de que a escrita é um processo que se constrói ao longo do tempo também em função do amadurecimento do nosso pensamento em relação ao que precisamos narrar. Isso significa que quanto mais estivermos amadurecidos em relação ao tema que estamos pesquisando, mais teremos facilidade para falar a respeito do mesmo. Em um sentido bastante próximo, quanto mais lermos e nos informarmos sobre um determinado assunto, mais teremos repertórios e competência tanto para explanarmos a respeito do mesmo quanto para escrevermos.

Outro elemento pode ser considerado: quanto mais estudamos e evoluímos dentro da graduação e também na pós-graduação, mais adquirimos repertórios para que possamos nos comunicar e nos expressar a partir da escrita acadêmica. Assim, trata-se de pensar a escrita a partir de uma aquisição anterior: para escrever de modo adequado em termos científicos precisamos estudar, nos informar e adquirir os conhecimentos basais para esse tipo de comunicação, o que envolve tanto a forma de escrever quanto o conteúdo que se pretende narrar. A seguir, o Quadro 3 sumariza os principais aspectos que devem nortear inicialmente a nossa escrita acadêmica.

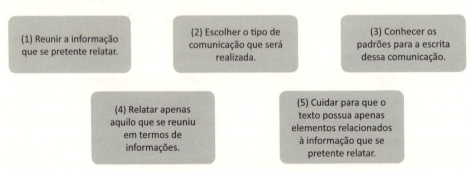

Quadro 3: Princípios norteadores para a escrita do texto acadêmico.
Fonte: Autor.

Mas, antes de explorarmos as orientações práticas que irão ajudá-lo a produzir um texto acadêmico, notadamente o projeto de pesquisa, precisamos discutir alguns aspectos importantes sobre essa escrita. Para pensar a escrita acadêmica gosto de me remeter ao filólogo soviético Mikhail Bakhtin (1895-1975). Este filólogo possui uma vasta produção científica que contemporaneamente é revisitada tanto por filólogos como por psicólogos, filósofos, sociólogos e demais profissionais interessados no campo da linguagem e no modo como ela dialoga com os diversos contextos sociais, culturais e históricos de constituição do ser humano. Para Bakhtin, toda a nossa escrita e também a nossa linguagem não é fruto de um trabalho individual e intrapsíquico, ou seja, produzido internamente por nós mesmos, mas se apresenta de modo conectado com nossos contextos de produção e com uma coletividade (BAKHTIN, 1997; 1999). Para tratar desse aspecto, Bakhtin parte da noção de autoria, o que será mais bem explorado a seguir.

A autoria

Em nosso meio científico, a **autoria** pode ter muitos sentidos, relacionando-se a quem escreveu determinado texto, a quem desenvolveu a ideia da pesquisa que deu origem ao texto, a quem contribuiu com a escrita, com a produção dos dados, com a coleta, com a revisão do texto, entre outros. Assim, a autoria não seria apenas algo relativo a quem escreve o texto, mas a quem participa, de algum modo, da produção dessa escrita (WITTER, 2010).

Você pode verificar um artigo científico "escrito" por vários autores: note que há uma sequência de autoria, geralmente indo do autor considerado mais importante para aquela produção até o autor que menos contribuiu para aquele texto ou que teve uma participação/colaboração considerada menor ou menos significativa. Assim, no meio acadêmico, comportamos diferentes sentidos sobre autoria que se baseiam nas contribuições de cada "autor" para a produção do texto que estamos lendo. A quem pertenceria, então, um artigo científico? Quem seria o "autor" ou os "autores"?

No meio científico podemos dizer que todas as pessoas que contribuem significativamente para a produção de um determinado estudo podem ser descritas como autores daquele escrito. Ainda que um desses autores possa ter se dedicado mais ao texto, é importante sempre reconhecer que ele não está sozinho nessa escrita e que outras pessoas podem ter diferentes níveis de envolvimento com essa produção. No campo das ciências da saúde, em determinados grupos de pesquisa, também podem ser considerados autores de uma determinada produção alguns pesquisadores que colaboraram com a obtenção dos dados ou com as análises, ainda que tenham participado menos da escrita propriamente dita. Assim, nos meios acadêmicos, a noção de autoria abarca uma série de sentidos e possibilidades que extrapolam a escrita de um texto propriamente dito.

No campo da linguística, Bakhtin (1997) recupera a necessidade de relativizar a autoria individual dos discursos e a sua originalidade para dar espaço a uma noção plural e coletiva sobre essa produção. Assim, mais do que criarmos os nossos discursos, nós teríamos a capacidade de acessar os discursos disponíveis em um espaço discursivo coletivo e produzido de maneira comunitária. O autor, nesse sentido, seria aquele responsável por capturar esses sentidos em um espaço discursivo maior e converter essa inteligibilidade a partir de um modo pessoal de apresentar essa narrativa ao seu interlocutor, ou seja, por meio da escrita.

Quando escrevemos, portanto, nada mais fazemos do que acessar esse espaço discursivo comum para organizar ideias que comporão um discurso próprio, mas que na verdade não é exclusivamente nosso. Assim, um texto acadêmico pode ser compreendido como um relato de algo que aconteceu ou de uma reflexão realizada por determinadas pessoas, mas nunca poderemos localizar em determinada pessoa ou atribuir a uma única pessoa a autoria daquilo que se produziu.

Explicando de outra forma: a partir dos apontamentos de Bakhtin (1997), não haveria uma autoria original, mas sim uma escrita que se basearia em elementos, narrativas e em outros textos e argumentos que circulam no espaço discursivo. O autor, nesse sentido, é aquele capaz de capturar alguns desses sentidos e produzir um texto. As ideias estariam na coletividade, nos espaços compartilhados desses discursos, e não na figura individual do autor, no caso, do pesquisador.

Também é importante pensar que a maioria dos artigos científicos no campo da saúde é produzida em parceria, em colaboração. Quando você escreve um projeto de pesquisa, por exemplo, muito provavelmente você terá intervenções na escrita por parte do seu orientador ou da sua orientadora. Assim, essa escrita também será, de alguma forma, compartilhada. Ao orientador não cabe apenas "corrigir" o projeto, mas também realizar intervenções que sejam importantes tanto para a adequação do que se pretende relatar como pela necessidade de tornar a mensagem mais clara e palatável ao interlocutor com formação técnica naquele campo ou com domínio de conteúdo sobre aquele produto. Esse raciocínio se estende também para a redação de artigos científicos, que contam, em sua maioria, com a participação de mais de um autor, sobretudo na área de ciências da saúde.

Outras noções fundamentais nessa concepção de linguagem se referem à **polifonia** e à **polissemia**. Isso equivale a afirmar, de maneira bastante simplista, que somos constituídos por múltiplas vozes e que também produzimos múltiplos sentidos. A voz do autor não seria uma voz isolada, única, mas sim uma voz polifônica, recuperando os diversos discursos e os diversos autores que nos ajudam a produzir um discurso que, aparentemente, é nosso, partindo de um determinado eu. Do mesmo modo, uma mesma palavra conserva uma multiplicidade de sentidos que nunca poderemos esgotar totalmente. Assim como múltiplas são as palavras, múltiplos são os sentidos que podem ser continuamente produzidos.

É por essa razão que, nos textos acadêmicos, frequentemente eu me refiro a um discurso construído em primeira pessoa do plural. Há que se considerar, também, que muitos manuais de escrita acadêmica recomendam que o texto seja escrito na terceira pessoa do singular, tornando o discurso mais impessoal. Em outras perspectivas menos positivistas, encontramos outras possibilidades narrativas, que podem sugerir a primeira pessoa do plural, por exemplo, até mesmo a primeira pessoa do singular, dependendo do tipo de estudo ou de texto que se produz, como os de caráter autobiográfico ou as pesquisas que tomam como objeto de estudo o próprio pesquisador e a sua trajetória, o que é menos comum na área de ciências da saúde.

Como este livro se situa no campo das ciências da saúde e pretende produzir um conhecimento que possa ser aplicado de maneira efetiva e prática dentro dessa inteligibilidade específica, recomendamos que a escrita possa se aproximar desse ideal de impessoalidade, ainda que possamos demarcar que a linguagem é mais ampla e complexa do que essa simples normatização que assumimos dentro do campo científico e, sobretudo, em um campo fortemente conduzido pelas premissas das ciências da saúde. Assim, o nosso ponto de ancoragem e de partida é justamente a produção de um texto acadêmico que seja veiculado com mais facilidade no campo das ciências da saúde, tornando-se mais palatável a esse campo do conhecimento, o que não exclui outras possibilidades de escrita e de reflexão a respeito dessa produção, o que vem sendo assumido de modo mais proeminente pelas ciências humanas e sociais. A recomendação, portanto, é de que o texto acadêmico seja escrito em **terceira**

pessoa do singular, de modo impessoal, o que também deve ser observado na redação do projeto de pesquisa.

A escrita acadêmica é fundamentalmente **direta e objetiva**. Quando analisamos a maioria dos artigos publicados em revistas da área de ciências da saúde, notamos que se trata de textos bastante econômicos, redigidos de maneira bastante direta e sem qualquer tipo de rodeio. São, em sua maioria, textos curtos. Esses textos são construídos a partir da premissa de que deve haver coerência entre cada uma das partes que o compõem e uma coesão entre todas essas partes e um todo, produzindo o argumento central. A objetividade permite que esses textos possam ser veiculados com mais facilidade e que também possam ser lidos por seu público-alvo, ampliando o alcance dos achados e permitindo a circulação de novos conhecimentos. Nesse sentido, é preciso buscar uma reação que seja não apenas breve, mas que seja, fundamentalmente, precisa, sem que pairem dúvidas acerca dela.

Em termos da coerência entre cada uma das partes que compõem o texto acadêmico, como poderemos problematizar em todo este livro, toda escrita da introdução deve estar ligada aos objetivos que são delineadas para o projeto, que também devem estar ligados ao método que se propõe realizar para que se atinjam esses objetivos. Com isso, reconhecemos que a coerência e a coesão textual são elementos que serão apreciados com mais veemência quando tratamos de um texto acadêmico.

Nessa concepção, o texto acadêmico nos permite pouca inovação em termos de estilo de escrita ou de modo de organizar as ideias e até mesmo os dados que serão apresentados. Um bom texto acadêmico é aquele que consegue comunicar com clareza e objetividade algo que ocorreu e as conclusões acerca daquele fenômeno. Como podemos observar, são critérios distintos de outros gêneros textuais.

Como existe essa limitação em termos de inovação na escrita, cada vez mais optamos pela existência de uma padronização no modo como escrevemos. Mesmo com essa padronização, existe espaço para exploração de alguns estilos próprios para conduzir essa narrativa, ainda que seja fortemente recomendado que haja a busca por um padrão que possa ser compartilhado por toda a comunidade científica, facilitando a transmissão do conhecimento e a sua consequente construção. Essas características básicas da escrita acadêmica estão sumarizadas no Quadro 4.

Quadro 4: Principais características do texto acadêmico.
Fonte: Autor.

Plágio e autoplágio

Como estudamos neste capítulo, um aspecto fundamental em relação à escrita acadêmica é a discussão em torno da autoria. Essa discussão também se respalda em aspectos jurídicos quando incorporamos reflexões acerca do **plágio** e do **autoplágio**.

Como veremos neste livro, existem regras para realização de citações e de referências nos estudos científicos. Não é possível construir um texto acadêmico se não consultarmos outras obras ou se não partirmos de um conhecimento já produzido a respeito de um tema. Por mais original que possa parecer a nossa proposta, por mais que as suas ideias pareçam ser exclusivamente suas, sempre teremos que situá-la em torno daquilo que já foi produzido a respeito, por isso a necessidade de incorporarmos, em nosso texto, referências a textos de outros autores. Quanto mais lermos, mais teremos contato com conhecimentos que podem subsidiar o nosso pensamento e mais poderemos situar as nossas ideias em termos do que já foi ou está sendo produzido, ampliando um diálogo muito importante para a construção do conhecimento científico.

Portanto, sempre partiremos de referências ao trabalho científico desenvolvido e/ou veiculado anteriormente por outros pesquisadores. Essas referências precisam ser citadas ao longo do texto, de modo que não podemos construir um texto acadêmico sem fazer o uso também dessas citações e dessas menções a outros estudos realizados. Sempre que houver a citação a um trecho de um estudo já publicado, ou mesmo em relação a uma determinada ideia produzida por um outro autor, o pesquisador deverá fazer a correta menção a esses elementos em seu texto escrito. Quando ele omite a autoria de determinada ideia ou a autoria de um determinado trecho que utilizou em seu estudo está cometendo o que chamamos de plágio, que constitui um crime perante a legislação brasileira (SILVA, 2008; WITTER, 2010).

O **plágio** se refere à cópia explícita de trechos parciais ou na íntegra de uma obra original ou mesmo a cópia de ideias que não foram devidamente reconhecidas em termos de citações e referências a essas obras que serviram de base para a construção dos textos que apresentamos. Assim, não basta nos precavermos de qualquer plágio a partir da correta citação e consequente referência a trechos de determinadas obras que porventura utilizemos em nossos textos, pois o plágio também pode ocorrer em relação a uma determinada ideia ou conceito.

Isso reforça a necessidade de que, antes de escrevermos o nosso texto, no caso o projeto de pesquisa, precisamos conhecer bastante a área na qual se situa o nosso tema, a fim de que possamos referir, de modo adequado, os principais autores anteriores a nós que produziram conhecimentos acerca daquele determinado aspecto.

Com o advento da internet e a sua popularização, as questões envolvendo o plágio passaram a ser cada vez mais discutidas nas universidades (SILVA, 2008), haja vista que o acesso a materiais escritos tem se acentuado, bem como a construção de uma cultura na qual se torna muito fácil e quase automático o processo de copiar um texto e inseri-lo em outro. Embora essa facilidade trazida pela internet seja muito importante para o avanço do conhecimento e nos permita diminuir o tempo para a elaboração de revisões, projetos e demais materiais, possibilitando o nosso acesso a bibliotecas do mundo todo, por exemplo, é mister que possamos fazer reflexões importantes que permitam não apenas o combate ao plágio por meio de ferramentas de rastreio, mas que possamos conscientizar e esclarecer nossos estudantes em formação acerca desses aspectos. Assim, quando vamos destacar que toda escrita acadêmica parte de determinadas regras, como para a construção de citações e de referências, é importante reaquecer o debate em torno do plágio.

Outra preocupação que deve ser colocada em pauta é a respeito do **autoplágio**. O autoplágio também é uma cópia deliberada de algum trecho ou ideia que já foi publicada **por nós mesmos** em outros momentos. O fato de sermos os autores desses trechos ou dessas ideias não nos exime da necessidade de nos referirmos a eles quando endereçamos outros textos ou outras produções que se baseiam originalmente nesses trechos ou nessas ideias.

Quando publicamos um texto, normalmente aquele material passa a ser de propriedade da editora ou do periódico científico, por exemplo, no qual aquele texto foi veiculado. Assim como quando publicamos um livro ele passa a ser de propriedade da editora, também quando publicamos um artigo ele passa a ser de propriedade da revista científica, de modo que não podemos utilizar esses textos já publicados sem a devida autorização desses órgãos que detêm os direitos autorais, quer seja a editora ou a revista científica, por exemplo. Sempre que utilizarmos esses trechos, portanto, deveremos nos remeter às suas referências científicas, ainda que tenhamos sido nós os autores desses escritos.

Quando submetemos um artigo para a apreciação de uma revista científica, por exemplo, assinamos um termo de cessão de direitos autorais. Na prática, isso significa que o artigo deixa de ser de nosso domínio e passa a ser da revista. Se eu quiser trazer alguma ideia que está presente nesse artigo em outra produção, por exemplo, precisarei me referir a esse material que já foi publicado, mesmo sendo de minha autoria. Caso eu não faça isso e utilize trechos de uma obra escrita por mim e já publicada, cometerei o autoplágio. As boas práticas de pesquisa e de escrita acadêmica primam pelo cuidado do pesquisador tanto com o plágio como com o autoplágio.

Desse modo, só será possível publicar em um novo texto algum trecho que porventura eu já tenha publicado em um documento anterior se eu fizer a correta citação e correta referência a esse trecho no novo estudo que estou desenvolvendo. Também é importante conferir a questão dos direitos autorais sobre determinado texto que já foi publicado, pois, em muitos casos, é importante pedir autorização para a utilização de trechos maiores que já foram divulgados e que pertencem tanto aos periódicos como às editoras, no caso de livros e capítulos de livros publicados. Isso também ocorre em relação a figuras, tabelas e demais elementos gráficos que tenhamos produzido e publicado em artigos, por exemplo. Só podemos usar esses mesmos elementos gráficos se tivermos autorização para isso.

Existem diferentes métodos para verificar se um texto contém trechos plagiados ou autoplagiados. Esses rastreadores são cada vez mais comuns nas universidades e nas revistas científicas, por exemplo, por permitirem que todo texto seja minuciosamente conferido antes que possa ser publicado. Um desses softwares de verificação de plágio é o Turnitin®.

Basicamente, um software de verificação de plágio analisa as semelhanças entre um determinado texto e outros que já foram anteriormente publicados e que estão disponibilizados na internet e em bancos de dados ou repositórios. Assim, o software compara um texto com outros já publicados, revelando quais as semelhanças, os níveis de proximidade textual e até mesmo as cópias deliberadas. Quando forem identificados os trechos idênticos publicados anteriormente e que não têm a devida referência, recomenda-se que haja a substituição desses trechos ou mesmo a reescrita do material, a fim de que ele possa ser veiculado sem correr o risco de que tenhamos problemas jurídicos em relação a essa veiculação no futuro. Recomenda-se que todo texto acadêmico seja analisado por esse software ou outro equivalente antes de ser publicado/veiculado.

Quando estamos iniciando na carreira acadêmica e, consequentemente, na escrita acadêmica, podemos ter bastante dificuldade em descrever determinados eventos ou fenômenos, ou mesmo achados de alguns estudos, por exemplo, a partir do que chamamos no senso comum de "nossas palavras" ou "com as nossas próprias palavras". É por essa razão que muitos pesquisadores iniciantes, como os alunos de graduação, acabam fazendo o uso de citações diretas longas em seus textos, copiando literalmente o que foi referido em um determinado texto acadêmico publicado anteriormente. Às vezes os estudantes acabam produzindo textos com excesso desse recurso. É importante dizer que esse é um recurso válido e que pode sim ser usado, desde que as citações sigam as normas previstas. Mas o que se discute aqui é que é importante, na formação do estudante e no processo de construção da sua autoria, diminuir o uso desse recurso ou empregá-lo apenas em situações que demandem esse tipo de estratégia. A busca pela utilização das "próprias palavras" é um recurso que pode e deve ser treinado continuamente, como destacaremos a seguir.

Escrevendo com as "próprias palavras"

Costumo recomendar que esse recurso de referência direta e literal que mencionamos anteriormente ocorra apenas em relação a conceitos ou a trechos de documentos que demandem a necessidade de serem explicitados tal como foram redigidos originalmente, o que se pode aplicar, por exemplo, quando estamos utilizando em nosso texto algum trecho de alguma lei. Sempre que possível, recomenda-se que o pesquisador realize **paráfrases**, ou seja, que consiga escrever com as "próprias palavras" aquilo que ele compreendeu a partir da leitura de um ou mais documentos acadêmicos. A nossa capacidade de parafrasear será muito importante em toda a nossa carreira como pesquisadores.

Isso significa que é muito importante que o pesquisador adquira a capacidade de escrever suas paráfrases buscando reunir e integrar informações disponíveis em diferentes fontes de evidência. A partir da leitura de um conjunto de artigos, por exemplo, o pesquisador pode construir um ou mais parágrafos que narrem os resultados descritos nesses estudos de maneira integrada, sem que seja necessário apresentar cada um desses estudos que foram lidos, ou seja, busca-se uma redação que, em conjunto, possa representar todos os textos que foram lidos e interpretados pelo autor. Esse recurso permite que, em um texto acadêmico, o autor seja mais sintético em relação ao que pretende escrever, reunindo sentidos semelhantes ou mesmo distantes e que se alocam em diferentes estudos para a composição de um texto único e integrador.

Nesse sentido, é importante compreender que um texto acadêmico, como o de um projeto de pesquisa, não deve ser uma narrativa sequencial das fichas de leitura produzidas pelo pesquisador. O texto acadêmico é uma compilação dessas diferentes leituras. Mais do que isso, ele representa a necessidade de que essas leituras e reflexões sejam apresentadas de modo organizado e inteligível, e não como um roteiro do que se leu.

Você pode começar desde já a fazer esse exercício. Procure ler dois ou mais artigos a respeito de um mesmo assunto e comece estabelecendo a comparação entre eles: quais os pontos de semelhança e de diferença entre eles? Os achados desses artigos concordam entre si ou são dissonantes? Os métodos empregados são parecidos ou são diferentes? As conclusões a que chegaram esses estudos são próximas ou não? Fazendo essas comparações você pode se aproximar mais de uma escrita "com as suas próprias palavras", haja vista que essa análise comparativa não será estabelecida pelos autores dos textos que você leu, mas por você que está tendo acesso a esses materiais. Ler e comparar são exercícios fundamentais para que se possa escrever paráfrases com mais segurança, denotando a emergência da autoria.

Sendo pesquisador, você lerá muito e o tempo todo. Escrevendo um projeto de pesquisa, você deve ler muito e o tempo todo. Uma das principais características de um bom texto acadêmico é justamente a integração dessas leituras, produzindo reflexões e sínteses que permitam ao interlocutor acompanhar a argumentação produzida pelo autor do projeto. Desenvolver essa competência é algo que atravessará toda a sua formação acadêmica, não apenas no momento da escrita do projeto.

Por fim, e não menos importante, já assumindo aqui a adoção de um lugar-comum, é importante que todo treino de escrita se baseie, antes, em um treino de leitura. Só poderemos escrever de maneira adequada se também tivermos a capacidade de ler e apreender de modo crítico os sentidos disponíveis na literatura científica. Quanto mais lermos e entrarmos em contato com essa linguagem e com esses estilos de escrita dentro das ciências da saúde, mais teremos condições de produzir textos que também se amparem nesses parâmetros e que sejam, portanto, mais próximos dessas produções. Quanto mais houver um exercício efetivo de escrita acadêmica, mais o pesquisador se sentirá dotado de competências para produzir seus próprios textos e, também, divulgá-los.

Como poderemos aprender a partir da leitura do presente livro, todo o exercício analítico proposto ao final de cada capítulo deve ser realizado tendo em mente que esse tipo de treino é fundamental para que possamos, de fato, construir um projeto de pesquisa. De igual monta, precisamos destacar que apenas o exercício efetivo da escrita pode permitir que haja no pesquisador um desenvolvimento dessa capacidade ou uma aquisição de competências ou mesmo de amadurecimento de recursos para a escrita acadêmica.

A partir dessas recomendações, sugerimos que você realize os exercícios de consolidação dos conteúdos apresentados no presente capítulo. Esperamos que essas sugestões sejam acolhidas com bastante abertura para que, de fato, haja incrementos importantes na sua escrita acadêmica. Como este livro é voltado a estudantes que estejam produzindo os seus projetos de pesquisa, considero que a escrita acadêmica não seja uma opção, mas uma realidade a qual este leitor não está apenas submetido, como também é parte integrante no sentido de problematizá-la e, com isso, contribuir na produção de sentidos relevantes acerca da escrita e do escrever.

Reflexões sobre o Capítulo 2

1. Escolha um artigo científico a respeito de um tema de seu interesse, ou seja, um texto que você poderá ler dentro do seu campo de predileção e, portanto, com mais facilidade. Se você já tiver escolhido o tema do seu projeto de pesquisa, selecione um artigo científico dessa mesma área,

a fim de que você já vá adensando o seu repertório de leituras. Comece analisando o primeiro elemento que compõe um artigo científico, ou seja, o seu resumo. Nesse momento, dê preferência a um artigo em língua portuguesa ou que possua um resumo em português. Lendo esse resumo com bastante atenção e refletindo sobre os aspectos trabalhados no presente capítulo, quais as principais características da escrita desse resumo?

> Para refletir melhor: É importante que você se atente não apenas para o conteúdo do resumo, mas para as características dessa escrita. Aspectos que podem direcionar essa sua reflexão: Qual a estrutura do resumo? Quais partes o compõem? Qual o tempo verbal no qual esse resumo foi escrito? Este resumo está escrito em que pessoa (primeira do singular, primeira do plural, terceira do singular, terceira do plural...)? Qual a extensão desse resumo? Quais elementos da escrita te ajudaram a compreender o conteúdo do resumo?

2. Leia todo o artigo empregado para responder à pergunta anterior. A partir da leitura integral do texto, responda: este resumo, de fato, retrata o artigo em apreço? Quais ajustes você recomendaria em termos da escrita para tornar o conteúdo mais claro ou para tornar a estrutura mais acadêmica?

> Para refletir melhor: Retome as características do texto acadêmico que apresentamos no presente capítulo. Mesmo em se tratando de um artigo publicado em um periódico científico, sempre podemos melhorar a escrita do texto a partir de mudanças na linguagem, na organização das ideias ou mesmo na estrutura do texto. Tente analisar se o resumo, de fato, representa as ideias trazidas no artigo e se está redigido dentro dos parâmetros aqui discutidos. Você também pode tentar fazer uma reescrita desse resumo a partir da sua compreensão acerca do artigo e tomando por base as recomendações para a escrita do texto acadêmico.

CAPÍTULO 3

A ESCOLHA DO OBJETO DE PESQUISA

Objetivo do capítulo:
- ✓ Apresentar ao leitor o que é um objeto de pesquisa e como podemos defini-lo na escrita do projeto.

O que abordaremos neste capítulo?
- ✓ Vamos discutir de que modo o pesquisador pode refletir sobre a seleção ou a escolha do objeto de pesquisa a partir de uma adequada revisão de literatura, a fim de que possa reconhecer o que já foi produzido e o que ainda precisa ser realizado em termos da pesquisa científica relacionada ao seu tema de interesse.
- ✓ Vamos tratar dos critérios para a escrita desse objeto, de modo que o mesmo possa ser redigido de maneira clara, precisa e que, de fato, permita ao leitor compreender a proposta do projeto e a que essa proposta responde em termos científicos e também sociais e culturais.
- ✓ Ao final, serão apresentados exercícios reflexivos para solidificar a aprendizagem desses conteúdos.

Capítulo 3

A escolha do objeto de pesquisa

Agora que já sabemos do que se trata um projeto de pesquisa e quais os elementos que devem nortear a nossa escrita acadêmica nesse tipo de documento, vamos passar às recomendações para a construção de cada parte que deve compor o projeto. Essas partes ou seções são importantes não apenas para a organização do texto, mas para que possamos ter clareza do que pretendemos realizar e de como isso será empreendido. O objetivo deste capítulo é ajudá-lo a selecionar o seu **objeto de estudo** para a composição do projeto.

A **escolha** do objeto de pesquisa também pode ser descrita como a **seleção** desse objeto. Isso porque nem sempre se trata pura e simplesmente de uma escolha, mas de selecionar, dentre as possibilidades existentes, o objeto que lhe for mais exequível para a construção de um projeto de pesquisa.

O termo "escolha" sugere que todas as decisões que o pesquisador toma, desde o início da construção do projeto até a redação do seu relatório final com vistas à publicação, são narrativas pessoais e podem estar mais suscetíveis a aspectos da sua subjetividade. Embora não possamos recusar o argumento de que a nossa subjetividade atravessa sim o nosso processo de pesquisa, em um paradigma que se contrapõe ao modelo biomédico tradicional e à epistemologia positivista, temos que considerar que as decisões que tomamos ao longo de qualquer pesquisa – e aqui vamos nos ater especificamente às decisões que envolvem a escrita do projeto de pesquisa – devem ser tomadas com a maior objetividade possível, seguindo todas as recomendações para a realização de uma boa pesquisa.

Essas recomendações envolvem aspectos como a garantia da qualidade ao longo de todo o processo, sendo que a seleção do objeto de pesquisa deve se dar tomando por base critérios técnicos, tais como a relevância e adequação desse objeto para a realização de uma pesquisa. Isso não é propriamente uma escolha, que pressupõe uma gama maior de possibilidades, mas uma decisão pautada em critérios que deverão ser justificados no projeto e os quais poderão sempre ser questionados por avaliadores e demais pessoas que terão acesso não apenas ao nosso projeto, mas também aos produtos da pesquisa, sobretudo as publicações derivadas dela. Assim, as opções metodológicas de um estudo, a começar pela seleção do objeto, poderão sempre ser alvo de questionamentos por parte da comunidade científica. Trata-se de algo comum, esperado e até mesmo desejado em um campo que se constitui justamente por essas reflexões amparadas em discussões, críticas e cotejamento de aspectos técnicos e científicos necessários para o avanço do conhecimento em todas as áreas.

Para a **seleção do nosso objeto de estudo** é importante, primeiramente, retomarmos algumas considerações apresentadas no Capítulo 1 acerca da escolha do tema do projeto de pesquisa. O objeto de pesquisa pode ser definido como uma parte mais específica do tema que será investigado no projeto. Assim, dentro de um mesmo tema de pesquisa muitos podem ser os objetos selecionados.

Quando investigamos, por exemplo, as repercussões da pandemia de Covid-19 causada pelo novo coronavírus, podemos selecionar como objeto de pesquisa diversas possibilidades, entre elas os profissionais de saúde diante da atuação no contexto pandêmico, os estudantes impactados por possíveis interrupções dos processos educacionais em função da pandemia, dos efeitos do isolamento e do distanciamento social nas interações entre as pessoas pelos meios virtuais, as políticas públicas de emergência criadas para oferecerem uma resposta tanto à crise na área da saúde quanto à crise econômica derivada da pandemia, entre outras possibilidades. Assim, há muitos objetos passíveis de seleção dentro de um tema mais amplo.

Muitos alunos costumam confundir o objeto de pesquisa com o objetivo da pesquisa. O objetivo da pesquisa será mais bem discutido no capítulo seguinte e envolve uma ação que será a principal no projeto de pesquisa. O objetivo se refere ao que será realizado principalmente no projeto de pesquisa, refletindo o sentido principal desse projeto. O objeto, por sua vez, pode envolver o fenômeno que será investigado, um evento específico ou até mesmo uma população diante de um fenômeno maior.

Por exemplo, em uma investigação sobre o câncer, o seu objeto de pesquisa pode ser definido em termos da população-alvo, como crianças, adolescentes ou mulheres adoecidas. Mas você também pode especificar um pouco mais esse objeto, tratando de aspectos relacionados ao adoecer por câncer nessa população-alvo, como no caso de repercussões emocionais tardias decorrentes do câncer de mama em mulheres que realizaram a mastectomia, que é o procedimento que envolve a retirada total ou parcial da mama. Em termos da redação do objeto, o mais importante é que essa escrita deve envolver um fenômeno, um evento, uma população-alvo, e não uma ação ou atividade a ser desenvolvida. A ação metodológica ou atividade que será realizada faz parte da redação do objetivo.

Em termos da recomendação para escolha do objeto de pesquisa temos que retomar algumas das considerações que também exploramos no Capítulo 1. Para que você se decida por um objeto em específico é importante que, primeiramente, possa situar o seu projeto em termos de uma área do conhecimento ou em termos de uma disciplina relacionada ao seu curso da área de saúde. Muitas disciplinas dos cursos de saúde referem-se a áreas do conhecimento dentro desse curso.

Por exemplo, em um curso de Enfermagem você pode ter uma disciplina denominada Saúde da Mulher. A disciplina de Saúde da Mulher corresponde também a uma área de estudos, de pesquisa e de atuação prática que tem por objetivo o diagnóstico, o tratamento e a promoção de saúde no contexto de atenção à mulher. A seleção dessa área ou disciplina é o primeiro passo para que você possa refletir sobre possíveis objetos que façam referência ou que sejam importantes nesse campo.

Dentro dessa área ou disciplina você também possui diferentes divisões ou segmentos acerca de aspectos específicos que se referem, no todo, à saúde da mulher, como a atenção mais voltada às jovens adultas ou a idosas, por exemplo. Neste percurso que temos narrado, você deve ter notado que partimos de um conhecimento mais amplo para um conhecimento mais específico. Esse processo é representado no Quadro 5.

Em nosso processo de seleção do objeto muitas vezes fazemos o oposto, ou seja, partimos de um conhecimento muito específico ou de um desejo muito específico e depois vamos alocá-los dentro de uma área ou de uma disciplina de referência. Embora este nosso percurso de seleção possa seguir lógicas de organização distintas, quando alocamos a escolha do objeto atrelada a um tema, a uma área ou a uma disciplina conseguimos construir uma inteligibilidade que nos permite organizar melhor tanto o nosso projeto de pesquisa quanto melhorar e aprofundar a argumentação em torno da necessidade desse estudo.

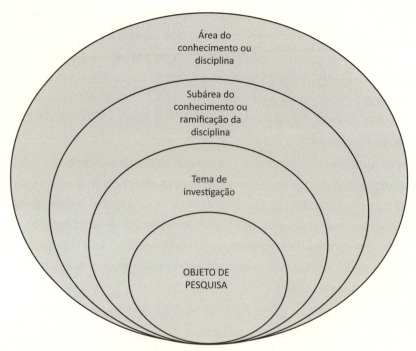

Quadro 5: Representação da alocação do objeto de pesquisa dentro de uma área de referência.
Fonte: Autor.

Nota-se, portanto, que dentro de um mesmo tema podemos elencar múltiplas possibilidades de objetos. Quando o estudante consegue ter clareza acerca do seu objeto, ele passa a ter um olhar mais seletivo para determinados fenômenos, evidências ou eventos que possam estar relacionados a esse objeto principal. Sobretudo quando estamos planejando o nosso projeto de pesquisa é comum que não tenhamos ainda total ciência acerca do nosso objeto, de modo que muitas reflexões que podemos fazer nesse projeto acabam se referindo a outros objetos também relacionados ao mesmo fenômeno. Por isso, a importância de definir com maior precisão o objeto que pretendemos desenvolver no projeto de pesquisa, não sendo essa seleção algo menor dentro do projeto, mas justamente um aspecto central responsável por mantermos ao longo da escrita do projeto e também da sua realização a coerência entre todas as partes que compõem esse documento.

A busca ativa pelo objeto

Uma recomendação importante que nos ajudará a selecionar o objeto de pesquisa é que ele não emergirá a partir simplesmente da identificação de nossas áreas de maior interesse ou nas quais tenhamos maior competência para investigar. Sempre que algum aluno me procura questionando sobre qual seria um objeto possível de ser investigado, recomendo que ele faça buscas ativas nas diferentes bases de dados e bibliotecas virtuais para ter acesso a uma ampla gama de pesquisas realizadas naquela mesma área ou naquela mesma disciplina. O processo de seleção do objeto, portanto, envolve uma postura ativa por parte do pesquisador. Mas também é possível que seu professor ou orientador possa fazer sugestões nesse percurso, de modo que essa seleção poderá não ser exclusivamente uma tarefa a ser conduzida pelo pesquisador.

Embora em um curso de saúde sejamos o tempo todo envolvidos com leituras de livros, capítulos e artigos científicos, essa busca ativa envolve um aspecto diferenciado. Durante uma disciplina, por exemplo, os alunos irão fazer leituras que normalmente são orientadas pelo docente, podendo haver leituras obrigatórias ou recomendadas para maior aprofundamento em determinados aspectos.

No entanto, essa busca ativa recomendada para os estudantes durante a seleção do objeto de pesquisa envolve uma outra atitude. Diante de um cenário de múltiplas referências e diferentes evidências relacionadas àquilo que se busca, o estudante irá se deparar com muitas investigações que podem chamar sua atenção ou que podem ser consideradas importantes para refinar o seu objeto de pesquisa.

Embora em um primeiro momento essa busca possa aparecer caótica ou inconclusiva devido à vastidão dos resultados encontrados em uma busca simples em uma base de dados acerca de qualquer assunto do campo da saúde, a atividade inicial de exploração da literatura científica é fundamental para a formação do pesquisador. Quando o estudante já possui um orientador esse processo pode ser um pouco mais direcionado, diminuindo as possibilidades de encontro desse objeto de pesquisa ou tornando-se uma atividade mais fácil justamente por estar mais orientado.

Costumo reconhecer nesse processo de exploração, mesmo que ainda não se tenha um orientador formalizado, algo muito positivo na formação do pesquisador, pois se trata de um momento no qual o estudante em formação terá a possibilidade de se deparar com uma parte importante do conhecimento produzido acerca do seu tema de interesse. Nesse processo, ele terá que utilizar diferentes critérios para refinar as suas buscas, o que já envolve algumas decisões que ele terá que tomar posteriormente.

Assim, essas buscas e decisões são partes fundamentais de um processo cognitivo que é requerido a um aluno para a construção do projeto de pesquisa. Ao explorar a literatura, o aluno pode se sentir perdido diante das diferentes investigações existentes, mas, ao mesmo tempo, começar a desenvolver critérios próprios de avaliação desses documentos e evidências, ampliando o rol de conhecimentos e também de competências para se aprofundar em determinados aspectos.

Essa capacidade de aprofundamento ou de busca de uma especificidade dentro de um evento maior ou fenômeno mais amplo deve ser sempre fomentada na formação de novos pesquisadores, uma vez que trabalhar com a totalidade do conhecimento é algo impossível de ser empreendido e que não constitui algo que possa ser exequível dentro de um espaço como o do projeto de pesquisa. Aprender a selecionar, a priorizar e a se aprofundar são ações essenciais de todo e qualquer pesquisador, qualquer que seja o seu nível de formação ou qualquer que seja o produto que ele deseja realizar no final da sua formação, como um trabalho de conclusão de curso, uma dissertação ou uma tese, por exemplo.

Uma última recomendação que deve ficar bem clara nesse percurso de formação do pesquisador: você só conseguirá chegar à definição de um objeto de pesquisa se fundamentalmente ler e se dedicar a esse processo de busca ativa na literatura científica e em bases de dados confiáveis e seguras. Isso não significa que terá que realizar esse processo sozinho ou sem qualquer orientação. Caso tenha um orientador formalizado ou um professor de referência com *expertise* na área de interesse isso poderá favorecer o processo, direcionando-o com mais facilidade.

Mas o que destacamos aqui é a necessidade de o pesquisador, mesmo o mais jovem e ainda inexperiente, entrar em contato com a literatura de modo que possa construir explicações e argumentações próprias a respeito do que lê, do que tem buscado e encontrado. Quando o estudante possui esse repertório, pode entrar em contato com futuros orientadores demonstrando maior conhecimento e engajamento na área, o que pode ser útil na discussão de propostas, ideias e levantamentos de hipóteses acerca das variáveis elencadas na apreensão de um determinado objeto.

Esse processo é muito importante na formação da **autonomia** do pesquisador e no seu amadurecimento. Como destacamos no Capítulo 1, a formação do pesquisador segue um caminho crescente, indo de uma maior imaturidade a uma condição de maior autonomia e controle em relação à pesquisa. Embora em todas essas fases de formação tenhamos orientadores que nos ajudam e são fundamentais para a realização das pesquisas, cada estudante pode adquirir, paulatinamente, maiores níveis de autonomia em função da maturidade que for sendo manifestada. Essa maturidade não é experienciada apenas a partir do correr do tempo ou da sucessão das fases de formação, da graduação para a pós-graduação, por exemplo, mas dentro de um mesmo nível de formação.

Se o estudante não se dispuser a ler – e a ler uma quantidade expressiva de pesquisas e documentos que serão analisados, avaliados e discutidos para a definição dos diversos aspectos do projeto de pesquisa – terá muitas dificuldades em chegar a um objeto de pesquisa. "Chegar" a um objeto de pesquisa é fruto de uma busca ativa por parte do pesquisador. Embora esse processo possa se estender por um tempo, não sendo automático ou rápido, deve-se enfatizar que ele será decisivo para as demais etapas. Se o objeto de pesquisa for delimitado com rigor, precisão e adequação, isso facilitará as demais etapas de escrita do projeto, por isso a forte recomendação para que tal processo seja conduzido com atenção e bastante dedicação.

A seguir vamos discutir um aspecto fundamental na construção de um projeto de pesquisa, que é a sua coesão. Embora tenhamos considerado essa característica tanto no Capítulo 1 como no Capítulo 2, esse elemento será aqui desenvolvido em torno da centralidade do objeto de pesquisa para a delimitação dos demais aspectos ou etapas necessários para a composição do projeto.

A coesão do projeto

No Ensino Médio, quando os estudantes aprendem a compor dissertações que normalmente são solicitadas em exames vestibulares, uma das características que mais se discute é a coesão. A dissertação, para ser considerada adequada, precisa ser coesa. Isso se refere ao fato de que as diferentes partes ou momentos que a compõem precisam estar integrados, gerando uma sensação de um texto único, que não apenas possui começo, meio e fim, mas também um fio condutor da narrativa, um elemento que não se altera ao longo dos parágrafos, pelo contrário: a coesão nos permite uma experiência perene na escrita. Agora vamos trazer essa inteligibilidade para o contexto de escrita do projeto de pesquisa.

A integração entre as partes que compõem um projeto de pesquisa é uma condição fundamental para a escrita de todo projeto. É importante que estejamos cientes de que todo o projeto de pesquisa precisa ter uma coerência entre as partes, gerando, por fim, a coesão. A **coesão do projeto** é um aspecto que permite ao leitor ou ao avaliador evidenciar que se trata de um projeto de qualidade. Para que essa coesão seja alcançada, todas as partes que compõem o projeto de pesquisa devem estar integradas ou "amarradas", de modo que haja conexões entre as partes e que essas conexões permitam a verificação da qualidade do projeto. A conexão geral do projeto é o que nos permite avaliar se há ou não a coesão nesse documento.

Assim, essa coesão deve ser demonstrada desde a escolha do título que representará o projeto até mesmo os procedimentos metodológicos que serão adotados. O título deve estar relacionado e integrado a um objeto de estudo que, por sua vez, deve estar integrado à redação do objetivo principal do estudo que, também, deve estar conectado com os objetivos específicos delineados e, ainda, devem poder ser apreendidos e respondidos por um método devidamente delimitado para conseguir oferecer respostas aos objetivos propostos. Para atingirmos um objeto específico devemos, portanto, construir um objetivo que seja exequível e palatável e que possa ser operacionalizado a partir de um método adequado ao seu alcance. Essa coesão, também chamada de integração, é representada no Quadro 6.

Quadro 6: Integração das diferentes partes que compõem o projeto.
Fonte: Autor.

Uma recomendação para que possamos manter a coesão na escrita do projeto é tentar fazer a sua estruturação. Assim, o projeto de pesquisa não pode ser escrito sem planejamento ou à medida que o pesquisador for tendo elementos para essa escrita. Recomenda-se, antes, que ele possa fazer um mapa ou um desenho no qual aloque todos os elementos que farão parte desse documento. O Quadro 6 oferece uma estrutura simples e que pode ser preenchida pelo pesquisador. Quando analisar essa figura preenchida com os dados do seu projeto, poderá visualizar de modo mais claro se há integração entre as partes e se, no todo, há a coesão do projeto.

A partir dessas explicações vamos realizar exercícios práticos que possam contribuir para a nossa seleção do objeto de pesquisa. Como vocês vão poder perceber em todas as partes que compõem este livro, a cada capítulo serão apresentados exercícios reflexivos que, se realizados passo a passo, poderão ser úteis na construção efetiva de um projeto de pesquisa. A intenção é que o leitor vá entrando em contato com os conteúdos de cada capítulo e que depois, ao realizar os exercícios, também esteja habilitado a iniciar a escrita do seu projeto de pesquisa a partir dessas recomendações. Incentivamos fortemente que os nossos leitores se dediquem a esses exercícios reflexivos como disparadores de reflexões para a escrita de um projeto dentro dos parâmetros utilizados na área das ciências da saúde.

Reflexões sobre o Capítulo 3

1. Nos exercícios do Capítulo 1 você refletiu sobre as suas áreas de maior interesse e, inclusive, considerou diferentes aspectos que são importantes para se chegar a uma área ou disciplina na qual possa desenvolver o seu projeto de pesquisa. A partir dessa área selecionada anteriormente, faça uma busca ativa em bases de dados e em bibliotecas virtuais utilizando como termo de busca o nome dessa área ou disciplina. Por uma análise geral a partir dos primeiros resultados encontrados, quais considerações gerais você pode fazer?

> Para refletir melhor: Nessa primeira busca ativa recomendamos a utilização de, pelo menos, uma das seguintes bases de dados/bibliotecas virtuais: LILACS (Literatura Latino-Americana e do Caribe em Ciências da Saúde[2]), SciELO (Scientific Electronic Library Online[3]) ou PUBMED[4]. Essas bases podem ser acessadas de sua casa ou de sua instituição de Ensino Superior. Se estiver fazendo a busca na universidade pode encontrar mais títulos disponíveis, uma vez que essas instituições possuem convênios com esses órgãos. Caso queira fazer uma busca mais rápida, também pode usar o Google Acadêmico para uma visão mais panorâmica e ainda inicial. Entre os "primeiros resultados encontrados", conforme descrito no enunciado do exercício 1, você pode considerar os 20 primeiros resultados que aparecerem quando você digitar o termo de busca.

2. A partir da análise dos 20 primeiros registros encontrados nas bases de dados do exercício anterior, quais as "tendências" iniciais que você pode destacar?

> Para refletir melhor: Os primeiros registros de uma busca tanto farão referência aos estudos mais pesquisados como também os mais recentes. Assim, não se trata propriamente de uma análise segura acerca das tendências de produção em uma área, processo que deveria ser realizado a partir de outras recomendações. Para esse exercício, tente fazer uma breve apreciação desses registros. Quais objetos de pesquisa são destacados nessas publicações? Por uma análise inicial, quais objetos de pesquisa você pensa serem mais importantes ou mais investigados nessa área?

---

2 Base de dados Latino-Americana de informação bibliográfica em ciências da saúde. Abrange toda a literatura relativa às ciências da saúde, produzida por autores latino-americanos e publicada nos países da região a partir de 1982. Fonte: https://lilacs.bvsalud.org/

3 Biblioteca eletrônica que abrange uma coleção selecionada de periódicos científicos brasileiros que "possa proporcionar um amplo acesso a coleções de periódicos como um todo, aos fascículos de cada título de periódico, assim como aos textos completos dos artigos. O acesso aos títulos dos periódicos e aos artigos pode ser feito através de índices e de formulários de busca". Fonte: http://www.scielo.br/?lng=pt

4 Base que dá acesso a citações e resumos de artigos de investigação em biomedicina, oferecido pela Biblioteca Nacional de Medicina dos Estados Unidos. Fonte: https://www.ncbi.nlm.nih.gov/pubmed/

3. A partir dessa busca inicial, **escolha um objeto de pesquisa** dentre esses que você encontrou entre os primeiros registros da seleção. Por que você escolheu esse objeto? Como você acredita que esse objeto possa dar origem a um projeto de pesquisa?

Para refletir melhor: Aqui o exercício requer que você possa vislumbrar a possibilidade de utilizar esse mesmo objeto de pesquisa em seu projeto. Utilizando esse mesmo objeto de pesquisa, como você poderia rascunhar uma possibilidade de investigação para o seu projeto de pesquisa de trabalho de conclusão de curso ou de mestrado, por exemplo? O que você pensa sobre esse objeto de pesquisa? Você sente que poderia desenvolver uma pesquisa com ele? Você possui as competências necessárias para investigá-lo? Você acredita que haja algum professor ou orientador em sua universidade que trabalhe com esse objeto ou que teria interesse em orientá-lo?

CAPÍTULO 4

A ESCRITA DOS OBJETIVOS DO PROJETO

Objetivo do capítulo:

✓ Aprender como podemos fazer a escrita dos objetivos do projeto de pesquisa de modo claro e preciso.

O que abordaremos neste capítulo?

✓ Vamos explorar as diferenças entre o objetivo geral e os objetivos específicos, bem como a relação entre eles.

✓ Vamos aprender como podemos selecionar os verbos adequados para a narrativa das ações que serão realizadas em cada um dos objetivos delimitados, optando por verbos que descrevam com mais precisão as ações em pesquisa.

✓ Enfatizaremos a necessidade de os objetivos estarem ligados ao método, ou seja, de que eles devem ser alcançados a partir de um método possível, coerente com a ação definida. Nesse sentido, os objetivos precisam ser passíveis de execução a partir do método selecionado para tal.

✓ Ao final, serão apresentados exercícios reflexivos para solidificar a aprendizagem desses conteúdos.

Capítulo 4

A escrita dos objetivos do projeto

Neste capítulo vamos trabalhar com a escrita do objetivo do projeto de pesquisa. O nosso objetivo, portanto, é aprender como podemos fazer a escrita desses objetivos do projeto de pesquisa de modo claro e preciso. É preciso redobrar a atenção neste momento, pois a escrita do objetivo é uma das partes principais de qualquer projeto de pesquisa, senão a principal. É a partir do objetivo de pesquisa que podemos saber ao certo o que será realizado no estudo ou a que este estudo deve servir. Quando bem delimitado, o objetivo deve ser um grande norteador de todo o processo de pesquisa. Em uma linguagem bastante informal, costumamos explicar aos estudantes que o objetivo de um estudo é o seu "coração", a sua "razão de ser".

Em todas as etapas da pesquisa o estudante ou o pesquisador irá entrar em contato com diversas possibilidades que irão emergir do campo empírico. Para saber lidar com essa diversidade de variáveis e evidências que serão produzidas é importante que o pesquisador tenha em mente qual é, de fato, o seu objetivo com aquele estudo. Se ele tiver esse objetivo bastante claro, poderá priorizar estratégias, achados e até mesmo conclusões, o que também é muito importante para manter a coesão do texto, como afirmamos no Capítulo 3.

Uma primeira recomendação para a escrita do objetivo é que este deve ser escrito de maneira bastante **clara, pontual e precisa**. Recomenda-se que a escrita de cada objetivo não tome mais do que duas ou três linhas. Em cada redação de objetivo deve haver apenas um verbo no infinitivo que é com o qual iniciamos a escrita do objetivo propriamente dito. Também recomendamos que, para cada objetivo específico delimitado, haja um verbo diferente.

É importante que o pesquisador consiga mensurar ou dimensionar a quantidade de objetivos específicos que ele vai entregar no seu projeto de pesquisa. Quanto mais objetivos específicos ele elencar em seu projeto, maior será o seu trabalho de pesquisa, a fim de que todos os objetivos possam ser devidamente alcançados na execução desse projeto. Todo objetivo apresentado deve ser possível de ser alcançado por meio do método. Embora possamos finalizar um estudo sem atingir um determinado objetivo, na redação do projeto o planejamento deve ser realizado de modo adequado, permitindo que o interlocutor avalie com segurança a pertinência desses objetivos.

Um bom projeto não é avaliado apenas em termos das redações dadas a esses objetivos, mas em que medida esses objetivos estão adequados, estão coerentes entre si, estão relacionados ao objetivo geral e podem contribuir para que, de fato, o centro do projeto de pesquisa seja alcançado. Objetivos bem construídos, bem delimitados e, consequentemente, bem escritos, podem ser indicativos importantes de um projeto com grande potencial de ser concluído com êxito.

Os objetivos podem mudar ao longo do tempo?

Um aspecto que deve ser destacado é que nem sempre esses objetivos podem se manter imutáveis ao longo de um projeto de pesquisa ou ao longo da execução dessa pesquisa. Alguns aspectos podem ser modificados ao longo do tempo em função de diversas questões que podem atravessar a feitura de uma pesquisa, a exemplo de dificuldades na coleta de dados, de particularidades na composição de uma amostra, da readequação de instrumentos em função de alguma demanda específica ou mesmo do tempo necessário para a realização do estudo.

O projeto de pesquisa deve se preocupar ao máximo com o controle desses aspectos, o que nem sempre pode se dar de maneira totalmente segura. Ao pensarmos, por exemplo, em uma coleta de dados realizada em um hospital, podemos ter diversos atravessamentos que irão impactar o projeto de pesquisa. Podemos ter a recusa de participantes que julgávamos estarem aptos para responder à pesquisa, podemos ter variáveis intervenientes como a questão de acesso a esses participantes em função de um aspecto externo, como no caso da pandemia de Covid-19, que resultou na interrupção de diversas pesquisas que não foram consideradas essenciais no combate à pandemia, e mesmo de outras diversas possibilidades de interrupção de uma coleta. O próprio pesquisador pode ter problemas em sua equipe, como a necessidade de substituir algum estudante em função da sua conclusão do curso, o que demandará a necessidade de treinamento de um novo estudante, por exemplo.

Embora muitos desses aspectos possam ser previstos no cronograma de execução do projeto, nem sempre podemos controlar totalmente essas variáveis, haja vista que muitas delas não dependem diretamente do pesquisador ou de qualquer variável que ele possa manejar independentemente do seu contexto de atuação em pesquisa. Por essa razão, algum ou alguns objetivos de um projeto de pesquisa podem ser alterados ao longo do tempo.

Caso esses ajustes ou redefinições sejam realizados, o pesquisador deverá sempre reportar tais alterações ao comitê de ética em pesquisa caso se trate de um projeto que envolva seres humanos. Além desse cuidado ético, é importante que os novos objetivos delimitados possam também atravessar a construção dos relatórios finais da pesquisa. O pesquisador também pode, ao fazer a publicação dos resultados, mencionar ajustes na redação do objetivo, explicitando ao seu leitor ou ao seu avaliador que as mudanças ocorreram por algum fator que não havia sido previsto anteriormente. Trata-se de algo inerente à pesquisa e deve ser manejado com tranquilidade.

A escolha dos verbos para a redação dos objetivos

Para escolhermos os verbos que serão empregados no infinitivo para descrição das ações cobertas por cada objetivo recomendamos a utilização da taxonomia de Bloom (BLOOM; HASTINGS; MADAUS, 1971). Essa taxonomia tem sido amplamente revista e utilizada em diferentes áreas do conhecimento, tanto pela educação como áreas como a informática e a programação. Os verbos descritos nessa taxonomia se referem a ações cognitivas que produzem diferentes efeitos em termos de ensino-aprendizagem, por exemplo.

Não se trata de pensar em verbos equivalentes ou sinônimos, mas de que modo tais verbos podem indicar ações cognitivas maiores e que possam definir de modo mais preciso o que será realizado – compondo, portanto, um objetivo. Essa taxonomia é muito empregada para definirmos ações educacionais – por exemplo, quando construímos planos de ensino para disciplinas. Aqui faremos uma apropriação dessa taxonomia para pensarmos e orientarmos a escrita do objetivo do projeto de pesquisa.

Como podemos observar na representação dessa taxonomia, temos verbos ligados a diferentes grandes ações que empregamos no contexto de uma investigação científica. Essa taxonomia não deve ser usada apenas como uma forma de encontrar a melhor descrição de verbo para objetivo que você vai realizar, mas sim como uma maneira de especificar e tornar precisa a ação que você pretende realizar.

Isso se torna muito importante, pois, no senso comum, podemos empregar, de modo indistinto, verbos que são próximos em termos das ações de pesquisa, como pesquisar, explicar, compreender, entender, investigar e conhecer. No entanto, explorando mais detidamente esses verbos, o que nos é possível com a ajuda da taxonomia de Bloom, iremos ponderar que não se trata de verbos equivalentes e que cada um está associado de modo diferente a ações cognitivas que precisam ser reconhecidas pelo pesquisador, a fim de que ele possa delimitar o que pretende realizar em um projeto com maior precisão e rigor.

A descrição dos objetivos, a partir dessa taxonomia, é organizada segundo uma hierarquia do nível de menor complexidade para o de maior. Para que se possa passar de um nível para o outro é necessário que se domine a ação anterior dessa hierarquia. A categoria anterior é sempre um pré-requisito para a categoria posterior. Como podemos observar a partir do Quadro 7 a seguir, por exemplo, a competência cognitiva mais básica refere-se ao domínio do lembrar, seguida pelo entender, pelo aplicar, pelo analisar, pelo sintetizar e, por fim, o criar. O criar, nesse sentido, seria a competência cognitiva mais complexa de ser atingida. Se pensarmos na estruturação de um projeto de pesquisa, esse aspecto se torna mais compreensível: para que se possa criar algo é preciso percorrer todo um itinerário – sistematizado no projeto de pesquisa – que toma por base ações mais concretas e que levam, por fim, à criação de algo.

6. Criar

5. Sintetizar

4. Analisar

3. Aplicar

2. Entender

1. Lembrar

Quadro 7: Taxonomia de Bloom.
Fonte: Adaptado a partir de Anderson, Krathwohl e Airasian (2001).

A cada um desses grandes verbos sumarizados no Quadro 7 estão associados outros verbos que recobrem ações relacionadas a esses domínios cognitivos. Por exemplo, dentro das competências do analisar encontramos diversas possibilidades de descrever ações (verbos) que também conduzem a essa análise, conforme trazido na representação do Quadro 8.

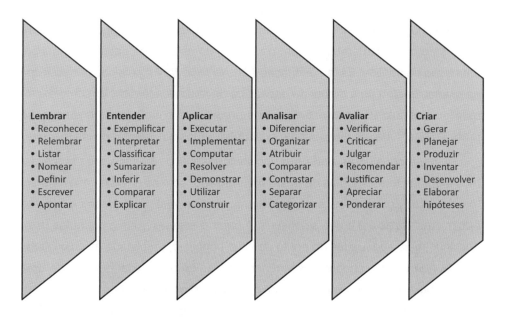

Quadro 8: Níveis da taxonomia de Bloom e seus verbos.
Fonte: Adaptado a partir de Anderson, Krathwohl e Airasian (2001).

A precisão na delimitação dos objetivos

Agora voltemos à necessidade de descrever os objetivos com precisão. Essa precisão será útil ao pesquisador durante toda a sua pesquisa e não apenas na fase de elaboração do projeto de pesquisa. Quanto mais precisa e adequada for essa descrição, melhor será o planejamento do método a ser empregado e mais coerente será o processo de retomada dos objetivos a partir dos resultados da pesquisa. Essa taxonomia tem sido bastante empregada nos cursos que lecionam sobre a metodologia da pesquisa científica, funcionando como uma ferramenta rápida e segura para que possamos tornar mais adequada e exequível a tarefa de delimitar as ações de pesquisa em cada projeto.

Observemos novamente o Quadro 7. Para podermos definir um objetivo relacionado à análise, precisamos verificar se as ações anteriores foram realizadas ou se esse nível que pretendemos descrever, de fato, contempla as ações anteriores, ou seja, de lembrar, de entender e de aplicar. Em caso afirmativo, o meu objetivo relacionado ao analisar pode ser descrito empregando verbos tais como diferenciar, organizar, atribuir, comparar, contrastar, separar e categorizar, representados no Quadro 8. Mais do que buscar sinônimos, o mais importante é identificar se o que você pretende com o seu projeto está relacionado, de fato, com uma ação de análise. Essa adequação é muito importante, pois nos permite uma aproximação com uma demanda específica do texto acadêmico, tal como explorado no Capítulo 2. Caso estivéssemos produzindo outro gênero textual, essa precisão não seria um elemento ao qual deveríamos nos atentar dessa maneira.

Deve-se considerar ainda que, no meio científico, muitas vezes empregamos algumas terminologias de modo naturalizado, sem as devidas reflexões em torno dessas ações, como compreender, analisar e investigar. Usamos tais verbos muitas vezes até como sinônimos. A partir dessa taxonomia podemos fazer escolhas mais adequadas do ponto de vista cognitivo, ampliando as possibilidades de que tais descrições possam ser efetivamente atingidas a partir de uma metodologia que seja compatível com a ação escolhida para ser o centro do projeto. Feitas as devidas recomendações para a redação do objetivo, passaremos, a seguir, à discussão sobre as relações entre o objetivo geral de um projeto de pesquisa e os seus objetivos específicos.

Objetivo geral e objetivos específicos

Em uma primeira análise, a diferença entre o que é geral e o que é específico parece ser bastante óbvia. Mas no contexto da redação do projeto de pesquisa há considerações adicionais que ultrapassam esse sentido. Para fazer a divisão entre objetivo geral e objetivos específicos em um projeto costumamos utilizar uma metáfora que trata do "guarda-chuva". Nessa metáfora, o objetivo geral seria um grande guarda-chuva aberto sobre todos os objetivos específicos. Os objetivos específicos devem estar contidos dentro desse "guarda-chuva", ou seja, devem ser abarcados pelo grande objetivo geral, como representado no Quadro 9 a seguir.

Na prática, isso equivale a considerar que os objetivos específicos são objetivos menores do que o objetivo geral e que, em conjunto, esses objetivos contribuem para que se atinja o objetivo geral, o que não se dá a partir da somatória desses objetivos, mas sim a partir de sua integração. Isso significa que não basta somar todos os objetivos específicos para chegarmos ao objetivo geral: é o alcance dos objetivos específicos, em conjunto e em integração, que permitirá que possamos chegar ao que estipulamos como objetivo geral. Ao redigirmos os objetivos específicos, portanto, não deveremos segmentar as partes necessárias para que se atinja um determinado objetivo geral, mas sim propor objetivos específicos e menores que, de modo conjunto, possam contribuir para o objetivo geral.

Também é muito importante que estejamos atentos nessa escrita, a fim de que um determinado objetivo não se sobreponha ao outro e a fim de que os objetivos não se assemelhem demais uns aos outros. É relativamente comum encontrarmos problemas na redação dos objetivos de um projeto de pesquisa. Entre os problemas mais comuns destacamos objetivos específicos que são equivalentes aos objetivos gerais, ou seja, quando a redação de um objetivo específico é muito próxima do objetivo geral, por exemplo, havendo apenas mudanças em palavras ou termos. Assim, é relevante que o pesquisador tome cuidado para que não haja essa sobreposição de objetivos ou mesmo uma repetição que não tenha qualquer finalidade no projeto de pesquisa.

Quadro 9: Representação das relações entre objetivo geral e objetivos específicos.
Fonte: Autor.

Outra recomendação importante é que cada redação de objetivo, tanto do geral quanto dos específicos, deve ser completa em si mesma. Assim, deve ser possível que compreendamos um determinado objetivo específico, por exemplo, sem que tenhamos que fazer a leitura dos demais objetivos. Isso equivale a dizer que cada objetivo narrado deve ser completo em si mesmo.

Embora saibamos que esses objetivos estão relacionados entre si e que, em conjunto, podem levar ou devem levar à possibilidade de se atingir um objetivo geral, é de suma importância que cada redação seja construída com bastante atenção, dando total condição para que os seus avaliadores ou leitores possam compreender cada um dos objetivos de modo independente. Se cada objetivo puder ser compreendido de modo independente, com certeza haverá possibilidade de uma compreensão sistêmica desse conjunto de objetivos da pesquisa.

Outro aspecto bastante importante e que já foi explicitado no Capítulo 3, acerca do objeto de pesquisa, é a necessidade de coerência entre todas as partes que compõem o texto, promovendo a coesão do projeto de pesquisa. Na prática, isso equivale à necessidade de que o objetivo esteja suficientemente conectado com o título da pesquisa, com a introdução que foi apresentada e com a justificativa para a realização do estudo, bem como com o método definido para que se atinja esse objetivo.

De nada adianta uma boa introdução com uma justificativa adequada de estudo e um método robusto sem que os objetivos tenham sido delimitados com precisão, gerando incoerência, imprecisão e incompreensão acerca desse projeto de pesquisa. O que torna um projeto adequado é justamente a conexão entre todas as partes que o compõem, de modo que o método proposto seja compatível ou permita que se atinja o objetivo delimitado. Isso reforça a necessidade de que a redação dos objetivos seja bastante precisa, indicando ações que possam efetivamente ser realizadas.

Os objetivos precisam ser **consistentes, reais e exequíveis**, ou seja, passíveis de realização e de alcance. Se eu propuser um objetivo que seja irreal ou ao qual não possa responder, por mais atrativo que seja esse objetivo, ele não estará adequado. Objetivos irreais e sub ou superestimados podem ser grandes entraves na avaliação da exequibilidade de um projeto de pesquisa.

Um aspecto muito importante de se verificar, não na escrita do projeto, mas ao final da conclusão do estudo, é se os objetivos foram, de fato, alcançados. Assim, os objetivos delineados na fase de construção do projeto podem e devem ser revisitados, a fim de que se possa avaliar ou verificar se eles foram atingidos ao final do estudo. Caso eles não sejam atingidos, o pesquisador deverá apresentar justificativas para esse processo. Caso haja mudanças de objetivos, como expusemos no início do presente capítulo, isso também deverá ser comunicado no trabalho derivado da pesquisa realizada.

Um equívoco grande em algumas pesquisas é justamente não fazer essa retomada dos objetivos, de modo que a pesquisa acaba se pautando no que os resultados revelaram enquanto achados ou contribuições mais importantes para aquele conjunto de objetos de pesquisa, não dialogando com o que, de fato, orientou a obtenção ou a produção desses resultados. Quando não retomamos os objetivos de pesquisa ao final de um estudo acabamos sendo coniventes com uma perspectiva na qual quaisquer resultados são importantes, desejáveis ou passíveis de discussão e compreensão. Os objetivos deixam de ser norteadores e passam a ser acessórios, como se pudessem ser construídos *a posteriori*. Por isso a necessidade de ter uma correta descrição desses objetivos a partir de uma redação bastante precisa, assim como um planejamento que inclua a retomada desses objetivos ao final da pesquisa.

A relação entre objetivo e método

Cada objetivo construído em um projeto de pesquisa deve ser atingido por meio de um método ou de uma técnica específica. Assim, não basta apenas delinear objetivos adequados em termos de redação ou mesmo pertinentes em termos de conteúdo e do tema, mas deve-se estabelecer uma conexão entre objetivo e método. Se você construir um objetivo que não seja passível de ser atingido por um determinado método, este objetivo não poderá ser alcançado, invalidando a sua redação e a sua proposição em um projeto de pesquisa, como já afirmamos neste capítulo.

Um esquema simples como o representado no Quadro 9, a seguir, pode nos ajudar nesse sentido. Deve-se descrever, para cada objetivo, uma forma de atingi-lo, o que pode se dar por um método específico, por uma técnica, por um determinado instrumento, por uma análise dentre as que serão empregadas para a interpretação dos dados, entre outras possibilidades. Os elementos metodológicos serão aprofundados nos capítulos 6, 7 e 8. Sistematizando esse raciocínio poderemos não apenas construir com mais segurança um método que seja compatível com os objetivos que estabelecemos, como também avaliaremos a pertinência ou não de nossos objetivos.

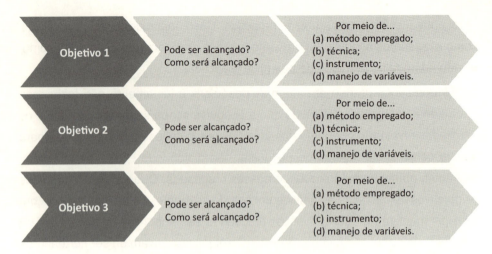

Quadro 10: Representação da correspondência entre objetivos e método.
Fonte: Autor.

Ao final deste capítulo devemos estar aptos a propor uma redação de objetivo geral para pesquisa, bem como de objetivos específicos que estejam relacionados a esse grande objetivo geral. Obviamente que esse é um processo complexo que deve ser acompanhado por um professor ou pelo seu orientador, a fim de que esses objetivos possam ser analisados em termos da sua pertinência e exequibilidade a partir de um determinado método. Para contribuir nesse processo, recomendamos que respondam aos exercícios de fixação e de reflexão propostos para a conclusão deste capítulo, descritos a seguir.

Reflexões sobre o Capítulo 4

1. A partir da sua definição de área ou disciplina de referência, da seleção do seu tema e do seu objeto de estudo, proponha uma redação inicial de objetivo geral para o seu projeto de pesquisa.

   Para refletir melhor: Você deve propor uma redação de objetivo geral empregando a taxonomia de Bloom. Após a apresentação desse objetivo, tente avaliar criticamente as limitações e as potencialidades desse objetivo. O que pode dificultar a sua execução e o que pode facilitar a sua execução? Você considera que esse objetivo pode ser alcançado? Você acha que essa redação está suficientemente clara? Você acredita que essa redação poderá ser compreendida por todo tipo de interlocutor?

2. A partir do exercício realizado anteriormente, proponha três redações de objetivos específicos que estejam relacionados ao objetivo geral do seu projeto, assim como mencionado anteriormente.

> Para refletir melhor: Para pensar na redação dos objetivos específicos, recomendamos que você retome a taxonomia de Bloom e escolha verbos distintos para cada objetivo delineado. Lembre-se de que os objetivos específicos não devem funcionar necessariamente como uma subdivisão para obtenção do objetivo geral, mas como objetivos menores que, de modo coordenado, podem contribuir para que se atinja o objetivo geral delimitado. Também é importante avaliar se esses objetivos, em separado, possuem uma redação completa e suficiente.

3. Busque nas bases de dados já apresentadas no capítulo a respeito do objeto de pesquisa um artigo científico publicado recentemente a respeito do seu tema de pesquisa. Você deve ler este artigo na íntegra. Observe a redação do objetivo, trazido no resumo do texto, que geralmente é apresentada ao final da introdução. Essas redações são exatamente iguais ou há diferenças entre elas? Posteriormente, você analisará os resultados do estudo, descritos tanto no resumo quanto na seção específica de resultados. Esses resultados permitem afirmar que os objetivos geral e específicos foram alcançados? Justifique sua resposta tanto positiva quanto negativa em relação ao alcance dos objetivos.

> Para refletir melhor: Esse exercício é muito importante a fim de que possamos verificar, em uma publicação que trata do resultado de um projeto de pesquisa, como a questão do objetivo pode ser narrada. Verifique que esse objetivo deve estar bastante claro e que a sua retomada ao final do artigo é fundamental para que se possa verificar tanto a pertinência do objetivo quanto a conexão desses resultados com os objetivos previamente delineados. Inconsistências nessas conexões podem deflagrar um artigo frágil ou um estudo que foi desenvolvido a despeito de um planejamento mais amplo que pudesse orientar o projeto de maneira mais adequada.

CAPÍTULO 5

A ESCRITA DA INTRODUÇÃO E DA JUSTIFICATIVA DO PROJETO

Objetivo do capítulo:
- ✓ Refletir sobre as diferentes formas como podemos compor a introdução e a justificativa de um projeto de pesquisa.

O que abordaremos neste capítulo?
- ✓ Vamos compreender as diferenças entre a introdução e a justificativa de um projeto, bem como a possibilidade de estruturação de cada uma dessas seções em nosso projeto de pesquisa.
- ✓ Vamos reforçar a necessidade de, tanto para a escrita da introdução como da justificativa, realizar uma revisão de literatura que permita conhecer a área, o tema e a produção já veiculada.
- ✓ Ao final deste capítulo você deve reunir uma maior competência para construir a introdução do seu projeto de modo adequado e alinhado às principais recomendações para essa seção do texto.
- ✓ Para ajudá-lo nesse processo serão apresentados exercícios reflexivos para solidificar a aprendizagem desses conteúdos.

Capítulo 5

A escrita da introdução e da justificativa do projeto

O objetivo deste capítulo é refletir sobre as diferentes formas de compor a introdução e a justificativa de um projeto de pesquisa. Ao final deste capítulo você deve reunir uma maior competência para poder construir a introdução do seu projeto de modo adequado e alinhado às principais recomendações para essa seção do texto.

Comecemos pela **introdução do projeto de pesquisa**. Introdução é o primeiro elemento com que teremos contato em um projeto de pesquisa. É a partir da leitura desta parte inicial que conheceremos o problema de pesquisa, bem como todos os antecedentes que justificam a escolha e a seleção desse problema para ser investigado. Uma boa introdução deve permitir ao leitor compreender de que modo o pesquisador chegou ao seu objeto de investigação, de modo que a estrutura narrativa revele um percurso de pesquisas prévias realizadas para dar sustentação e justificar também a importância deste projeto de pesquisa. Assim, uma introdução deve contar ao interlocutor uma determinada história, uma narrativa que permita compreendermos tanto onde se situa a proposta como se há sustentação para ela.

Uma primeira recomendação que deve anteceder a escrita da introdução refere-se ao fato de que, para escrever esta parte que compõe o projeto de pesquisa, é necessário que o pesquisador leia bastante e esteja alinhado às lacunas e às tendências de produção na área em que se situa o projeto de pesquisa e em relação ao tema específico do estudo. Para escrever a introdução o pesquisador deve ter feito buscas efetivas na literatura científica que possam embasar toda a argumentação que será apresentada. Tratamos a respeito disso nos capítulos 1, 2 e 3.

A importância da leitura para a escrita da introdução

Um equívoco que normalmente acontece com estudantes que estão começando a escrever a introdução é que essa parte do projeto passa a ser desenvolvida concomitantemente com as leituras que são realizadas. É recomendável que a escrita só comece quando todas as leituras necessárias forem finalizadas ou pelo menos a maioria delas, a fim de que o estudante tenha uma dimensão maior e mais aprofundada do que irá narrar, de como irá relacionar um estudo ao outro e de como construir a argumentação principal que fundamenta a proposta.

Quando você estiver fazendo as leituras que embasaram o seu projeto é importante ter um documento no qual você faça pequenos **fichamentos** dos estudos que já leu e com os quais entrou em contato. Nesses fichamentos você deve listar, além da referência principal do estudo a ser citado adequadamente no projeto, informações como tema, população investigada, instrumentos empregados, objetivo e principais resultados.

Quando você ler diversos artigos e tiver listado todas essas características de cada um desses estudos poderá ter uma visão panorâmica de um conjunto de produções que serão empregadas para justificar tanto a importância do seu estudo quanto a necessidade de ele acontecer, dialogando diretamente com a seção de justificativa que, como veremos a seguir, poderá vir ao final da introdução ou então em uma seção separada composta após a apresentação da introdução. Não subestime a construção desses fichamentos: embora esse processo possa parecer árduo, se bem realizado poderá facilitar muito a construção das etapas posteriores.

Retomemos, então, o primeiro passo necessário para a escrita da introdução: a **leitura** dos materiais necessários para que você narre ao seu interlocutor o seu tema e o seu objeto de pesquisa. Recomenda-se que essa leitura esteja baseada em estudos publicados em periódicos científicos de renome, bem como em livros e capítulos escritos por autores reconhecidos nesse campo de atuação. Também é desejável que esses materiais sejam atualizados.

Costuma-se considerar como estudos recentes aqueles publicados nos últimos cinco anos antes do ano de referência em que você está realizando o projeto de pesquisa. No entanto, há estudos clássicos que devem ser citados, conhecidos e lidos em profundidade, pois embasaram o projeto de pesquisa também. Desse modo, a recomendação é de que tente ao máximo utilizar estudos publicados recentemente e, se necessário, estudos publicados há um pouco mais de tempo e que sejam considerados clássicos da área.

Com o acesso cada vez mais fácil e rápido a diversos materiais publicados em fontes seguras e não seguras via internet, podemos entrar em contato com muitas produções realizadas no Brasil e no exterior. Essas produções podem ser mais ou menos reconhecidas, também podendo ser identificadas como tendo maior ou menor qualidade. Quando você acessa um artigo publicado em uma revista científica de prestígio, por exemplo, você tem uma chancela de que este é um produto seguro, produzido conforme todas as recomendações do método científico e que só foi publicado mediante uma rigorosa avaliação por meio de especialistas na área.

No entanto, quando você acessa um artigo encontrado em um blog ou página eletrônica que não possui maiores mecanismos de controle em relação à produção que é veiculada, ampliam-se as chances de você estar em contato com o material que possa ter sido produzido sem qualquer normativa ética ou científica, tornando o conteúdo do estudo bastante questionável. Para escrever uma redação de introdução que seja confiável é importante ater-se a esses aspectos e apenas citar em seu trabalho documentos que tenham uma comprovada aceitação pela comunidade científica, que possam ser considerados válidos.

Esses documentos são compostos, em sua maioria, por artigos publicados em revistas científicas de prestígio ou então em livros e capítulos de livros publicados por pesquisadores reconhecidos na área e por editoras também reconhecidas. Quando você acessa essas informações você pode ter maior segurança nos resultados narrados, agregando uma informação de maior qualidade ao seu texto. Os seus interlocutores que irão ler e avaliar o seu projeto entrarão em contato com a literatura que você mencionar como referência para o seu projeto. Assim, eles poderão identificar se essa produção que você mencionou é uma produção confiável ou não, bem como se está atualizada ou não.

Cada vez mais utilizamos os conhecimentos veiculados por meio de artigos científicos. Para ter acesso a artigos reconhecidamente bem-avaliados em termos de qualidade, recomendamos que vocês acessem as bases de dados ou bibliotecas eletrônicas mantidas por agências reconhecidas na área, tais como LILACS, SciELO, CINAHL[5] e PUBMED na área da saúde, por meio do Portal da CAPES e outros meios ligados a áreas específicas como o PePSIC[6] na área de Psicologia, apenas para citar um exemplo. Os artigos publicados em periódicos recuperados nessas bases possuem o reconhecimento da comunidade científica e podem ser usados com segurança em seu projeto.

---

[5] Criado em 1961, o CINAHL (*The Cumulative Index to Nursing and Allied Health Literature*) reúne artigos de periódicos nas áreas de enfermagem, saúde, biomedicina e assistência médica.

[6] Sigla para Periódicos Eletrônicos de Psicologia, que é uma base ligada à Biblioteca Virtual em Saúde – Psicologia da União Latino-Americana de Entidades de Psicologia (BVS-Psi ULAPSI), baseada na metodologia SciELO.

Quando você fizer essas buscas é importante que tente sistematizar ao máximo tais levantamentos. Você pode selecionar um período específico de busca, por exemplo, os últimos cinco anos, bem como utilizar palavras-chave ou descritores que sejam reconhecidos na área e que possam conduzi-lo de modo mais fácil a estudos que, de fato, tenham a ver com o seu objeto de pesquisa e com o que você deseja encontrar.

Os descritores são palavras-chave que, de modo coletivo, são empregados pelos pesquisadores para descrever os fenômenos estudados. Esses descritores são normatizados a partir de suas recorrências nos artigos publicados em periódicos científicos. Na área da saúde costumamos indicar duas bases que possuem esses descritores: DeCS (Descritores em Ciências da Saúde) e MeSH (*Medical Subject Headings*).

Quando acessar essas bases de descritores você pode indicar um termo que seja do seu interesse e essa plataforma irá informar se esse termo é o mais adequado para fazer a busca sobre o assunto ou se outros termos são mais indicados para que você possa ter acesso aos estudos que, de fato, tenham a ver com essa temática. Assim que você empregar os descritores corretos nas bases de dados ou bibliotecas eletrônicas, terá acesso a uma grande diversidade de artigos científicos produzidos. Você não deve ficar impressionado caso encontre muitos artigos sobre o mesmo tema, o que pode indicar que este tema já foi bastante estudado ou é bastante tradicional na área, nem mesmo quando você encontrar poucos registros, o que pode sinalizar que o que você está pesquisando ou estudando ainda foi pouco explorado ou até mesmo pode ser inovador. Mas cuidado: encontrar poucos registros pode sugerir que a sua busca não tenha sido realizada de modo adequado.

A partir dessa busca e da identificação dos artigos relacionados ao seu tema e ao seu objeto de pesquisa você pode começar a empreender a leitura desse material. Lembre-se sempre de fazer pequenos fichamentos para que depois você possa retomar todas as leituras na escrita da sua introdução. Se você realizar grande quantidade de leituras e fizer os devidos fichamentos, terá maior facilidade para analisar esses materiais em conjunto e poder apresentar os resultados desses fichamentos na introdução do seu projeto de pesquisa, como afirmamos anteriormente.

Como integrar as leituras e construir uma sequência na introdução

Uma dica importante quando for escrever a sua introdução é que os estudos que você for citar durante essa escrita deverão estar integrados. Você sempre deve relacionar os artigos que encontrou em termos das proximidades e dos distanciamentos entre os achados de cada um dos estudos. Isso equivale a dizer que a introdução não deve ser uma compilação dos fichamentos dos estudos que você encontrou, descrevendo cada um dos artigos, por exemplo, mas integrando os achados, buscando produzir habilidades analíticas acerca de um mesmo tema ou objeto. Uma boa introdução não apenas demonstra que o pesquisador leu e se informou bastante a respeito do tema ou do objeto como também que sabe integrar de maneira adequada os resultados disponíveis nesses estudos para compor uma narrativa que justifique a necessidade de um novo estudo na área, representado pelo projeto de pesquisa em apreço.

Além de um denso processo de leitura e seleção de materiais importantes para a sua pesquisa e da integração desses materiais para a escrita do seu projeto e da construção de um argumento, é importante que você esteja atento à sequência com que irá apresentar a sua introdução. O seu texto precisa ter um encadeamento, o que permitirá ao leitor a plena compreensão dos aspectos que você deseja narrar.

Normalmente, parte-se de uma estrutura que se inicia com o tema mais amplo, encaminhando-se para um argumento mais particular em relação ao tema. Assim, começamos apresentando a grande área na qual o projeto se insere, passando para a apresentação do tema propriamente dito, até chegar à particularidade que será investigada em sua proposta. Ou seja, partimos do mais geral para o mais específico, uma vez que todo projeto de pesquisa é uma investigação bastante específica sobre algum objeto de estudo. Nesse percurso recomendamos que você liste apenas os estudos considerados mais relevantes para construção do seu argumento.

Também é importante que, quando for recuperar elementos históricos importantes para a construção da sua proposta, você seja breve e preciso, a fim de que possa permitir ao interlocutor uma apreensão mais rápida da sua proposta. Lembre-se de que esses elementos históricos já foram apresentados em outros estudos, de modo que você pode sumarizar essa narrativa, ao invés de tentar reescrevê-la ou mesmo detalhá-la, ao menos que o seu projeto aborde um conhecimento histórico, a exemplo de pesquisas conduzidas em história da enfermagem e em história da medicina, por exemplo.

O que recomendamos é que a introdução não seja demasiadamente longa, mas que também não seja excessivamente objetiva, a ponto de faltarem elementos importantes para a construção da argumentação que você pretende apresentar. Também uma introdução muito longa pode trazer muitos elementos que não serão abordados diretamente no estudo, pulverizando os objetivos e as informações mais importantes.

Acompanhe sempre as normas para a apresentação do seu projeto, o que geralmente envolve a quantidade de páginas. Pode haver a explicitação do mínimo ou do máximo de páginas. Geralmente um projeto para trabalho de conclusão de curso ou de iniciação científica não costuma ter mais do que 15 páginas. Em projetos de mestrado e de doutorado, esse limite pode ser maior, em torno de 20 páginas. Essa informação pode direcionar melhor o espaço que você reservará para a introdução – embora essa seção normalmente seja a mais extensa em um projeto, não pode ocupar a totalidade do documento.

Essas recomendações estão sumarizadas nos quadros 11 e 12, a seguir. O Quadro 11 representa a sequência para a elaboração da introdução e o Quadro 12 sintetiza as principais orientações para a escrita dessa seção.

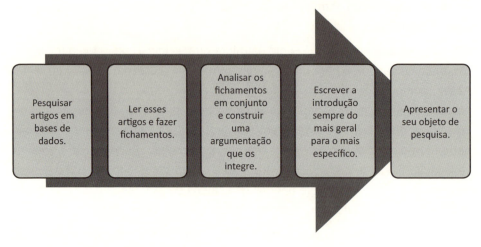

Quadro 11: Representação da sequência da escrita da introdução do projeto.
Fonte: Autor.

Um bom exercício que recomendo quando vamos começar a escrita de um projeto de pesquisa é entrar em contato com as introduções dos artigos publicados em periódicos científicos. Essas introduções costumam ser bastante enxutas, com muitas informações e elaboradas de modo bastante integrado. Embora em um projeto de pesquisa você possa ter mais espaço para uma escrita um pouco mais livre a respeito desses mesmos elementos, é importante que a sua apresentação tenha sempre em mente a necessidade de contar ao interlocutor o percurso realizado pelo pesquisador para chegar até um objeto específico que

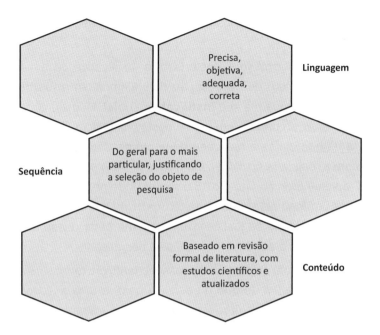

Quadro 12: Pontos principais que devem orientar a escrita da introdução do projeto.
Fonte: Autor.

será apresentado. Mas tenha em mente dois movimentos distintos: a escrita da introdução em um projeto de pesquisa é uma apresentação para algo que ainda será realizado; já a introdução de um artigo toma por base a apresentação de uma pesquisa que já foi realizada. Em comum entre essas seções desses diferentes documentos está a necessidade de apresentar ao interlocutor um dado tema e um dado objeto. E as recomendações para a escrita de ambas são as mesmas, conforme retratado no Quadro 12.

A escrita da justificativa

Destacadas as principais recomendações para escrita da introdução, passaremos a explorar de modo mais detido a construção da **justificativa** do estudo. Como informamos anteriormente, a justificativa é uma parte que compõe o projeto de pesquisa e que pode vir de modo associado ao texto da introdução ou então em uma seção separada da introdução. A justificativa, se for escrita enquanto uma seção separada, também pode ser alocada ao final da introdução ou até mesmo após a apresentação dos objetivos e antes da apresentação do método. Antes de escrever a sua justificativa, você precisa entrar em contato com as normas que orientam a produção do seu projeto de pesquisa para saber desse tipo de detalhamento.

Como exploramos no Capítulo 1 deste livro, a justificativa de um projeto de pesquisa basicamente tem que apresentar dois elementos: a **justificativa científica** da proposta e também a sua **justificativa social**. Isso significa que o seu estudo precisa estar amparado em pressupostos científicos, havendo uma real necessidade de que ele seja realizado do ponto de vista acadêmico, bem como dialogue com a realidade social, econômica, cultural e política de um dado contexto, como representado no Quadro 13 a seguir. Toda pesquisa empírica se propõe a investigar um fenômeno que pode ter maior ou menor diálogo com a realidade social. A capacidade de justificar um projeto a partir dessa demanda deve ser uma competência a ser desenvolvida pelo pesquisador.

O seu projeto de pesquisa precisa ser necessário tanto em termos científicos como em termos sociais, a fim de que a pesquisa possua uma aplicação real em um dado contexto, o que é sempre lembrado quando tratamos de projetos na área de ciências da saúde. As pesquisas em ciências da saúde normalmente são compostas como formas de responder a problemas práticos do cotidiano da atenção e do cuidado. Assim, buscamos, a partir de pesquisas nesse campo, sempre ampliar as evidências acerca de um determinado procedimento, de um determinado protocolo, técnica, medicamento ou manejo, a fim de produzir melhorias e mudanças na saúde e na atenção à saúde.

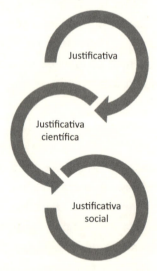

Quadro 13: Representação dos elementos que devem compor a justificativa.
Fonte: Autor.

Para escrever a justificativa científica do seu projeto de pesquisa é mister retomar os apontamentos que destacamos em relação à revisão que você geralmente deve empreender para escrita da introdução. Quando você faz a leitura de diversos materiais, que realiza o fichamento desses documentos, você consegue ter uma dimensão um pouco mais aproximada daquilo que já foi bastante produzido, podendo representar uma tendência de produção, assim como aquilo que ainda foi pouco investigado, representando uma lacuna.

Podemos justificar um projeto de pesquisa a partir desses dois tipos de argumento, ou seja, um projeto de pesquisa pode ser importante tanto para ampliar o conhecimento acerca de algo que já é bastante investigado ou então sobre algo que ainda precisa de maior compreensão na literatura científica. No primeiro caso é importante que o nosso projeto tenha algum diferencial em relação ao que já foi investigado e que já é reconhecidamente narrado na literatura científica, a fim de que não repliquemos os estudos ou que façamos estudos que irão inequivocamente produzir resultados semelhantes aos que já foram compartilhados nos meios científicos. De modo coloquial, devemos analisar se a nossa pesquisa trará algo diferente ao que já se sabe ou se será "mais do mesmo".

A justificativa de um projeto de pesquisa é uma das partes mais importantes desse tipo de documento, pois permite ao interlocutor avaliar a real **necessidade** do estudo e a sua **importância** para a produção de conhecimentos tanto na área mais ampla quanto em relação à temática investigada. Esse interlocutor deve saber a partir da escrita da justificativa se o seu projeto de pesquisa é realmente necessário de ser empreendido ou se poderia ser produzido de outro modo. Essa avaliação só será possível se o projeto de fato tiver uma justificativa científica e social adequada, mas também se o pesquisador – ou o estudante – conseguir apresentar argumentos sólidos que comprovem a necessidade de realização do projeto.

Para construir sua argumentação é importante citar estudos que foram encontrados em sua revisão prévia. Você pode construir um argumento que justifique a necessidade do seu projeto de pesquisa e deve embasar tal argumento na menção à literatura científica que ateste ou corrobore os apontamentos que você listou em seu projeto de pesquisa.

A justificativa também deve ser bem construída porque no caso de você enviar esse documento para pedido de uma bolsa de estudo ou para um pedido de fomento à pesquisa, os avaliadores irão considerar a adequação da sua justificativa em termos do cotejamento ou não de uma análise mais precisa em relação à literatura científica da área. Não se trata apenas de saber escrever uma boa justificativa, mas sim que essa justificativa deve estar amparada em dados corretos, em levantamentos corretos e em uma argumentação sólida e produzida com base em evidências científicas.

Ao analisar a justificativa apresentada, os avaliadores poderão considerar que a proposta agrega novos conhecimentos ou então que a proposta não traz qualquer inovação para o campo de estudo. Os avaliadores também podem considerar que o projeto é necessário e que merece a obtenção de uma bolsa ou financiamento ou se não há justificativa para obtenção desse fomento. Pelo exposto até aqui, saber justificar a sua proposta é um dos pontos mais importantes da escrita de um projeto de pesquisa.

Assim, a construção da argumentação deve ser elaborada com bastante critério e também sempre orientada por um professor experiente, que conheça mais o campo, o tema e a literatura da área. Por mais que leiamos a respeito de um assunto, nosso professor de referência ou orientador sempre terá maior bagagem em relação a esse tema, bem como maior maturidade para verificar se a nossa proposta é, de fato, adequada, se traz novos conhecimentos, se pode agregar ou contribuir. No caso de um trabalho de conclusão de curso, por exemplo, o orientador deve ser uma pessoa responsável por ajudá-lo na elaboração dessa argumentação, haja vista que possui uma vasta experiência em relação à temática e deve contribuir constantemente para o seu amadurecimento enquanto pesquisador.

Quando for redigir a sua justificativa, deve citar estudos que ampararam a construção desse repertório para afirmar se a proposta é necessária e válida, segundo o seu ponto de vista e do seu orientador ou professor de referência. Essas citações na justificativa podem ser semelhantes às trazidas na introdução ou você também pode incluir nessa parte novos trabalhos que permitam a construção de um argumento mais consubstanciado. Em termos de extensão, a justificativa normalmente é menor que a introdução, haja vista que a introdução já trouxe os elementos que serão, muito provavelmente, retomados para justificar a proposta.

Para finalizar as recomendações em relação à justificativa é importante que ela também seja construída com uma linguagem adequada e que também seja precisa em relação aos argumentos apresentados. Esses documentos precisam ser apresentados no texto de maneira bastante direta, haja vista que a introdução já apresentou a temática de uma maneira um pouco mais exploratória, permitindo uma visão mais ampla sobre o tema. Como a maior parte do conhecimento utilizado para escrita do projeto já foi apresentada na introdução, a justificativa pode se ater aos elementos que de fato contribuem para que possamos evidenciar a necessidade do estudo.

Aspectos formais para a escrita da introdução

É importante que você esteja atento aos **aspectos formais da escrita** e também às **normas** que orientaram o seu trabalho. As normas são utilizadas nos meios científicos para que possamos organizar o nosso texto, bem como as citações e as referências. Como afirmado neste capítulo, as citações são essenciais na composição da introdução e da justificativa de um projeto de pesquisa.

As **citações** são todos os estudos que você efetivamente citou ao longo do seu projeto de pesquisa. As **referências** são as informações detalhadas que permitem ao leitor localizar as citações que você trouxe ao longo do texto. As referências se localizam ao final do projeto de pesquisa, em uma lista organizada em ordem alfabética a partir do sobrenome do primeiro autor de cada um dos documentos que foram destacados nas citações, isso no caso de o projeto adotar as normas da ABNT (Associação Brasileira de Normas Técnicas). Assim, toda citação ao longo do texto deve ser correspondente a uma referência ao final do texto.

Você só deve incluir nas referências aqueles estudos que efetivamente foram listados nas citações, que foram empregados na apresentação do seu tema ou para a composição da justificativa do projeto. Embora você possa ter lido muitos materiais a mais do que aqueles que foram listados efetivamente, deve haver a correspondência exata entre citações e referências em qualquer tipo de trabalho acadêmico.

Para escrever uma boa justificativa e uma boa introdução você deverá ler bastante, mas a seção de referências não precisa ser tão extensa. O ideal é que você priorize estudos mais recentes e de autores que são referência na área. Assim como não devemos ter referências em demasia, o contrário também é verdadeiro: poucas referências podem sinalizar que o pesquisador leu pouco ou que não realizou uma revisão substancial para a proposição do projeto.

A adequação da linguagem também é importante, haja vista que se trata de um estudo científico que deve conter uma argumentação correta e o emprego das normas formais para escrita acadêmica. Para a organização e formatação do texto, bem como para a organização das citações das referências, você deve consultar quais normas são seguidas pelos interlocutores que irão realizar a leitura do seu projeto de pesquisa, ou seja, verificar as normas da universidade, da disciplina ou mesmo do programa de pós-graduação, no caso de você estar fazendo mestrado ou doutorado.

Caso você faça a submissão desse projeto de pesquisa para uma agência de fomento que concede bolsas de estudo, por exemplo, você deve se informar sobre quais as normas que essa agência adota e ajustar o texto. No caso em que estiver realizando um projeto de pesquisa para ser apresentado na universidade para conclusão de uma disciplina de trabalho de conclusão de curso, por exemplo, você deve se informar com o docente responsável pela disciplina sobre quais normas são adotadas. No caso de estar prestando uma seleção para a pós-graduação também deve se informar a respeito disso. Normalmente nos editais de seleção são descritas as normas para a escrita do projeto de pesquisa. Nessas normas podem ser explicitadas, de modo mais detalhado, quais partes devem compor o projeto, sua extensão, bem como a sequência de apresentação dos elementos que compõem esse documento.

Em termos de linguagem adotada, recomenda-se que o pesquisador ou estudante em início de atividade possa entrar em contato com ela a partir da leitura de artigos científicos e também de livros acadêmicos, como detalhamos no Capítulo 2. Esses materiais foram produzidos adotando uma linguagem e norma específicas. Quanto mais você ler e se aproximar dessa linguagem, maior será a sua chance de produzir um texto semelhante.

Além da linguagem acadêmica ser sempre muito objetiva, concisa e precisa, você deverá estar em contato com as normas formais de escrita em língua portuguesa. Sempre revise o seu texto antes de apresentá-lo a qualquer pessoa, ainda que essa pessoa possa fazer a correção do seu texto, como no caso de alguns orientadores. É sempre recomendável que você, antes de encaminhar qualquer versão do seu projeto de pesquisa, faça uma minuciosa revisão acerca da sua escrita. Esse exercício permitirá que você se aperfeiçoe cada vez mais.

Ao final deste capítulo acreditamos que você já tenha condições de começar a escrever a introdução e a justificativa do seu projeto de pesquisa. Lembre-se de que esse processo não é fácil e é importante que estejamos preparados para ler, escrever, reescrever e adaptar o nosso texto ao longo de todo o tempo. A atividade da escrita acadêmica é um exercício constante e que não se esgota com a conclusão de uma disciplina ou com a entrega de um projeto de pesquisa.

É importante continuar lendo para se aproximar cada vez mais de uma escrita mais adequada e também é importante continuar treinando para se aperfeiçoar continuamente. A seguir, vamos aos exercícios deste capítulo.

Reflexões sobre o Capítulo 5

1. Localize um artigo científico que você encontrou no seu levantamento para a escrita do projeto de pesquisa. Leia com bastante atenção a seção de introdução do artigo. Liste os principais elementos que você conseguiu notar a partir da leitura dessa seção do texto.

> Para refletir melhor: Você deve analisar aspectos como: linguagem, referências utilizadas, quantidade de referências, ano de publicação dos estudos citados nessa seção, bem como a quantidade de texto nessa parte. Tente responder a essas sentenças: Essa introdução permite uma adequada apresentação do estudo? Você acrescentaria alguma coisa a essa introdução? Retiraria algo? Se tivesse que reescrevê-la, como seria?

2. Ainda a partir da leitura da introdução do artigo selecionado no exercício anterior, tente separar os trechos que, em sua análise, aproximam-se de uma justificativa.

> Para refletir melhor: Em artigos científicos a justificativa geralmente vem apresentada junto com a introdução, podendo se localizar mais ao seu final, estando mais próxima da redação do objetivo, ou então disposta ao longo de toda a introdução.

3. Dos argumentos selecionados como justificativa do artigo do exercício anterior, qual lhe parece mais convincente?

> Para refletir melhor: Por que esse argumento lhe pareceu mais convincente? Isso pode estar relacionado com o conteúdo em si ou até mesmo com a linguagem empregada e a construção do texto. Reflita sobre isso.

CAPÍTULO 6

A CONSTRUÇÃO DO MÉTODO: TIPOS DE ESTUDOS

Objetivo do capítulo:
- ✓ Apresentar os principais tipos de pesquisa a partir das classificações mais recentes no campo da metodologia de pesquisa como forma de orientar o pesquisador na seleção do tipo de pesquisa que irá realizar em função das características do fenômeno a ser estudado, das variáveis associadas a esse fenômeno, do campo em que esse fenômeno pode ocorrer e dos métodos que podemos empregar para apreendê-lo.

O que abordaremos neste capítulo?
- ✓ Vamos ajudá-lo a selecionar o melhor tipo de estudo a partir do objetivo delineado anteriormente e também considerando os seus interesses, suas competências e repertórios desenvolvidos no campo da pesquisa.
- ✓ Vamos considerar as limitações e as potencialidades de cada tipo de estudo, a fim de contribuir para a seleção do método mais adequado ao seu projeto de pesquisa.
- ✓ Ao final deste capítulo serão apresentados exercícios reflexivos para solidificar a aprendizagem desses conteúdos.

Capítulo 6

A construção do método: Tipos de estudos

Para pensarmos a construção de um projeto de pesquisa é importante tentarmos definir, desde o início, que tipo de estudo iremos realizar. O objetivo deste capítulo é apresentar os principais tipos de pesquisa a partir das classificações mais recentes no campo da metodologia de pesquisa como forma de orientar o pesquisador na seleção do tipo de pesquisa que irá realizar em função das características do fenômeno a ser estudado, das variáveis associadas a esse fenômeno, do campo em que esse fenômeno pode ocorrer e dos métodos que podemos empregar para apreendê-lo. Como veremos, temos muitas possibilidades de descrever um tipo de pesquisa, de modo que precisamos sempre nos basear na tipologia que foi construída pelos diferentes autores e representada nos manuais de pesquisa considerados mais consagrados em nossa área.

Se consultarmos diferentes manuais de metodologia científica teremos acesso a uma diversidade de classificações possíveis a respeito das diferentes pesquisas que podemos realizar (DEMO, 2009; BREAKWELL; HAMMOND; FIFE-SCHAW; SMITH, 2010; CRESWELL, 2010; GIL, 2010; RICHARDSON, 2010). Esses conhecimentos podem ser transpostos para a construção dos projetos de pesquisas, dos artigos e demais comunicações (SABADINI; SAMPAIO; KOLLER, 2009; KOLLER; COUTO; HOHENDORFF, 2014) como formas de criar uma inteligibilidade comum, a fim de que, mesmo com as especificidades de cada classificação, possamos nos situar nesse campo com segurança. Cada tipologia apresentada envolve determinados aspectos que devem ser descritos, bem como uma forma que deve ser priorizada, mais palatável àquele tipo de pesquisa.

Cada classificação envolve um determinado tipo de critério que cada pesquisador do campo da metodologia científica priorizou para compor a narrativa desse tipo de estudo. Assim, o que podemos observar é que os tipos de estudos variam ou podem variar conforme os livros de referência que utilizamos para descrever nossas pesquisas e conforme os pressupostos desses autores. É importante, portanto, que saibamos quais são os norteadores que orientam cada tipo de classificação. Neste livro vamos nos basear nas classificações correntes, priorizando os estudos desenvolvidos de modo mais frequente nas ciências da saúde.

Outra recomendação inicial importante é a de que essas classificações também se sobrepõem, de modo que um mesmo tipo de estudo pode ser classificado quanto a diferentes aspectos, ou seja, pode ser, ao mesmo tempo, aplicado, empírico, explicativo e longitudinal, por exemplo. Em outras palavras: um mesmo projeto pode ser classificado quanto a diferentes quesitos ou vértices.

Pesquisa pura e pesquisa aplicada

Uma primeira forma de classificar as pesquisas é em relação à sua finalidade (GIL, 2010). Basicamente temos duas possibilidades: a **pesquisa pura** e a **pesquisa aplicada**. Uma pesquisa pura é aquela na qual buscamos ampliar o conhecimento a respeito de um determinado fenômeno sem que tenhamos que definir a priori os possíveis benefícios dessa investigação. Nesse caso, encontramos as pesquisas de cunho teórico que pretendem discutir determinados conceitos, ideias, obras e demais elementos passíveis de reflexão.

Como exemplo podemos mencionar as pesquisas geralmente desenvolvidas acerca da literatura brasileira, em que podemos discutir aspectos como a construção da infância na obra de um determinado autor ou mesmo de que forma determinado gênero se apresenta na narrativa desse autor (SCORSOLINI-COMIN, 2019). Esses estudos permitem que ocorram avanços em termos das ideias relacionadas a esses autores e, embora possam promover reflexões importantes para a prática dos profissionais que estão envolvidos nesse tipo de pesquisa, os resultados desses estudos não necessitam ter uma aplicação no mundo prático, não precisam buscar benefícios para as demais pessoas. Esse tipo de estudo tem a sua importância, mas é menos frequente no campo das ciências da saúde, sendo predominante nas áreas de ciências humanas e sociais.

Em contrapartida, uma pesquisa aplicada, que também pode ser compreendida como uma pesquisa empírica, está voltada para a produção de conhecimentos que tenham uma clara aplicação em uma situação concreta, podendo disparar a produção de novos saberes que serão incorporados à prática. As pesquisas realizadas na área de ciências da saúde geralmente são estudos aplicados que visam à construção de um conhecimento que será aplicado e que buscam o benefício de pessoas a partir do reconhecimento de técnicas, protocolos, medicamentos e demais elementos importantes no cuidado em saúde.

Também temos as pesquisas de cunho experimentais, geralmente realizadas em laboratórios, nas quais podemos desenvolver estudos de caráter básico a partir da manipulação de variáveis em substâncias, medicamentos e também em organismos mais simples do que os seres humanos. Essa primeira categoria de classificação de estudos está representada no Quadro 14.

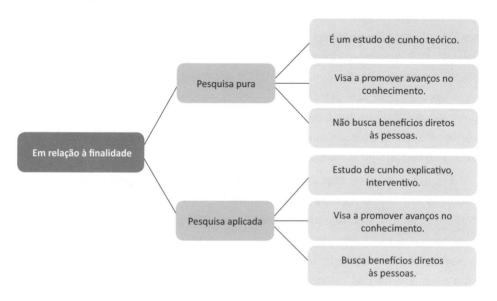

Quadro 14: Classificação das pesquisas em relação aos seus resultados.
Fonte: Autor.

Pesquisas exploratórias, descritivas, explicativas e interventivas

Outra forma de classificar os estudos é em relação aos seus objetivos (GIL, 2010), podendo haver pesquisas exploratórias, descritivas, explicativas ou interventivas. As **pesquisas exploratórias** são aquelas realizadas quando investigamos um assunto que ainda foi pouco estudado ou que ainda precisamos reunir mais conhecimentos para poder apreendê-lo. Uma pesquisa exploratória visa a explorar os sentidos possíveis, em um campo ainda não tão conhecido. Usamos uma pesquisa exploratória quando trabalhamos com temáticas consideradas novas e com poucas evidências acerca desses fenômenos ou eventos. Os estudos exploratórios, nesse sentido, realizados em um primeiro momento, permitem que relações mais seguras sejam aventadas posteriormente, dando origem a delineamentos mais robustos, como os dos estudos explicativos. Para que uma pesquisa seja considerada exploratória é preciso que tenhamos um cenário ainda bastante aberto em relação à temática ou ao objeto dentro dessa temática, permitindo que os primeiros conhecimentos a respeito sejam produzidos a partir dessa pesquisa.

Já as **pesquisas descritivas** procuram apresentar as características de uma determinada população, amostra ou grupo, sumarizando os aspectos necessários para que possamos compreender melhor os participantes de um determinado estudo, por exemplo. Quando trabalhamos com estudos quantitativos geralmente descrevemos os resultados relacionados à amostra em termos de médias, dos desvios-padrão e das frequências com que cada variável se expressa naquela investigação. Os estudos descritivos permitem a compreensão mais aprofundada das características dos participantes ou do grupo de participantes que fazem parte do estudo para que, em um segundo momento, possam ser construídas hipóteses que serão testadas em investigações explicativas, por exemplo, ou mesmo em propostas interventivas.

Em um nível mais complexo, as pesquisas de caráter explicativo permitem estabelecer e testar associações entre diferentes variáveis. Assim, pretende-se compreender um determinado fenômeno a partir de algumas variáveis ou de relações entre variáveis que são delineadas como importantes para aquela compreensão. Em um **estudo explicativo** é importante que sejam estabelecidas hipóteses acerca das relações entre as variáveis, a fim de que tais hipóteses possam ser testadas a partir de um método adequado. Também podemos ter delineamentos preditivos a partir de um estudo explicativo, haja vista que os estudos de predição buscam identificar qual ou quais variáveis mais contribuem para um determinado desfecho que se pretende compreender melhor.

As **pesquisas interventivas** são bastante expressivas no campo das ciências da saúde e buscam avaliar, em linhas gerais, a efetividade ou a eficácia de determinadas intervenções no campo da saúde. Em pesquisas de caráter interventivo precisamos descrever minuciosamente como será feita a intervenção, como pretendemos controlar essa intervenção e, principalmente, como iremos avaliá-la, a fim de que possamos acessar seus efeitos para determinado fenômeno ou tema de estudo.

Quando pensamos em um protocolo interventivo devemos elaborar um método que permita acompanhar e verificar se tal intervenção, de fato, atingiu os objetivos delineados, bem como quais as suas potencialidades para a área ou para o tema no qual se situa. Um projeto de pesquisa interventivo, desse modo, deve possibilitar um acompanhamento pré e pós-intervenção, a fim de que possamos conhecer os possíveis efeitos da mesma sobre os participantes, por exemplo. A classificação dos estudos em função dos seus fins está sumarizada no Quadro 15.

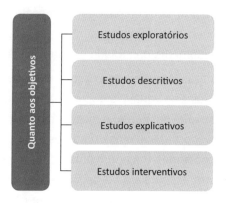

Quadro 15: Classificação das pesquisas em termos dos seus fins.
Fonte: Autor.

Pesquisas de laboratório, de campo e documentais

Outra forma de caracterizar os tipos de estudo em relação **aos ambientes ou aos meios** nos quais as pesquisas são realizadas. Podemos ter pesquisas realizadas dentro de um **laboratório**, em que há um rígido controle de todas as variáveis que podem intervir no fenômeno que está sendo investigado, como condições de temperatura e pressão, alimentação dos animais, procedimentos cirúrgicos realizados nesses organismos, padronização no fornecimento de medicamentos e normas para o controle das intervenções realizadas, entre outras tantas possibilidades, a depender do projeto de pesquisa. Pode-se, por exemplo, realizar experimentos nos quais há a administração de um determinado medicamento a um organismo para verificar os seus efeitos, ou mesmo a realização de procedimentos cirúrgicos nesses organismos, a fim de estudar como alterações cerebrais podem inferir na execução de determinadas tarefas ou na expressão de determinados comportamentos.

Também temos pesquisas realizadas em um campo específico, como escolas, hospitais, centros religiosos e em quaisquer outros ambientes em que seja possível a realização de um estudo de campo. Esse tipo de pesquisa parte da premissa de que a compreensão de determinado fenômeno só pode se dar quando acessamos o campo no qual esse fenômeno é produzido. É preciso, pois, realizar uma pesquisa *in loco*, sendo que qualquer transposição de cenário retiraria do fenômeno importantes elementos necessários à sua investigação.

As **pesquisas de campo** são muito diversas. Diferentemente do que afirmamos em relação às pesquisas realizadas em laboratórios, as pesquisas de campo nem sempre podem ser controladas da mesma forma, haja vista que diferentes variáveis podem intervir no momento da coleta de dados e isso nem sempre poderá ser devidamente controlado ou manipulado pelo pesquisador.

Em uma pesquisa realizada em uma escola, por exemplo, por mais que o pesquisador tente controlar as variáveis que possam afetar o fenômeno investigado, dificilmente conseguirá se atentar e mesmo manejar todas essas variáveis ao mesmo tempo. Quando descrevemos uma pesquisa a ser realizada em um hospital, por exemplo, podemos traçar um parâmetro que envolva as condições consideradas ideais para essa coleta de dados, embora na realidade devamos considerar que essas variáveis muito provavelmente não serão atendidas, cabendo ao pesquisador discutir os possíveis efeitos ou vieses dessas alterações para o processo de coleta e posterior análise dos dados.

Na área das ciências da saúde encontramos diversos estudos realizados em laboratório, mas também muitos estudos de campo, notadamente em espaços de promoção e de oferta do cuidado em saúde, como hospitais, centros de atenção psicossocial e unidades básicas de saúde. Essas pesquisas assumem como premissa a necessidade de que a produção dos dados se dê *in loco*, não sendo possível investigar os participantes desse contexto em outros ambientes. Embora haja muitos estudos cujos participantes são entrevistados fora de seu contexto de trabalho, de estudo ou de socialização, a pesquisa de campo possui como marcador a presença do pesquisador em campo e o foco no modo como esse campo pode afetar a produção dos dados. Ainda em relação ao ambiente no qual pode acontecer uma pesquisa, temos as pesquisas de caráter documental.

As **pesquisas documentais** podem ser realizadas em acervos, museus, bibliotecas e demais espaços que permitam o acesso aos materiais considerados indícios para a produção desses estudos. O processo de coleta desses materiais pode se dar nesses ambientes, embora o processo de análise possa ocorrer em outros espaços, a exemplo de gabinetes e laboratórios de pesquisa. Para termos uma pesquisa documental é importante definirmos *a priori* quais serão os documentos a serem analisados naquele estudo. Embora alguns autores apresentem os estudos de caráter bibliográfico como tipos de pesquisa diferentes das documentais (GIL, 2010), se considerarmos que os materiais recuperados em um estudo de revisão, por exemplo, são também documentos passíveis de análise, então os estudos bibliográficos podem ser descritos como estudos documentais.

No Capítulo 7 teremos todas as descrições importantes para a composição de um projeto de pesquisa de caráter bibliográfico, especialmente em relação aos estudos de revisão sistemática e integrativa da literatura científica, bastante comuns na área de ciências da saúde. Para os efeitos deste capítulo, é importante considerar que os estudos bibliográficos possuem como premissa a necessidade de compreender, a partir daquilo que já foi publicado, qual o estado da produção científica acerca de um determinado fenômeno ou acerca de um determinado tema ou área.

A partir dessa investigação aprofundada na literatura já veiculada, podemos reconhecer algumas tendências de publicação, bem como lacunas que podem ser preenchidas a partir de novos estudos. Assim, para que eu possa identificar possíveis necessidades de estudos a serem realizados, uma possibilidade é considerar quais lacunas são mencionadas nos estudos de base bibliográfica que se dedicaram a pesquisar essa área ou esse tema de modo denso. É possível até mesmo apresentar uma justificativa para um determinado estudo, como no caso da escrita de um projeto de pesquisa, apoiando-se nos resultados prévios de um estudo bibliográfico desde que esse estudo tenha sido conduzido com bastante rigor e que os seus resultados possam ser compreendidos e também recebidos com segurança.

O Quadro 16 sumariza a classificação dos estudos em função dos meios nos quais as pesquisas são realizadas. Para quem está selecionando o seu tipo de estudo, a classificação da pesquisa quanto ao local em que é realizada pode ser um indicativo mais palpável no sentido de ajudar o estudante a escolher com o que quer trabalhar. Ele pode questionar se possui interesses, facilidades e competências para o trabalho em laboratório e suas rotinas, ou então para as pesquisas realizadas em um determinado campo que pode ser bastante flexível e difícil de ser controlado, ou então pode envolver uma dedicação a um tipo mais sistematizado de estudo, que envolve debruçar-se sobre outros estudos, uma maior carga de leitura e também a investigação em bases eletrônicas e mesmo em arquivos e bibliotecas físicas. A seleção do que se pretende em um projeto de pesquisa, desse modo, pode vir associada à reflexão acerca de onde se pretende investigar.

Esse questionamento é especialmente importante quando consideramos que um projeto de pesquisa não deve ser construído apenas como uma exigência para a conclusão de uma determinada etapa da formação, mas que seja algo realmente passível de ser concretizado. Assim, saber se você prefere atuar em um laboratório, em uma biblioteca ou em campo empírico é uma informação que pode melhor direcioná-lo para que, de fato, você possa não apenas escrever um projeto, mas executá-lo no futuro.

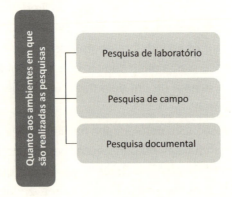

Quadro 16: Classificação das pesquisas quanto aos ambientes em que são desenvolvidas.
Fonte: Autor.

Estudos quantitativos e qualitativos

Quando descrevemos um tipo de estudo em função do **método** que é empregado, contemporaneamente privilegiamos as descrições que se alocam em quantitativas, qualitativas ou mistas (ou quanti-quali). Neste capítulo não vamos explorar detidamente estes aspectos em relação aos métodos qualitativos ou quantitativos, haja vista que nos capítulos seguintes traremos uma exploração mais detida acerca de como podemos construir projetos de pesquisa que tenham por base estes tipos de delineamento, a saber: o projeto de pesquisa quantitativo no Capítulo 10 e o projeto qualitativo no Capítulo 11. Tais métodos são bastante específicos e representam, em sua maioria, as tipologias às quais os estudantes acabam recorrendo na classificação de seus projetos de pesquisa.

Um aspecto importante a ser considerado é que, quando definimos uma pesquisa como de base qualitativa, isso não se refere apenas aos instrumentos ou à análise que será conduzida, mas notadamente em termos os pressupostos que orientaram a pesquisa desde a construção do projeto e do problema de pesquisa. Assim, uma opção metodológica quantitativa ou qualitativa não se refere apenas ao método ou àquilo que podemos descrever na seção de métodos em um projeto de pesquisa, mas faz referência à própria estruturação epistemológica de como um determinado fenômeno em específico será abordado pelo pesquisador.

Esses pressupostos devem estar alinhados às experiências prévias desse pesquisador ou, em outras palavras, é importante que o pesquisador possua as competências básicas para realizar esse tipo de estudo, demonstrando não apenas habilidade para conduzir coletas e análises de dados, mas também para refletir do ponto de vista epistemológico acerca desse tipo de estudo e da sua adequação ou não a cada tipo de proposta. Obviamente que os estudantes de graduação e de pós-graduação possuem menos recursos e experiências para fazer esse tipo de reflexão, mas devem ser orientados e supervisionados por seus professores, buscando sempre um amadurecimento acerca dessas questões na construção do ser pesquisador.

Pesquisas experimentais, de coorte, ensaios clínicos e estudos de caso

Ainda em termos dos **métodos empregados**, podemos também estabelecer outras classificações. A pesquisa bibliográfica e a pesquisa documental são exemplos de classificações a partir também de um método específico, como definido anteriormente em relação ao local em que essas pesquisas são realizadas. Outro método bastante importante nas ciências da saúde é a **pesquisa de base experimental**. Nessas pesquisas podemos estudar relações entre determinadas variáveis assumindo a necessidade de controle e de manipulação dessas variáveis.

Caso você vá desenvolver um projeto de pesquisa empregando o método experimental, é importante que se atente aos diversos detalhes que deverão ser descritos para que o seu interlocutor possa compreender o que, de fato, será realizado em laboratório. Você precisa delinear as suas hipóteses, estabelecer os materiais que serão empregados, os experimentos que serão realizados, bem como a forma de analisar esses experimentos e os seus desfechos. Não se trata apenas de descrever o que se pretende executar, mas como isso será avaliado para que tais experimentos possam disparar reflexões e evidências para a pesquisa e também a prática em determinado campo.

Outro tipo de estudo bastante recorrente nas ciências da saúde é o chamado **ensaio clínico**, utilizado para verificar a eficácia de um determinado tratamento ou de um medicamento, bem como para avaliar determinados cuidados no campo da saúde (GIL, 2010). Os ensaios clínicos também podem ser compreendidos como estudos interventivos, haja vista que em todo ensaio clínico haverá a aplicação de uma determinada intervenção e serão observados os efeitos dessa intervenção para um determinado desfecho. Encontramos estudos de ensaio clínico sobretudo para avaliar a eficácia de técnicas ou medicamentos.

Os **estudos de coorte** são aqueles nos quais se acompanha um determinado grupo de pessoas que possuem uma característica em comum e que se torna relevante para aquela pesquisa. Assim, a característica básica para composição do grupo é predefinida pelo pesquisador e há um acompanhamento desse grupo de pessoas ao longo de um determinado tempo, que pode ser mais curto ou mais prolongado. No projeto de pesquisa você tanto pode realizar um estudo que acompanha uma determinada coorte ou então utilizar dados de uma pesquisa de coorte já realizada, a fim de identificar as possíveis mudanças ao longo do tempo, podendo ater-se, por exemplo, a uma determinada marcação temporal de acesso a essa coorte.

Também podemos realizar **estudos de caso-controle** no campo da saúde. Esses estudos permitem que comparemos pessoas que tenham passado por uma determinada intervenção a partir do controle de algumas variáveis, tornando possível identificar mudanças entre um grupo e outro e em função de qual ou quais variáveis. Basicamente, neste tipo de pesquisa

> comparam-se indivíduos que apresentam o desfecho esperado com indivíduos que não apresentam. Tem-se, pois, a comparação entre duas amostras: a primeira, constituída de uma determinada casuística – casos – e a segunda, selecionada a partir da primeira, semelhante a ela em todas as características, exceto em relação à doença em estudo – controles. Retrospectivamente, o pesquisador determina quais indivíduos foram expostos ao agente ou tratamento ou à prevalência de uma variável em cada um dos dois grupos de estudo (GIL, 2010, p. 34-35).

Ainda em relação ao método, temos a possibilidade de construir **estudos de caso**. Os estudos de caso podem ser individuais ou coletivos. Os casos coletivos também são chamados de estudos de casos múltiplos. Os estudos de caso são produzidos quando vamos investigar um aspecto bastante particular ou um fenômeno que merece ser explorado de maneira aprofundada a partir da observação e da análise pormenorizada de uma determinada pessoa ou de um grupo específico. Por envolver uma amostra bastante reduzida e específica, os estudos de caso, tanto os individuais como os coletivos, produzem poucas evidências para a prática; mas, em contrapartida, podem ser importantes para as reflexões em torno de um determinado fenômeno que possivelmente poderá ser investigado em uma quantidade maior de pessoas, permitindo a produção de evidências mais robustas no futuro.

Assim, o estudo de caso envolve uma investigação aprofundada e exaustiva de um ou poucos participantes, permitindo um amplo detalhamento destes para que determinado fenômeno seja compreendido. Embora esse tipo de estudo já tenha sido considerado pouco rigoroso (GIL, 2010) em uma perspectiva de prática baseada em evidências, contemporaneamente tem sido requisitado para investigação de fenômenos específicos, a exemplo de temáticas no campo das ciências humanas e sociais.

Para além dessas comparações que tomam por base os níveis de evidência como um crivo para se avaliar a qualidade de uma pesquisa, é importante reconhecer que os estudos de caso podem ser empregados quando buscamos compreender fenômenos sociais complexos em profundidade e em seu contexto de mundo real, ou seja, orientado por três condições básicas definidas pelos teóricos clássicos desse tipo de estudo: investigação em profundidade, avaliação longitudinal e aspectos contextuais (STAKE, 2000; YIN, 2015). O estudo de caso deve ter relevância em termos da sua aplicação ou para conduzir a outros estudos e práticas.

Para a escrita de um projeto de pesquisa que envolva um estudo de caso, Yin (2015) recomenda que haja o cotejamento de cinco elementos: (a) as questões do estudo de caso; (b) as proposições; (c) as unidades de análise; (d) a lógica que une os dados às proposições; (e) critérios para que haja a interpretação das proposições. A esses elementos acrescenta-se a necessidade de descrição bem detalhada do caso que se pretende investigar, a partir dos dados que puderem ser acessados ou coletados antes da realização do estudo, dados esses, inclusive, que contribuem para a construção da justificativa desse tipo de estudo.

Pesquisas participantes e etnográficas

Neste capítulo abordamos dois tipos de projetos de pesquisas nos quais a presença do pesquisador deve ser analisada de modo particular e profundamente atrelada à produção dos dados. Nesses estudos, a presença do pesquisador não é aventada como um viés, pelo contrário: trata-se de um elemento que deve ser compreendido de modo crítico no percurso analítico. É nesse bojo que incluímos as pesquisas participantes e as de caráter etnográfico.

As **pesquisas participantes** são mais comuns nas áreas de ciências humanas e sociais. Nesse tipo de estudo consideramos não apenas a possibilidade, mas também a necessidade de que o pesquisador seja também um participante da pesquisa. Para exemplificar esse tipo de estudo costumo empregar a descrição de pesquisas realizadas nos campos educacionais e também em centros religiosos.

Nas pesquisas realizadas na escola, em que se pretende compreender as interações entre alunos e professores, dificilmente se poderá ter acesso a essas informações por uma observação distanciada dessa realidade. Assim, a simples presença do pesquisador em campo já torna complexa essa relação e pode constituir uma variável importante na produção dos resultados. Este tipo de pesquisa participante envolve a necessidade de que o pesquisador possa problematizar e refletir sobre a sua presença em campo e o modo como tal presença pode ser produtora de determinados sentidos, de expressões ou de comportamentos. Ou seja, a presença não é um viés, mas uma condição.

Quando trabalhamos com pesquisas no campo religioso, mesmo quando o nosso norteador seja uma ciência da saúde, a presença do pesquisador em campo deve ser sempre problematizada não no sentido de desconstruir a credibilidade desse tipo de pesquisa, mas de justamente compreender como o pesquisador em campo pode ser útil na produção desses resultados (SILVA; SCORSOLINI-COMIN, 2020). Novamente, aqui não se trabalha com a noção de viés, de algo que possa interferir nos desfechos, mas sim em termos de condições para que esses resultados sejam produzidos.

As pesquisas participantes e também de caráter etnográfico são mais comuns nas áreas das ciências humanas, embora sejam bastante expressivas em áreas específicas das ciências da saúde que estabelecem interfaces com as humanidades, como a antropologia da saúde e da doença (BROWN, 1998; HELMAN, 2009). Na pesquisa participante, um dos pressupostos básicos é que a população investigada não deve ser considerada passiva, mas justamente ativa na produção dos resultados (GIL, 2010), assim como o próprio pesquisador, já que ele também passa a ser considerado – e analisado – como participante, em um duplo posicionamento.

De modo semelhante ao que acontece na pesquisa participante, a pesquisa de caráter **etnográfico** é bastante comum nas ciências humanas, tais como a Antropologia (WEBER, 2009), que tomam como pressuposto básico a necessidade de que o pesquisador esteja não apenas em campo como um observador silente, mas como uma pessoa que deverá observar e corporificar modos específicos de ser e de se socializar em determinados contextos. Basicamente, a etnografia é "uma metodologia qualitativa que busca apreender a maneira de viver e as experiências das pessoas, aproximando-se ao máximo dos fenômenos, ampliando conhecimentos sobre o campo de estudo" (CUNHA; BARBOSA; SCORSOLINI-COMIN, 2018, p. 215).

O trabalho etnográfico pressupõe a capacidade de um pesquisador realizar uma descrição densa, no sentido de que os dados não são apenas apreendidos, mas devem ser interpretados para que os significados possam ser revelados. A pesquisa de campo é um momento inicial e muito especial do trabalho etnográfico, que envolve a busca de informações pelo pesquisador, ao mesmo tempo em que se desenvolve uma verdadeira experiência pessoal na relação estabelecida com o outro, o pesquisado. O objeto da etnografia, segundo um dos antropólogos mais famosos desse campo, Geertz (1973), é composto hierarquicamente por estruturas significantes em que diversos elementos que poderiam passar despercebidos em uma observação mais rápida ou fortuita, como os chamados tiques nervosos, piscadelas, falsas piscadelas, imitações e ensaios de imitações, para empregar os termos desse autor, "são produzidos, percebidos e interpretados e sem os quais eles de fato não existiriam, não importa o que alguém fizesse ou não com a sua própria pálpebra" (p. 17).

O pesquisador, estando em campo e produzindo a etnografia deve, o tempo todo, refletir sobre o seu papel na produção daqueles resultados. Deve evitar ao máximo se posicionar como uma pessoa que tem melhores condições de analisar aquele contexto, combatendo posicionamentos considerados etnocêntricos. Uma pesquisa etnográfica é aquela que busca narrar o modo como determinadas sociedades se organizam, se socializam e produzem determinados aspectos relacionados à vida.

Para realizar um bom estudo etnográfico é preciso que o pesquisador tenha disponibilidade e despojamento para estar envolvido a maior parte do tempo na produção desses dados, o que pressupõe disponibilidade de tempo para estar no campo empírico e passar prolongadas jornadas nessa comunidade, a fim de que possa perceber mudanças e nuanças nos comportamentos das pessoas que possivelmente não seriam perceptíveis em observações mais pontuais ou em trabalhos de campo menos duradouros. Embora o campo das ciências da saúde possa se aproximar de metodologias etnográficas, é sempre importante descrever o método empregado e também diferenciá-lo, possivelmente, das abordagens mais tradicionais da Antropologia, notadamente relacionadas a pesquisas com povos considerados "nativos".

Um aspecto essencial em toda etnografia é o registro em diário de campo. É nesse diário que o pesquisador fará todas as anotações em relação às suas observações e também os seus apontamentos e reflexões derivados desse processo de observação e também de experiência em campo e com os participantes do estudo. Os estudos que empregam a etnografia como método geralmente tomam como *corpus* os registros em diário de campo. Sendo assim, é importante, em um projeto de pesquisa, destacar como será realizado esse registro e quais aspectos especificamente serão passíveis de nota nesse diário.

Também é importante assinalar que o diário de campo não é meramente um espaço no qual o pesquisador faz anotações rápidas e observações, como notadamente podemos realizar em estágios curriculares, tanto em profissões da saúde como em licenciaturas, por exemplo. O diário de campo é uma ferramenta valiosa na Antropologia, constituindo um espaço no qual o pesquisador não apenas relata o que vê e sente, mas de que modo aquela realidade na qual ele está imerso pode compor uma inteligibilidade para a compreensão do fenômeno que se pretende abordar ou apreender. Por essa razão, caso realizemos um projeto de pesquisa que envolva a etnografia, precisamos explicitar os passos para a construção do diário de campo e, posteriormente, como ele será analisado.

Essa mesma recomendação deve ser realizada em relação a todos os tipos de pesquisa aqui apresentados: para a escrita do projeto de pesquisa, alvo deste livro, deve-se estabelecer como cada tipo de estudo será registrado, como os dados serão coletados, como serão analisados e como será realizado o relatório final, que pode ser a monografia, o trabalho de conclusão de curso ou, ainda, a dissertação de mestrado ou a tese de doutorado. Cada tipo de estudo possui especificidades que devem ser devidamente descritas no método do projeto, a fim de manter a coerência entre método e tipo de estudo a serem desenvolvidos. Tais aspectos se mostram essenciais para que se possa avaliar a qualidade, a adequação e a pertinência de qualquer método a ser desenvolvido em um projeto de pesquisa. A classificação das pesquisas quanto ao método é sumarizada no Quadro 17.

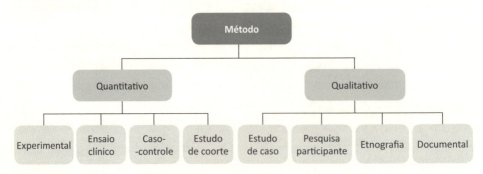

Quadro 17: Classificação dos estudos quanto ao método.
Fonte: Autor.

Estudos longitudinais e transversais

Por fim, podemos classificar os estudos a partir do **critério de tempo**. Assim, podemos ter estudos longitudinais, realizados ao longo de um determinado período, e os estudos transversais, nos quais o processo de coleta de dados e acesso aos participantes ocorre em um único período.

Quando delineamos um **estudo longitudinal** partimos do pressuposto de que o fenômeno que estamos investigando pode sofrer modificações em função da passagem do tempo. Estudos no campo do desenvolvimento humano possuem especial interesse em estudos longitudinais, uma vez que podemos compreender alguns aspectos do desenvolvimento humano apenas com a passagem do tempo, em que aspectos como o crescimento e o amadurecimento poderão ser observados com maior precisão.

Entre os autores da Psicologia do Desenvolvimento, Bronfenbrenner (2002) destaca a importância de que possamos realizar estudos longitudinais. Estudos realizados apenas em um dado momento, sem acompanhamento ao longo dos demais períodos, acabam produzindo compreensões parciais acerca do desenvolvimento de um determinado grupo ou população. Só poderíamos, nessa perspectiva bioecológica, ter acesso aos processos desenvolvimentais quando olhamos os fenômenos em seu acontecimento e evolução ao longo do tempo.

A própria definição de desenvolvimento trazida por Bronfenbrenner (2002) revela a necessidade de verificar os efeitos produzidos a partir de uma mudança de papel, de ambiente ou de ambos na trajetória de um sujeito – para acompanharmos essa mudança precisamos verificar como as mudanças de papel e de ambiente se estruturam ao longo do tempo. Sem esse acompanhamento, que pode se dar em tempos mais curtos ou mais ampliados, ficamos apenas com uma descrição mais imediata, o que se mostra contrário ao modo como a própria área de Psicologia do Desenvolvimento foi sendo construída ao longo do tempo.

Um exemplo clássico desse tipo de estudo é aquele que acompanha o crescimento desde o nascimento até a vida adulta em uma determinada amostra de sujeitos. A partir de informações detalhadas sobre esses sujeitos podemos acompanhar as mudanças ocorridas ao longo da vida e buscar possíveis explicações para elas, bem como comparar esses participantes dentro da população de referência.

Boa parte dos conhecimentos que possuímos acerca do crescimento e do desenvolvimento humano, tanto típico quanto atípico, foram construídos a partir desse tipo de delineamento. Alguns exemplos de estudos longitudinais têm sido realizados no contexto brasileiro acompanhando amostras em um tempo mais reduzido, como um a quatro anos, o que já pode ser considerado um tempo bastante significativo, haja vista as dificuldades na execução desse tipo de delineamento (NOBRE; CARVALHO; MARTINEZ; LINHARES, 2009; LOTUFO, 2013; ANDRADE; LOCH; SILVA, 2019; TOSCANO; FERREIRA; GASPAR; CARVALHO, 2019).

No entanto, é importante considerar que nem sempre podemos realizar estudos longitudinais. Esses estudos demandam financiamentos importantes para que possamos manter uma estrutura de pesquisa ao longo dos anos. Normalmente, o que ocorre é que alguns pesquisadores passam a fazer parte de um estudo longitudinal maior. No caso de um projeto de pesquisa para a realização de um trabalho de conclusão de curso, que possui um tempo específico para ser concluído, possivelmente de um ano, em média, dificilmente você conseguirá propor um estudo longitudinal. Mas isso não o impede de ter experiência na condução desse tipo de pesquisa, pois você pode fazer parte de um grupo de pesquisa ou de uma investigação longitudinal, sendo que você participará de uma das fases ou etapas desse estudo maior. Assim, o seu projeto pode ser planejado tomando por base uma das etapas dessa coleta de dados, estabelecendo relações e comparações com as possíveis coletas realizadas anteriormente dentro de um projeto maior de investigação.

Mais comuns do que os estudos longitudinais são os **estudos transversais**, ou seja, aqueles nos quais acessamos o participante em um único momento, ou até mesmo em mais de uma sessão, no caso de aplicação de instrumentos que não possa ser concluída em um único encontro. No estudo transversal o acesso ao participante ocorre em um momento apenas, não havendo seu acompanhamento ao longo do tempo ou a partir de um determinado recorte temporal. Os estudos transversais compõem a maioria dos estudos tanto no campo das ciências da saúde como em outras áreas, como das ciências humanas e sociais, haja vista que são propostas mais acessíveis, que envolvem uma estrutura mais econômica e não demandam equipes ou sistemas robustos que possam realizar o acompanhamento dos participantes por um determinado período.

Mesmo que possamos criticar os delineamentos transversais pela impossibilidade de acompanhar, ao longo do tempo, a evolução de um determinado fenômeno, não podemos elencar esse tipo de estudo como sendo menor ou inferior a um desenho de estudo longitudinal. Em que pesem as dificuldades para a execução de pesquisas longitudinais, é sempre importante que o pesquisador possa delimitar propostas – no caso, projetos de pesquisa – que possam ser, de fato, executados no futuro. Para tanto, conhecer as estruturas e as condições para a realização de um ou de outro tipo de estudo torna-se fundamental.

Esperamos, ao fim do capítulo, ter possibilitado uma visão mais ampla acerca dessas diferentes possibilidades de pesquisa, o que sempre deve ser definido, em seu projeto, a partir das recomendações do seu orientador ou professor de referência na construção do projeto. A seguir, apresentaremos alguns exercícios reflexivos para a apropriação dos conteúdos trabalhados no presente capítulo.

Reflexões sobre o Capítulo 6

1. A partir do tema que você pretende desenvolver em seu projeto de pesquisa, responda: ele se adequa mais a um corte transversal ou longitudinal?

> Para refletir melhor: Pense nos aspectos positivos e negativos de cada uma das possibilidades. Se for um estudo transversal, quais os aspectos positivos e quais os negativos? Quais as recomendações? No caso de ser um estudo longitudinal, quais os aspectos positivos e negativos? Qual a exequibilidade do estudo?

2. Ainda considerando o tema que pretende desenvolver em seu projeto de pesquisa, como você enquadraria o seu estudo?

> Para refletir melhor: Lembre-se de que você deve enquadrar o seu estudo seguindo os seguintes critérios: (a) em relação aos objetivos; (b) em relação à finalidade; (c) em relação ao ambiente no qual será desenvolvido; (d) em relação ao tempo; (e) em relação ao método.

CAPÍTULO 7

A CONSTRUÇÃO DO MÉTODO EM UM ESTUDO DE REVISÃO

Objetivo do capítulo:
- ✓ Conhecer os requisitos básicos para o planejamento e a escrita de um método de pesquisa de revisão de literatura.

O que abordaremos neste capítulo?
- ✓ Primeiramente, vamos discutir sobre a importância desses estudos para a construção do conhecimento científico e para a produção de evidências para a prática no campo das ciências da saúde.
- ✓ Vamos conhecer os principais tipos de revisão de literatura realizados nas ciências da saúde: revisão narrativa, revisão sistemática, revisão integrativa e metanálise.
- ✓ Vamos conhecer os protocolos mais empregados para a construção de revisões, o que deve orientar a construção do seu projeto a partir de critérios específicos.
- ✓ Vamos apresentar as etapas principais que você deve descrever em seu projeto de pesquisa para que consiga realizar posteriormente uma revisão.
- ✓ Ao final deste capítulo serão apresentados exercícios reflexivos para solidificar a aprendizagem desses conteúdos.

Capítulo 7

A construção do método em um estudo de revisão

Como já destacamos em outros capítulos deste livro, para chegarmos a um objeto de pesquisa, para definirmos os objetivos de um estudo e para escrevermos a introdução e a justificativa de um projeto devemos realizar uma revisão da literatura científica. Essa revisão pode envolver um grau maior ou menor de controle de critérios que possam representar uma dada produção, em um dado período de tempo e com determinados marcadores.

Embora toda pesquisa e todo projeto demande a realização de uma revisão de literatura científica para que se possa dialogar com a produção que antecede a sua pesquisa, neste capítulo estudaremos especificamente os projetos de pesquisa que tomam por base a realização de uma revisão, ou seja, cujo método é de um estudo de revisão. Ao contrário das pesquisas empíricas que discutiremos nos próximos capítulos, a revisão é um estudo de caráter documental. O objetivo deste capítulo é, portanto, subsidiar a escrita de projetos de pesquisa de revisão de literatura científica, estudos esses bastante comuns na área das ciências da saúde.

Os estudos de revisão de literatura científica são muito importantes para que se possa sistematizar a produção já consolidada a respeito do assunto selecionado para o seu projeto, reconhecendo suas características, bem como para delimitar lacunas que deverão ser preenchidas a partir de novos estudos. De modo bastante simples, uma revisão de literatura científica se propõe a compartilhar com o interlocutor o *status* da produção acerca de um determinado tema ou fenômeno e quais tendências se apresentam para a continuidade das pesquisas envolvendo esse mesmo fenômeno.

Como já destacado, as ciências da saúde têm recorrido aos estudos de revisão e, consequentemente, produzido mais materiais que auxiliam metodologicamente a realização desse tipo de delineamento. Em quase todos os periódicos da saúde podemos notar a presença de revisões, a maioria envolvendo elevado nível de controle e com claras exigências de qualidade. Isso tem alçado as revisões a um patamar importante na construção e consolidação do conhecimento científico. Um dos periódicos mais importantes na área de ciências da saúde, a *Revista Latino-Americana de Enfermagem* (RLAE), ligada à Escola de Enfermagem de Ribeirão Preto da Universidade de São Paulo, define da seguinte maneira o estudo de revisão de literatura:

> Estudos avaliativos críticos, abrangentes e sistematizados, resultados de pesquisa original e recente, visam estimular a discussão e introduzir o debate sobre aspectos relevantes e inovadores. Apresentam o método de revisão, o processo minucioso de busca e os critérios utilizados para a seleção e classificação dos estudos primários incluídos. Devem ser sustentados por padrões de excelência científica e responder à pergunta de relevância para a enfermagem e/ou outras áreas da saúde[7].

Gostaria de me deter em alguns aspectos dessa definição que serão aqui desenvolvidos no presente capítulo:

1) a revisão deve possuir um **caráter crítico**, o que significa que não deve ser uma compilação de fichamentos ou de fichas de leitura – isso envolve a necessidade de haver uma reflexão por parte dos autores acerca da literatura acessada e submetida a determinados procedimentos analíticos;

2) a revisão deve estar envolvida com algum **aspecto inovador** ou que possa acrescentar elementos relevantes para um dado campo ou acerca de uma determinada temática, de modo que toda revisão deve ter por princípio a possibilidade de ampliar ou de aprofundar um debate, contribuindo para um determinado tema;

3) a revisão de literatura deve possuir um **método rigoroso** tanto no que tange à seleção e avaliação de evidências como também em termos da sistematização de um determinado conhecimento, a fim de que o estudo possa, de fato, contribuir com o que já se tem consolidado sobre determinado tema ou área. Além disso, um método bem delimitado permite que outros pesquisadores possam partir dos mesmos critérios para verificar se, de fato, a revisão foi conduzida de maneira adequada e se as evidências divulgadas podem ser utilizadas na prática e serem consideradas válidas. Esses aspectos são sumarizados no Quadro 18.

A partir de agora passaremos a apresentar diferentes possibilidades de construção de um projeto de pesquisa de revisão. Temos diferentes possibilidades de

---

[7] Informações recuperadas do site da revista: http://www.scielo.br/revistas/rlae/pinstruc.htm

descrever uma revisão de literatura científica. Caso opte por desenvolver um projeto de pesquisa que consista em uma revisão de literatura científica, você deverá selecionar o tipo de revisão a ser utilizada, bem como os procedimentos metodológicos associados a esse tipo específico de revisão.

Também é importante destacar que existem diferentes maneiras de realizar uma revisão, havendo protocolos mais consolidados e aceitos na literatura, bem como outras possibilidades também apresentadas em artigos e demais publicações (BEYEA; NICOLL, 1998; BROOME, 2000; CRATO et al., 2004; ECHER, 2001; GALVÃO; SAWADA; MENDES, 2003; MENDES; SILVEIRA; GALVÃO, 2008; GANONG, 1987; ROTHER, 2007; STETLER et al., 1998). Tais publicações aqui mencionadas podem ser empregadas também para compor a seção de método de um projeto de pesquisa que envolva a revisão de literatura.

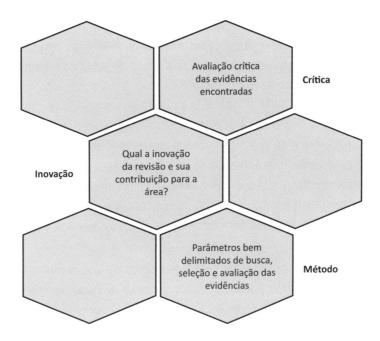

Quadro 18: Principais características de um estudo de revisão de literatura.
Fonte: Autor.

Os métodos que serão aqui compartilhados foram descritos por autores de referência na área e publicados em diversos periódicos das ciências da saúde. Obviamente que esses protocolos devem ser sempre submetidos à apreciação do orientador ou do seu professor de referência para a construção do projeto de pesquisa, a fim de que possíveis reformulações ou adaptações sejam realizadas se for necessário.

Temos basicamente **cinco tipos de revisão de literatura científica**: estado da arte, revisão narrativa, revisão sistemática, revisão integrativa e metanálise. Obviamente que, dependendo do manual que estamos tomando por referência, outras subdivisões podem ser elencadas, o que pode variar também em relação à área do conhecimento da qual partimos e na qual nos situamos. Também é importante destacar que determinados tipos de revisão são mais comuns em determinadas áreas do conhecimento. Esses tipos que serão aqui descritos são aqueles mais encontrados nas pesquisas do campo das ciências da saúde.

Estado da arte e revisão narrativa

Os estudos compreendidos como estado da arte e as revisões narrativas são mais frequentemente encontrados nas áreas de ciências humanas e sociais, o que não significa que também não possam ser empregados no campo da saúde (SCORSOLINI-COMIN, 2014). Nos estudos compreendidos como de **estado da arte** situamos pesquisas bastante amplas que permitem ao leitor entrar em contato com o *status* da produção acerca de um fenômeno de maneira bastante geral e que abranja diferentes contextos e tempos de produção. Trata-se da revisão mais ampla que podemos realizar, devendo ser conduzida a partir de procedimentos que permitam, de fato, atingirmos o estado da arte, o que significa termos acesso à quase totalidade da produção científica a respeito de um determinado assunto.

Para a composição do estado da arte acerca de um determinado tema podemos incluir diferentes tipos de estudos, como artigos, teses de doutorado, dissertações de mestrado, livros e capítulos de livro, por exemplo, haja vista que toda a produção sobre um determinado assunto está contemplada nessas diferentes produções. A revisão do tipo estado da arte também possui flexibilidade e permite que os seus proponentes descrevam e justifiquem quais materiais irão empregar, desde que, em conjunto, se possa atingir, ou se aproximar, de um estudo de amplo alcance.

Outro tipo de revisão existente é a de caráter narrativo. A **revisão narrativa** não adota critérios sistematizados para a busca e a seleção de estudos que comporão essa revisão, embora seja desejável que o pesquisador explicite ao seu leitor como compôs esse estudo, o que pode se dar na seção de método ou na introdução de um estudo encaminhado para publicação e, no caso do projeto, exclusivamente no método.

No caso de um projeto que envolva a revisão narrativa haverá poucas explicitações a serem trazidas no método de pesquisa, haja vista que as condições para a realização dessa revisão são bastante variáveis e dependem fundamentalmente do modo como os autores irão se articular em relação à exploração dos resultados. Pela ausência de critérios bastante delimitados, costuma-se considerar que as revisões narrativas devem ser evitadas no campo da saúde, haja vista que não compõem evidências que possam ser empregadas na prática, embora possam explorar reflexões importantes para o campo de pesquisa.

No entanto, podem ser bastante adequadas a outras áreas que não visam a produzir um conhecimento que possa ser empregado na prática. É o caso de temas considerados mais teóricos, como a discussão sobre conceitos, epistemologias e posicionamentos filosóficos que possuem a sua importância na construção do conhecimento, mas que não possuem compromisso direto e exclusivo com a sua aplicação, com a sua corporificação em termos de uma determinada prática, como é o caso das ciências da saúde, que demandam, sobretudo, a proposição de conhecimentos aplicáveis.

Para sumarizar a definição de revisão narrativa é importante compreendermos que ela não possui compromisso com rígidos critérios de inclusão e exclusão dos materiais que serão incluídos para análise no texto, podendo ser considerado um tipo de estudo mais flexível. Para elaborar um estudo desse tipo também é recomendado que os autores tenham bastante conhecimento acerca de uma área, a fim de que possam delimitar critérios que permitam uma exploração dessa literatura com rigor e, sobretudo, com denso conhecimento e experiência a respeito.

Para muitos autores, a revisão narrativa é uma interpretação e uma análise pessoal do pesquisador, a partir de um posicionamento crítico, o que permite a aquisição e a atualização de conhecimentos sobre um tema ou sobre uma área. Essa característica também é descrita como a principal limitação desse tipo de revisão. Um aspecto importante é que a revisão narrativa, justamente por não ter rígidos critérios para sua composição, não pode ser replicada por outros estudos, a exemplo das revisões sistemáticas e integrativas que serão apresentadas na sequência.

Revisão sistemática, revisão integrativa e metanálise

Em termos das revisões que envolvem um grau maior de sistematização também temos diferentes tipos de delineamento de pesquisa, entre eles a revisão sistemática e também a revisão integrativa. Essas revisões mais sistematizadas adotam critérios rígidos e padronizados para que se possa compor um rol de estudos que permitam o estabelecimento de inteligibilidades acerca de determinado tema.

Nessas revisões também encontramos a quantificação de informações e um rígido controle de critérios que permitem a outros pesquisadores replicarem a revisão que foi narrada. Desse modo, se algum pesquisador seguir o mesmo método que você empregou para fazer a sua revisão sistemática e integrativa, adotando os mesmos critérios de busca e seleção, muito provavelmente ele chegará a resultados bastante próximos dos seus, o que permitirá a esse interlocutor, inclusive, questionar os procedimentos e os resultados aos quais você tenha chegado. Tais questionamentos e debates são importantes para a construção do conhecimento, primando sempre pela seleção das melhores evidências acerca de um determinado assunto, técnica, protocolo ou estratégia em saúde.

A revisão do tipo **sistemática** utiliza um método de pesquisa que tem por base a necessidade de sintetizar resultados de estudos originais, buscando, com isso, responder a uma pergunta específica. Essa pergunta nós chamamos de questão norteadora. Em uma revisão sistemática é importante descrever minuciosamente todos os procedimentos de busca e de seleção dos estudos originais. Espera-se que o projeto de pesquisa de revisão também informe de maneira bastante detalhada todos os procedimentos que deverão ser conduzidos pelo pesquisador e pela sua equipe para realização da revisão. Isso permitirá ao interlocutor avaliar se a revisão será conduzida de modo adequado e que permita o alcance dos objetivos delimitados.

Entre as premissas da revisão sistemática podemos mencionar a exaustão na busca desses estudos a partir de critérios previamente definidos, a seleção de evidências por meio de critérios de inclusão e de exclusão que são devidamente explicitados e que devem ser seguidos por todos os juízes que realizam esse procedimento. Além disso, deve haver uma avaliação da qualidade metodológica dos estudos que serão incluídos na revisão, o uso de estratégias padronizadas para analisar esse corpo de literatura e, em alguns casos, o emprego de técnicas estatísticas para analisar esses resultados.

A revisão sistemática se propõe a compor uma importante fonte de dados que poderá ser útil aos pesquisadores de um determinado campo no sentido de identificar lacunas e tendências que poderiam ser absorvidas por estudos vindouros. Assim, esse tipo de revisão é uma metodologia empregada para a prática baseada em evidências, o que significa que a revisão sistemática é uma importante ferramenta para que possamos tomar decisões em saúde, ou seja, no domínio da prática, que estejam baseadas em evidências reconhecidas e disponíveis na literatura científica. As revisões sistemáticas são bastante empregadas nas ciências da saúde, nas quais as evidências compõem informações importantes para a adoção de determinados protocolos tanto na pesquisa como no cuidado.

A **revisão integrativa** envolve procedimentos tanto para a identificação de evidências como para a sua sistematização e consequente avaliação com vistas a compor um determinado conhecimento balizado acerca de um determinado fenômeno, evento, técnica ou intervenção relacionados ao campo da pesquisa e da assistência em saúde (MELNYK; FINEOUT-OVERHOLT, 2005; SANTOS; PIMENTA; NOBRE, 2007). Para definir a revisão integrativa é importante destacarmos que ela apresenta uma síntese de múltiplos estudos já publicados e possibilita o estabelecimento de conclusões gerais a partir de uma área particular de estudo. Do mesmo modo que uma revisão sistemática, a revisão integrativa também deve seguir padrões rígidos de controle para a realização de buscas e seleções de evidências (MENDES et al., 2008; PARANHOS; PINA; MELLO, 2011).

Conforme pudemos notar até o presente momento, a revisão sistemática e a revisão integrativa são bastante próximas em termos de suas características. A revisão sistemática envolve a quantificação dos resultados e dos desfechos, envolve uma análise metodológica dos artigos, sendo mais empregada em estudos que visam a realizar uma análise quantitativa das evidências. Por essa razão inclui apenas estudos que forneçam uma forte evidência para a prática, como os estudos experimentais.

Já a revisão integrativa se baseia na necessidade de maior integração na redação de resultados e discussão com foco no fornecimento de evidências para a prática. Diferentemente da revisão sistemática, a revisão integrativa inclui estudos com diferentes níveis de evidência, permitindo que estudos, por exemplo, de caráter qualitativo, possam ser incluídos como evidências em alguma área ou fenômeno. O Quadro 19 a seguir sumariza as principais características dessas revisões.

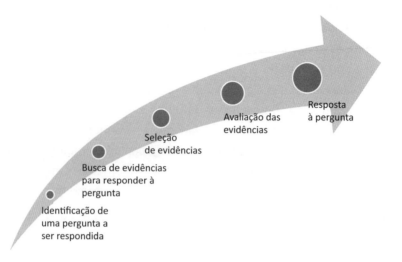

Quadro 19: Principais características das revisões sistemáticas e integrativas.
Fonte: Autor.

O último tipo de revisão a ser explorado neste capítulo é a **metanálise**. Em linhas gerais, a metanálise envolve os mesmos procedimentos de uma revisão sistemática. A diferença entre as duas reside no fato de que a metanálise envolve uma análise estatística dos dados trazidos nos estudos que foram recuperados na revisão sistemática. Por exemplo: ao tentarmos comparar os resultados de efetividade de duas técnicas distintas, primeiro realizamos uma revisão sistemática para identificar os estudos que tragam os resultados da aplicação dessas técnicas que almejamos comparar. Posteriormente, a metanálise realizará a análise estatística dos resultados trazidos nos estudos conduzidos a partir dessas duas técnicas, permitindo evidenciar qual delas é mais efetiva. Assim, nem toda revisão sistemática envolve uma metanálise, que se trata de um refinamento analítico, com procedimentos específicos, mas toda metanálise envolve, em um primeiro momento, a realização de uma revisão sistemática.

Embora as metanálises sejam cada vez mais frequentes no campo da saúde, haja vista que permitem fornecer evidências seguras e robustas para a prática, é importante destacar que esse tipo de estudo é complexo e nem sempre pode ser realizado no início da nossa formação, a menos que haja um suporte bastante próximo por parte de seu orientador ou do seu grupo de pesquisa. Assim, trata-se de um processo analítico denso que requer experiência e amadurecimento acadêmico, de modo a ser mais frequente em projetos realizados na pós-graduação.

Etapas para a elaboração de revisões sistemáticas e integrativas

Embora haja muitas recomendações acerca de como proceder uma revisão integrativa ou sistemática, vamos sumarizar alguns procedimentos que podem ser empregados pelo pesquisador para compor o método de um projeto de pesquisa que se propõe a realizar uma revisão. A primeira etapa de qualquer revisão de literatura científica é **identificar o tema**, o fenômeno ou objeto que se pretende apreender. Isso deve ser representado pela elaboração de uma pergunta de pesquisa ou uma pergunta norteadora. A pergunta norteadora nada mais é do que aquela que fornecerá um norte para o pesquisador ao longo da realização de toda sua revisão.

Nessa etapa o pesquisador deve realizar alguns questionamentos importantes, o que também deve atravessar a construção de um projeto de pesquisa que emprega esse tipo de método. Antes de se propor a realizar uma revisão propriamente dita é importante que o pesquisador tenha realizado outra revisão que fundamente a necessidade de uma revisão integrativa ou sistemática a respeito de um determinado assunto. Ou seja, para que se possa propor um projeto de pesquisa de revisão é importante que, anteriormente, o pesquisador tenha tido acesso a algumas informações ou a alguma revisão publicada ou realizada por ele mesmo para que se comprove a necessidade de outro estudo de revisão ou de outro levantamento na mesma área.

É importante questionar se o tema da revisão é relevante e se essa **pergunta norteadora** foi composta a partir das evidências já disponíveis na literatura. É importante também verificar se essa pergunta de pesquisa já não foi suficientemente respondida por outros estudos ou então por outras revisões de literatura científica. Cabe, portanto, questionar qual o diferencial da sua revisão em relação a outras que porventura já tenham sido publicadas.

Nas ciências da saúde recomendamos a adoção de algum protocolo ou estratégia que subsidie a construção de uma pergunta norteadora que seja controlada e que permita, portanto, a realização de uma revisão adequada. Uma dessas estratégias utilizadas é a PICO (SANTOS; PIMENTA; NOBRE, 2007). PICO representa um acrônimo, em inglês, para *Paciente, Intervenção, Comparação* e *Outcome* (desfecho).

Em termos das estratégias para a Prática Baseada em Evidências – PBE (ROSENBERG; DONALD, 1995; YOUNG, 2002), a revisão sistemática de literatura cumpre os seguintes objetivos da PBE: (a) identificação de um problema clínico; (b) formulação de uma questão clínica relevante e específica; (c) busca das evidências científicas; (d) avaliação das evidências disponíveis (SANTOS et al., 2007). Desse modo, podemos compreender que a revisão sistemática de literatura contribui para a PBE justamente por, a partir da identificação de uma questão clínica relevante, trazer elementos direcionadores de busca, seleção e avaliação das evidências disponíveis que possam direcionar ou disparar a operacionalização de determinadas práticas.

Pela redação apresentada até agora, podemos considerar que as revisões sistemáticas possuem uma conexão bastante próxima das ciências da saúde. Ainda que haja esse teor mais ligado às áreas biomédicas, retomando o próprio histórico de surgimento dessas revisões, podemos empregar essa metodologia para investigar fenômenos que aparentemente se distanciam desse campo, a exemplo daqueles típicos das ciências humanas e sociais. Assim, nesses campos, operamos uma apropriação de métodos que, originalmente, foram construídos para a investigação de determinados tipos de eventos ou fenômenos.

Quando construímos de maneira adequada uma pergunta norteadora podemos ter maior precisão na busca e na seleção de evidências, de modo a não incluir toda a produção, assim como também não excluindo a maioria das evidências e tornando o estudo extremamente esvaziado. Uma pergunta norteadora bem elaborada permite que, de fato, se possa atingir o objetivo da revisão de modo criterioso e técnico, evitando buscas desnecessárias e também a necessidade de refazer procedimentos de busca e de análise.

Nesse modelo de pergunta norteadora proposto pela estratégia PICO devemos definir a população, o contexto ou a situação-problema, o que deverá ser representado pela letra P. Também devemos definir a intervenção que pretendemos investigar, representada pela letra I. Ainda, será necessário definir o desfecho desejado para a revisão, bem como o critério de comparação. O critério de comparação só será aplicável quando houver a necessidade de cotejar diferentes procedimentos a fim de avaliar, por exemplo, qual é mais efetivo. Assim, caso a sua pergunta para revisão não envolva a comparação entre contextos, desfechos, populações ou procedimentos, a letra C não será incluída na redação da pergunta. Caso não inclua o critério de comparação, você terá que identificar, na sua pergunta, apenas as variáveis relacionadas à intervenção, aos pacientes e ao desfecho.

Definida a pergunta de pesquisa devemos estabelecer alguns critérios para a inclusão e a exclusão das evidências que serão encontradas a partir de buscas na literatura científica. Além de responder à pergunta norteadora, a sua pesquisa deve ter limitações em relação à data de publicação, idioma em que foram publicados os estudos, tipo de estudo e tipo de método. Recomendamos que as revisões possam recuperar estudos publicados mais recentemente, especialmente dos últimos 10 ou 15 anos. Também se recomenda que o pesquisador possa incluir na busca estudos publicados apenas nos idiomas que ele domina, sendo necessária a inclusão do inglês, haja vista que a maior parte da produção científica na área das ciências da saúde é divulgada nesse idioma. Recomendamos, portanto, que a revisão ocorra em, no mínimo, dois idiomas, como o português e o inglês.

A correta delimitação dos critérios de inclusão e de exclusão é necessária para que, quando os juízes independentes realizarem a revisão, possam chegar a resultados bastante próximos entre si. A fim de garantir a confiabilidade dos resultados da revisão, recomendamos que esse processo de busca, de seleção e de análise seja realizado de modo independente por dois juízes. No caso de você realizar um projeto de pesquisa com uma revisão de literatura científica, muito provavelmente você será o juiz principal do estudo, devendo-se selecionar um segundo juiz que realize os mesmos procedimentos de busca e seleção que você. Os artigos selecionados por cada um dos juízes serão comparados. Caso haja divergências, um terceiro juiz será selecionado, normalmente o orientador do trabalho ou um membro mais experiente do grupo de pesquisa, responsável por decidir quais evidências devem ser excluídas ou mantidas.

Você também precisará definir quais bases de dados ou bibliotecas virtuais serão empregadas na revisão. O portal de periódicos da CAPES[8], por exemplo, é uma biblioteca virtual que reúne e disponibiliza a instituições de ensino de pesquisa no Brasil grande parte da produção científica internacional, contando com um vasto acervo de textos completos. Entre as bases e bibliotecas mais utilizadas destacamos: LILACS, SciELO, PePSIC, PsycINFO[9], MEDLINE, ERIC[10] e CINAHL. A MEDLINE recupera a maioria da produção científica da área médica e das ciências da saúde. Para definir essas bases também sugerimos que você acesse artigos de revisão de literatura publicados em periódicos com seletiva política editorial.

---

[8] A CAPES é a sigla da Coordenação de Aperfeiçoamento de Pessoal de Nível Superior, uma fundação vinculada ao Ministério da Educação. O portal de periódicos é mantido pela CAPES.

[9] Criado em 1967, o PsycINFO é uma base ligada à Psicologia e mantida pela *American Psychological Association* (APA). É a principal base de dados da área de Psicologia.

[10] Sigla em inglês para Educational Resources Information Centre (Centro de Informações sobre Recursos Educacionais). Trata-se de uma base de dados ligada à área de educação que é mantida pelo Instituto de Ciências da Educação do Departamento de Educação dos Estados Unidos.

Definidas as bases em função da área do conhecimento na qual se situa o seu projeto, você precisará selecionar os descritores ou termos de busca que irá empregar para fazer a sua revisão. Isso significa que não basta você saber ou conhecer o seu tema e o fenômeno que pretende estudar: você precisa saber como esse fenômeno é descrito em termos das palavras mais recorrentes nas bases de dados. Nas ciências da saúde recomendamos duas terminologias específicas, o DeCS, que são os Descritores em Ciências da Saúde, elaborado pela BIREME (Centro Latino-Americano e do Caribe de Informação em Ciências da Saúde), além do MeSH (*Medical Subject Headings*), como já descrito no Capítulo 5.

Ao definir os descritores você deve realizar combinações entre eles para que possa atingir os objetivos da sua revisão, ou seja, a fim de que você possa responder à sua pergunta norteadora. A combinação desses descritores pode ser realizada a partir de operadores booleanos como *or*, *not* e *and*. Assim, você pode pesquisar por uma combinação de descritores, permitindo que encontre registros mais específicos e que possam responder de modo mais particular à sua pergunta norteadora. Sem realizar esse refinamento nas buscas você encontraria um número muito abrangente de resultados, dificultando a seleção das evidências que, de fato, permitem a você responder ao que selecionou em seu projeto ou, em outras palavras, o alcance do objetivo.

Primeiramente, você deve acessar as bases de dados e, nos mecanismos de busca, aplicar a combinação dos descritores previamente formulada. Encontrados os registros você deve analisá-los em termos dos critérios de inclusão e de exclusão previamente definidos como o recorte temporal e também a necessidade de que o estudo responda ou contribua para responder à pergunta norteadora do projeto. Após a aplicação desses filtros, que terão que se dar a partir da leitura do título, da leitura do resumo e, por fim, da leitura do texto completo, você fará o estabelecimento de um *corpus* analítico. Esse mesmo procedimento deverá ser realizado por outro juiz, a fim de que, posteriormente, vocês possam comparar o *corpus* ao qual cada um chegou. Conforme destacado anteriormente, as possíveis discordâncias entre esses dois juízes deverão ser apreciadas por um terceiro juiz.

A sequência dos procedimentos que devem ser realizados em uma revisão está sumarizada no Quadro 20 a seguir. As etapas 1 e 2 referem-se àquelas que devem estar contempladas na redação do projeto de pesquisa. As etapas 3 e 4 referem-se à operacionalização da revisão. Em conjunto, as etapas de 1 a 4 possibilitam a revisão de literatura.

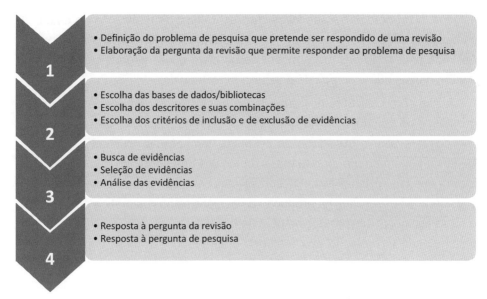

Quadro 20: Sequência para a realização de uma revisão de literatura.
Fonte: Autor.

Retomando o objetivo do capítulo, que envolve a construção de um projeto de pesquisa sobre uma revisão de literatura científica, na parte metodológica do projeto você deverá descrever todos esses critérios e procedimentos. Até o presente momento exploramos como podemos compor o *corpus*, mas é de suma importância que o pesquisador também defina no método como pretende realizar a análise desses resultados, ou seja, a análise do *corpus*.

Há diferentes formas de analisar o *corpus* de uma revisão de literatura científica. A análise pode se dar a partir do modo como a pergunta norteadora poderá ser respondida por meio das evidências encontradas. O pesquisador também pode analisar as evidências em conjunto, avaliando o nível de cada uma delas[11], bem como os principais sentidos disponíveis nessa literatura e que contribuem para responder à questão norteadora.

Pode-se também buscar a compreensão desse *corpus* por meio de elementos específicos dessa produção, a exemplo dos principais achados, dos principais instrumentos empregados, das amostras utilizadas, dos resultados dos

---

[11] Para conhecer a classificação dos níveis de evidências e como as revisões de literatura podem fornecer diferentes evidências para a prática a partir do modo como são planejadas e operacionalizadas, recomendamos a publicação do *Oxford Centre for Evidence-Based Medicine*, intitulado *Levels of evidence*. Disponível em: http://www.cebm.net/oxfordcentre-evidence-based-medicine-levels-evidencemarch-2009/

estudos incorporados nessas investigações, o local de realização do estudo, o contexto de produção dessas evidências, entre outras diversas possibilidades. Assim, o projeto de pesquisa deverá deixar claro quais critérios serão fonte de análise depois que o *corpus* de pesquisa for composto.

Assim como discutiremos em relação aos projetos de pesquisa de caráter qualitativo no Capítulo 11, no qual recomendamos a adoção de um protocolo que possa avaliar a qualidade da pesquisa, também as revisões de literatura científica podem empregar diferentes protocolos que permitam garantir ao interlocutor que tais revisões foram desenvolvidas com rigor e atenção aos aspectos considerados essenciais na produção de evidências para a prática em pesquisa e na assistência. Tais protocolos permitem a manutenção da qualidade e maior uniformidade em relação aos métodos empregados. Embora haja a possibilidade de adoção de diferentes itinerários, assumindo as especificidades de um determinado tema ou dentro de uma dada área, é importante que haja uma orientação que deve ser seguida de modo coletivo, o que é representado pela existência de protocolos.

Entre esses protocolos específicos para as revisões de literatura destacamos o PRISMA – *Preferred Reporting Items for Systematic Reviews and Meta--Analysis*. Esse instrumento é composto por 27 itens que tratam das recomendações que devem ser seguidas pelos pesquisadores para que as revisões de literatura possam ser realizadas com qualidade e mantendo a uniformidade entre diferentes revisões. Esse protocolo deve ser aplicado não apenas à sua revisão, como aos estudos que compõem o *corpus* que você encontrar após todo o processo de rastreio e elegibilidade. A cada estudo que incorporar na sua revisão, ou seja, apenas para os estudos que fizerem parte do seu *corpus*, você deve aplicar esse protocolo, a fim de avaliar as características de redação do estudo e aferir sua qualidade.

Entre esses itens encontramos recomendações a respeito do título, dos elementos que devem compor o resumo e de como o objetivo deve estar estruturado. Em estudos de revisão, por exemplo, esse *check-list* recomenda que o resumo seja estruturado incluindo *background*, objetivos, fonte de dados, critérios de elegibilidade, participantes, intervenção, síntese dos métodos, resultados, limitações e conclusões, bem como implicações dos resultados e número de registro da revisão. Sugerimos que você entre em contato com todos os itens desse *check-list* para que possa não apenas organizar o modo como irá estruturar a sua revisão, bem como poderá avaliar os estudos que foram incluídos no seu *corpus* analítico. Todos esses aspectos, obviamente, deverão estar descritos no método do projeto de pesquisa.

Para outros tipos de estudos também encontramos protocolos com os quais o pesquisador deve entrar em contato. Esses protocolos não devem ser seguidos apenas quando o pesquisador fizer o encaminhamento de um artigo ou trabalho derivado da sua pesquisa para a apreciação de um periódico científico, por exemplo, mas tais orientações devem estar presentes desde o início, ou seja, a partir da elaboração do projeto.

Esses protocolos visam ao aperfeiçoamento e à padronização do modo como os resultados de uma pesquisa podem ser comunicados. Isso gera maior uniformidade na comunidade científica, permitindo um diálogo entre pesquisadores a partir da adoção de itinerários próximos que, inclusive, permitam a comparação de resultados e a ampliação do conhecimento justamente pela observância das melhores práticas de pesquisa.

Apenas para citar alguns exemplos desses protocolos, recomenda-se que em ensaios clínicos randomizados empregue-se o CONSORT (*Consolidated Standards of Reporting Trials*)[12], nas revisões sistemáticas e metanálises o PRISMA[13], nos estudos observacionais em epidemiologia o STROBE (*STrengthening the Reporting of OBservational studies in Epidemiology*)[14] e, por fim, nos estudos qualitativos o COREQ (*Consolidated Criteria for Reporting Qualitative Research*). Este último será explorado em detalhes no Capítulo 11, que apresentará as recomendações para a redação de projetos de pesquisa de caráter qualitativo.

Por fim, consideramos importante que você explicite o modo como esse *corpus* será interpretado. Você pode incluir nessa parte a comparação com o conhecimento teórico já disponível, bem como a possibilidade de identificar fatores que afetam os resultados. Pode, ainda, avaliar semelhanças e diferenças nos delineamentos, bem como semelhanças e diferenças em termos dos desfechos e dos achados. Deve apresentar como você realizará uma discussão integrada das evidências às quais chegou após a sua revisão.

Sumarizando as etapas que compõem uma revisão de literatura científica e que devem estruturar um projeto de pesquisa de revisão, destacamos no Quadro 21, a seguir, algumas das recomendações mais importantes. Posteriormente,

---

[12] Para maiores informações, acesse: http://www.consort-statement.org/
[13] Para maiores informações, acesse: http://prisma-statement.org/
[14] Para maiores informações, acesse: https://strobe-statement.org/index.php?id=strobe-home

serão trazidos os exercícios reflexivos para a consolidação do conhecimento a partir do presente capítulo.

> A) Explicitar como haverá a identificação do tema e seleção da questão de pesquisa.

> B) Especificação dos mecanismos de busca nas bases de dados digitais, bem como o estabelecimento de critérios para inclusão e exclusão das evidências.

> C) Explicitação do modo como haverá a categorização e avaliação dos estudos incluídos, compondo o banco de dados da revisão.

> D) Destacar o modo como os estudos incuídos no *corpus* serão avaliados, como, por exemplo, se haverá aplicação de análises estatísticas ou não.

> E) Classificar o modo como esse *corpus* será interpretado para que se produzam recomendações para estudos futuros.

> F) A última etapa refere-se ao modo como haverá a síntese da sua revisão, o que pode se dar, por exemplo, com a produção do seu trabalho de conclusão de curso em formato de um artigo de revisão.

Quadro 21: Recomendações para a construção do projeto de pesquisa de revisão.
Fonte: Autor.

Reflexões sobre o Capítulo 7

1. Localize um artigo científico de revisão de literatura. Você pode encontrá-lo em uma busca simples em qualquer base de dados. Leia-o com bastante atenção e responda: existe uma pergunta norteadora claramente definida para esse artigo?

> Para refletir melhor: Se houver claramente a descrição de uma pergunta, verifique se, a partir da justificativa apresentada na introdução, essa pergunta é a mais adequada para nortear a revisão. Caso não haja a apresentação de uma pergunta, tente identificar a partir de qual norteador essa revisão foi conduzida. Você teria alguma sugestão de pergunta norteadora em relação a esse tema?

2. Ainda a partir da leitura desse artigo de revisão, tente rascunhar como você construiria o método do projeto que deu origem a esse estudo.

> Para refletir melhor: Este exercício é muito importante e talvez um pouco trabalhoso. Não se trata apenas de reescrever ou então copiar o método do estudo. Você precisa identificar as diferenças existentes entre a escrita do método de um artigo publicado (ou seja, de um estudo que já foi realizado) da escrita do método de um projeto de pesquisa (ou seja, de um estudo que ainda será realizado). Não apenas os tempos verbais devem ser modificados para realizar essa marcação temporal, mas também o modo de explicitar cada parte que deve estar no método de um projeto de pesquisa. Sugiro que você retome as sugestões do presente capítulo para fazer a reescrita. Caso o artigo não apresente alguma informação necessária para o projeto, você deve incluir o elemento ausente em função da sua compreensão acerca do tema e também do método.

CAPÍTULO 8

A CONSTRUÇÃO DO MÉTODO EM UM ESTUDO EMPÍRICO

Objetivo do capítulo:
- ✓ Apresentar um roteiro de estruturação da seção de método em um projeto de pesquisa que envolve seres humanos.

O que abordaremos neste capítulo?
- ✓ Vamos conhecer todas as partes que devem ser descritas na seção de método de um projeto de pesquisa de caráter empírico.
- ✓ Vamos aprender quais as recomendações para a escrita de cada uma dessas partes, suas características e nível de detalhamento.
- ✓ Vamos destacar a importância de que o método proposto deva estar diretamente associado aos objetivos delineados, a fim de que os procedimentos descritos nessa seção permitam que os objetivos sejam alcançados.
- ✓ Ao final deste capítulo serão apresentados exercícios reflexivos para solidificar a aprendizagem desses conteúdos.

Capítulo 8

A construção do método em um estudo empírico

Este capítulo tem por objetivo apresentar um possível roteiro de estruturação da seção de método de um projeto de pesquisa que envolve seres humanos. Obviamente que possuímos muitas possibilidades de narrar o percurso metodológico de um projeto de pesquisa envolvendo seres humanos.

Apresentaremos aqui um dos roteiros possíveis que busca representar de maneira significativa não apenas a maior parte dos estudos realizados em ciências da saúde, mas partir de orientações gerais que poderiam ser empregadas pelos pesquisadores. A partir dessas recomendações também poderão ser trazidas dúvidas que devem ser dirimidas durante o processo de orientação ou também por meio de outras leituras de estudos que visam à orientação metodológica.

Não se trata, aqui, de esgotar as possibilidades para a escrita do método ou de balizar uma única forma de escrita desse método, mas sim de apresentar aos estudantes uma primeira forma ou o primeiro modelo que pode ser importante para a construção do método em seu projeto ou para abrir reflexões que possam conduzi-los à escrita do seu próprio método. A sequência em que propomos a apresentação do método em um projeto empírico é representada no Quadro 22.

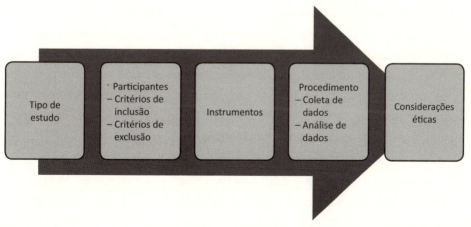

Quadro 22: Representação da sequência de apresentação dos itens que compõem o método em um estudo empírico.
Fonte: Autor.

Elementos que compõem o método

O primeiro item da seção de método em um projeto de pesquisa realizado com seres humanos deve descrever o **tipo de estudo** ou desenho do estudo a ser desenvolvido, o que foi bastante discutido no Capítulo 6 e ao qual você sempre pode retomar se tiver dúvidas. Você pode descrever o seu estudo a partir de muitos critérios diferentes. Caso esteja pesquisando uma temática ainda bastante desconhecida ou uma vertente dessa temática que seja pouco conhecida, você pode descrever o seu estudo como exploratório. O estudo exploratório é aquele que vai explorar os sentidos existentes em um campo com poucas referências a respeito ainda.

Você também pode ter um estudo descritivo se fizer essencialmente a descrição dos seus participantes e dos resultados trazidos por eles a partir da implementação do método. Em uma outra possibilidade, você pode ter um estudo analítico caso ultrapasse o nível descritivo e estabeleça relações entre as variáveis que você encontrou no seu estudo ou que você pretende controlar no seu projeto de pesquisa.

Você também pode ter um estudo de corte longitudinal ou de corte transversal. O estudo transversal é aquele no qual acessamos os participantes da pesquisa uma só vez, ao passo que o estudo longitudinal é aquele que acompanha os sujeitos de pesquisa ao longo de um determinado tempo. Nas pesquisas relacionadas ao desenvolvimento humano, por exemplo, as realizadas dentro da Psicologia do Desenvolvimento, recomenda-se que os estudos sejam de corte longitudinal (BRONFENBRENNER, 2002), a fim de que possamos acompanhar as possíveis mudanças de desenvolvimento ao longo do tempo. São essas mudanças ao longo do tempo que podem evidenciar que, de fato, ocorreu esse desenvolvimento, como destacamos no Capítulo 6. É importante retomar a ressalva de que os estudos longitudinais são bastante caros e difíceis de serem conduzidos, especialmente em contextos nos quais possuímos poucos recursos para pesquisa científica, como é o caso do Brasil. Por essa dificuldade acabamos tendo um predomínio de estudos transversais.

No item **participantes** devemos explicitar quais os critérios de composição da nossa amostra, que se referem basicamente aos critérios de inclusão e aos critérios de exclusão. Os critérios de inclusão dos participantes podem envolver a explicitação das características fundamentais para que este participante possa ser incluído na amostra do seu projeto de pesquisa. Essas características podem estar relacionadas a alguma condição de saúde, à existência de algum aspecto específico, bem como a características gerais como sexo/gênero, idade, classificação socioeconômica, escolaridade e demais informações gerais.

Por exemplo, em um projeto de pesquisa a respeito de mulheres mastectomizadas de longo termo, podemos elencar como critérios de inclusão: ter tido diagnóstico de câncer de mama e realizado a cirurgia de mastectomia total ou parcial; estar em tratamento do câncer de mama há, pelo menos, cinco anos. Aqui a definição de cinco anos se refere à consideração de um câncer de mama de longa duração, ou seja, podendo afirmar que essa mulher é uma sobrevivente ao câncer de mama.

Outros critérios que podem ser incluídos referem-se à idade mínima para participação na pesquisa, estar em acompanhamento em algum serviço de saúde de referência no campo da atenção oncológica, não ter outras comorbidades de saúde, estar engajada ou não em um relacionamento afetivo, possuir ou não filhos, entre outras variáveis que podem ser manejadas pelo pesquisador em função dos seus objetivos com a pesquisa. Importante que essa redação dos critérios de inclusão seja realizada com bastante atenção, a fim de que não pairem dúvidas sobre quem pode ou não pode participar do estudo.

Os critérios de exclusão não necessariamente envolvem aspectos opostos àqueles definidos nos critérios de inclusão. Nesse mesmo caso, não se trata de colocar a redação oposta a cada um dos critérios, mas pensar nos elementos que, mesmo estando dentro do critério de inclusão, devam ser excluídos. Por exemplo, no caso de uma sobrevivente ao câncer de mama há cinco anos, ela pode ter tido recidivas ou mesmo metástase nesse percurso. Se o pesquisador considerar importante para sua pesquisa apenas a inclusão de mulheres que não tenham tido metástase ou recidivas, isso pode ser um critério a ser especificado na exclusão do participante.

Um aspecto importante também de ser apreciado é que o fato de a pessoa consentir em participar do estudo por meio da assinatura do Termo de Consentimento Livre e Esclarecido, conforme apresentaremos em detalhes no Capítulo 9, não é um critério de inclusão, mas sim um critério que pressupõe a própria participação em qualquer tipo de estudo que envolve os seres humanos no contexto brasileiro, em função de nossa legislação. Atestar essa anuência para participar da pesquisa é uma exigência anterior a qualquer critério que se estabeleça para inclusão ou exclusão dos participantes em um projeto de pesquisa. Assim, recomendamos que não seja trazido como critério de inclusão.

Vejamos dois exemplos de delimitação dos participantes em um projeto de delineamento quantitativo (Exemplo 1) e de delineamento qualitativo (Exemplo 2). Note as diferenças e as semelhanças entre as descrições oferecidas nestes dois tipos de delineamento:

> **Exemplo 1, delineamento quantitativo** – Participarão do estudo pessoas vivendo com HIV/aids (PVHA) atendidas no ambulatório de DIP do Hospital de Clínicas da Universidade Federal do Triângulo Mineiro (HC-UFTM), localizado na cidade de Uberaba-MG. O Ambulatório atende em média de 40 a 50 pessoas por dia. A equipe do Ambulatório de Doenças Infecciosas e Parasitárias (DIP) é composta por assistente social, enfermeiro, farmacêutico, psicólogo, médico infectologista e terapeuta ocupacional. Nas dependências do ambulatório funcionam o Sistema de Controle Logístico de Medicamentos (SICLOM) e Unidade Dispensadora de Medicamentos Antirretrovirais (UDM). O Ambulatório funciona de segunda a sexta-feira, no período matutino e vespertino. Os critérios de inclusão serão: a) pessoa com diagnóstico soropositivo para HIV/aids em seguimento clínico no serviço; b) idade igual ou superior a 18 anos; c) prescrição de TARV por um período igual ou superior a seis meses. Como critérios de exclusão serão considerados: a) estar gestante, pela peculiaridade do tratamento antirretroviral; b) estar preso/a em regime fechado em penitenciária, pela peculiaridade das condições de acesso à TARV. Para o cálculo amostral foram utilizados os registros do SICLOM de usuários ativos na UDM da DIP do HC-UFTM que permitiram estimar que, em maio de 2018, 902 PVHA recebiam atendimento neste ambulatório e retiraram a medicação (BRASIL, 2018). O tamanho da amostra foi determinado segundo critérios estatísticos de Ayres (2012) quando a população é conhecida. Considerando a prevalência de não adesão de 31% (CARVALHO, 2017), 95% de confiança e 5% de erro, estabeleceu-se tamanho amostral de 242 pessoas[15].

---

[15] Texto retirado do projeto de pesquisa de doutorado de Patrícia Paiva Carvalho, desenvolvido junto ao Programa de Pós-graduação em Enfermagem Psiquiátrica da Escola de Enfermagem de Ribeirão Preto da Universidade de São Paulo, sob minha orientação.

> **Exemplo 2, delineamento qualitativo** – Como critérios de inclusão serão estabelecidos: a) crianças ou adolescentes em tratamento no HC-FMRP-USP com qualquer diagnóstico de câncer, independentemente do estágio da doença; b) estarem em condições físicas e psíquicas, de acordo com a equipe de saúde que realiza o atendimento, que possibilitem a participação sem danos ao tratamento; c) terem sido autorizados pelos pais/responsáveis legais; d) terem idade entre 8 e 19 anos – período em que a linguagem, percepção, compreensão e expressão de sentimentos da criança/adolescente estão mais concretos e elaborados devido à fase do desenvolvimento em que se encontram; e) terem um familiar ou cuidador acompanhando-as durante o tratamento[16].

Ainda em relação à definição dos participantes, devemos explicitar o tamanho da amostra necessária ou estimada para a realização do projeto. Em estudos quantitativos essa quantidade pode ser determinada em função de fórmulas estatísticas que consideram a incidência do fenômeno que pretendemos analisar. Também há softwares específicos que podem ser úteis nesse cálculo, como o OpenEpi®. Nunca poderemos acessar a totalidade de pessoas submetidas a esse mesmo fenômeno ou evento, de modo que esse cálculo amostral revela ao pesquisador a quantidade mínima de pessoas que ele deve acessar para poder fazer inferências que se apliquem a um universo maior. Assim, a amostra deverá ser válida, podendo as considerações realizadas em função dela serem extrapoladas para um universo maior de pessoas sem que o pesquisador tenha que acessar esse universo todo.

Alguns dos elementos também incluídos nessa definição de amostra consideram a quantidade de itens de cada instrumento utilizado na pesquisa, o que é especialmente avaliado em estudos que se propõem a calcular as evidências de validade de um determinado instrumento – para estimar as evidências de quão válido é um instrumento teremos que acessar uma quantidade mínima de pessoas que pode ser estimada com uma fórmula que considera a quantidade de itens desse instrumento que se deseja validar e também o erro-padrão. Em um projeto

---

[16] Texto retirado do projeto de pesquisa de doutorado de Lucas Rossato, desenvolvido junto ao Programa de Pós-graduação em Enfermagem Psiquiátrica da Escola de Enfermagem de Ribeirão Preto da Universidade de São Paulo, sob minha orientação.

de pesquisa que tem por objetivo realizar processos de validação de instrumentos, esses cálculos precisam ser apresentados ou explicitados ao leitor.

Basicamente, em estudos quantitativos, os cálculos amostrais consideram a necessidade de se estimar a quantidade de uma amostra em função do universo existente – o pesquisador, então, tentará, por meio de uma pesquisa conduzida com uma amostra que representa esse universo, fazer considerações que possam ser aplicáveis a todos sem que tenhamos que acessar, de fato, esse universo. Processo semelhante a esse ocorre em pesquisas de opinião nas eleições, como estamos acostumados a acompanhar na mídia. Obviamente que esse número amostral mínimo nunca será totalmente confiável, pois pode haver variações em termos de desvio-padrão e de erro, mas nos fiaremos nesse cálculo para sustentarmos nossas afirmações em pesquisa, o que é amplamente aceito pela comunidade científica. Esse processo será retomado no Capítulo 10.

Já em estudos qualitativos essa estimativa da quantidade de participantes deve ser apresentada de modo mais parcimonioso. Isso porque muitos pesquisadores desse campo não consideram possível estimar, *a priori*, a quantidade de pessoas necessárias para se investigar algum fenômeno – afirmação esta que só poderia se dar ao longo do processo de coleta (CRESWELL, 2010). Assim, na construção do método do projeto de pesquisa qualitativo não poderíamos trazer números ou estimativas, mas sim justificativas.

Alguns fenômenos investigados possuem uma quantidade potencial de pessoas que pode ser estimada. Por exemplo: se queremos investigar os professores de uma determinada instituição de Ensino Superior por meio de uma pesquisa qualitativa, conseguimos determinar com precisão a quantidade máxima de participantes que o estudo poderá ter. O pesquisador pode informar que, na coleta de dados, tentar-se-á entrar em contato com esse universo de professores, por exemplo, embora saibamos que nem sempre conseguiremos fazer a pesquisa com todos. Assim, pode-se estimar que, no máximo, teremos uma determinada quantidade de participantes.

Outros pesquisadores vão utilizar outros critérios para essa definição. Um dos mais empregados é a **amostragem por saturação** (FONTANELLA; RICAS; TURATO, 2008). A amostragem por saturação considera que a coleta de dados será interrompida quando os objetivos do estudo forem atingidos ou quando as respostas oferecidas pelos participantes começarem a se repetir, denotando que houve saturação do fenômeno, pois nada de novo foi acrescentado ou nada de novo poderá ser acrescentado caso sejam realizados contatos com outros participantes.

Assim, no projeto de pesquisa, recomendo que o pesquisador possa estimar uma quantidade de participantes em função do fenômeno que pretende apreender, considerando se este é um fenômeno mais raro ou mais frequente, por exemplo, a disponibilidade de participantes para a pesquisa e outros elementos que o pesquisador compreenda serem possíveis de contribuir nessa estimativa. Após essa menção, deve-se destacar que esse número poderá variar *para mais* ou *para menos* em função da coleta realizada e tendo como norte, por exemplo, o critério de saturação. Assim, quando os dados saturarem, a coleta será interrompida.

O próximo item do método refere-se aos **materiais ou instrumentos** utilizados no projeto de pesquisa ou a serem utilizados na pesquisa. Por instrumentos compreendemos todos os materiais que serão utilizados para que se possa ter acesso ao fenômeno que se pretende compreender. Entre esses instrumentos podemos encontrar questionários, escalas, testes e demais elementos que podem ser criados pelo próprio pesquisador ou então serem utilizados a partir de buscas em outros estudos já publicados.

Um pesquisador pode construir um instrumento, por exemplo, um questionário que contenha todas as informações necessárias para sua coleta de dados ou então pode utilizar um questionário já elaborado previamente por outro pesquisador e disponível em outro estudo. Quando for utilizar algum instrumento que não seja da sua autoria você deve pedir autorização do responsável pela elaboração desse instrumento. Normalmente esses instrumentos são acessados por meio de publicações científicas nas quais constam os endereços eletrônicos dos seus autores. É relativamente comum a prática de escrever um e-mail aos autores solicitando autorização para utilizar seu instrumento em outra pesquisa.

No caso de utilização de escalas e testes é importante saber se estes possuem a utilização liberada ou se dependem da aprovação de seus autores. Também é importante conhecer se esse instrumento tem uso permitido a todos os profissionais ou se ele possui alguma especificidade. Há alguns testes psicológicos que são de uso privativo do profissional de Psicologia; ou seja, que não podem ser aplicados por outros profissionais com outras formações. Esses aspectos geralmente aparecem mencionados no próprio instrumento, a fim de que os pesquisadores possam saber se têm condições para empregá-lo ou não.

São de uso privativo do psicólogo instrumentos (métodos e técnicas psicológicas) que tenham por objetivo o diagnóstico psicológico, a orientação e a seleção profissional, a orientação psicopedagógica e a solução de problemas de ajustamento (PADILHA; NORONHA; FAGAN, 2007). Para saber quais testes são de uso privativo do psicólogo e quais estão liberados para uso por outras categorias profissionais recomenda-se o acesso ao Sistema de Avaliação de Testes Psicológicos, o SATEPSI (http://satepsi.cfp.org.br/).

É importante também refletir sobre essa questão de alguns testes serem de uso exclusivo do psicólogo. Alguns pesquisadores não psicólogos, buscando criar formas de utilizar essas escalas de uso privativo, acabam incorporando em seus grupos de pesquisa os profissionais de Psicologia de forma que eles possam aplicar tais instrumentos. Embora essa prática possa ser reconhecida como legítima em termos de atender aos pré-requisitos éticos para o emprego do instrumento, consideramos que esse uso privativo não se refere apenas à aplicação do instrumento, mas também à sua compreensão e sua interpretação. Assim, o psicólogo deve não apenas aplicar esses instrumentos como codificá--los e interpretá-los, podendo compartilhar e explicitar essa interpretação aos demais membros do grupo de pesquisa que não tenham formação em Psicologia, mas nunca apresentando o próprio instrumento ou a forma de realizar a codificação ou a sua interpretação.

Ainda em relação às escalas é importante verificar se elas possuem uso liberado ou não. Além disso, deve-se verificar as evidências de validade de todo instrumento de testagem. No caso de instrumentos desenvolvidos no exterior, é importante que haja a tradução do instrumento para o português brasileiro, a adaptação cultural e a sua validação para o nosso contexto.

Também é importante mencionar todas as referências de uma escala quando for descrevê-la no projeto de pesquisa: quantos itens, como esses itens são codificados e quais as propriedades psicométricas desse instrumento no estudo de referência que foi empregado no projeto. Após a utilização na pesquisa, o pesquisador será orientado a calcular as propriedades psicométricas do instrumento para sua própria amostra. Mas no projeto, como se trata de um estudo que ainda será realizado, o pesquisador tem apenas as propriedades psicométricas que já foram divulgadas em estudos anteriores disponíveis na literatura científica, devendo citá-las.

Ao destacar uma escala em seu projeto de pesquisa, também é importante entrar em contato com as referências originais desse instrumento. É importante saber quem são os autores do instrumento original e quem são os autores que realizaram a sua tradução para o português e também calcular as evidências de validade para uma população de referência específica. É importante checar se a versão que foi utilizada para realizar o projeto de pesquisa é a mais atualizada e se os autores permitem que essa escala seja anexada ao projeto de pesquisa. Vejamos alguns exemplos de descrição de instrumentos no método:

> **Exemplo 1** – *Questionário de Saúde Geral – QSG-12*: é uma versão reduzida e traduzida no Brasil por Sarriera, Schwarcz e Câmara (1996), com objetivo de medir o grau de saúde e bem-estar psicológico. É uma versão reduzida do *General Health Questionnaire*, proposto por Goldberg em 1972. De acordo com os autores da versão do estudo brasileiro, o QSG-12 é composto por 12 itens, do tipo escala Likert, dividida em quatro alternativas de resposta que compreendem: duas alternativas que refletem a ausência de bem-estar psicológico, uma alternativa que reflete neutralidade e outra que reflete presença de bem-estar psicológico. É recomendado que a pontuação dos itens, variando de 1 a 4 em cada questão, seja somada, e quanto menor pontuação, melhor o nível de bem-estar psicológico. O nível de confiança do instrumento é de 0,83[17].

> **Exemplo 2** – *Escala Fatorial de Satisfação com o Relacionamento de Casal – EFS-RC* (WACHELKE; ANDRADE; CRUZ; FAGGIANI; NATIVIDADE, 2004): trata-se de um instrumento autoadministrado breve, desenvolvido e validado no contexto brasileiro, com alfa de Cronbach de 0,90. É formado por nove itens do tipo Likert, subdivididos em duas dimensões de avaliação de esferas específicas do relacionamento de casal: atração física e sexualidade, e afinidades de interesses e comportamentos entre companheiros de relação.

---

[17] Texto retirado do projeto de pesquisa de doutorado de Vivian Fukumasu da Cunha, do Programa de Pós-graduação em Enfermagem Psiquiátrica da Escola de Enfermagem de Ribeirão Preto da Universidade de São Paulo, sob minha orientação.

> **Exemplo 3** – *Escala de Bem-estar Subjetivo – EBES* (ALBUQUER-
> QUE; TRÓCCOLI, 2004): trata-se de um instrumento inspirado em
> escalas existentes no exterior: Escala de Afeto Positivo e Afeto Ne-
> gativo – PANAS (WATSON; CLARK; TELLEGEN, 1988), Escala de Sa-
> tisfação com a Vida – SWLS (DIENER; EMMONS; LARSEN; GRIFFIN,
> 1985) e Escala de Bem-estar Subjetivo – SWBS (LAWRENCE; LIANG,
> 1988), com itens elaborados e analisados em grupos de validação se-
> mântica. O instrumento é composto por duas subescalas de resposta
> tipo Likert de cinco pontos. Na primeira parte da escala, os itens vão do
> número 1 ao 47 e descrevem afetos positivos (alfa de Cronbach = 0,95)
> e negativos (alfa de Cronbach = 0,95), devendo o sujeito responder
> como tem se sentido ultimamente numa escala em que 1 significa "nem
> um pouco" e 5 significa "extremamente". Na segunda parte da escala,
> os itens vão do número 48 ao 62 e descrevem julgamentos relativos à
> avaliação de satisfação ou insatisfação com a vida (alfa de Cronbach =
> 0,90), devendo ser respondidos numa escala em que 1 significa "discor-
> do plenamente" e 5 significa "concordo plenamente".

No caso de instrumentos de uso privativo do psicólogo, por exemplo, como este projeto poderá ser apreciado por profissionais que não sejam psicólogos (como no caso de submissão ao Comitê de Ética em Pesquisa, composto por profissionais de diferentes áreas), o pesquisador deve sempre mencionar no corpo do projeto que esse instrumento é de uso privativo do psicólogo e, por essa razão, não será anexado ao projeto de pesquisa, haja vista que o mesmo poderá ser acessado, lido e/ou avaliado por profissionais que não têm a forma- ção necessária para apreciação desse instrumento. Recomenda-se que cada instrumento a ser utilizado no projeto de pesquisa seja apresentado de maneira bem detalhada, a fim de que o avaliador ou leitor possam ter acesso a todas as informações necessárias para avaliação da pertinência desse instrumento para que se chegue aos objetivos que foram definidos anteriormente.

Definidos os instrumentos, passamos para o item de **procedimento**. O pro- cedimento define como esse projeto será executado, é o "como fazer". O proce- dimento é dividido na subseção de **coleta de dados** e na subseção de **análise de dados**.

Na coleta de dados o pesquisador deve explicitar ao leitor como fará para coletar esses dados, o que envolve desde o **recrutamento dos participantes** até a coleta propriamente dita. É importante explicitar como o pesquisador divulgará o estudo para poder receber possíveis interessados em participar – processo este conhecido como recrutamento, como irá entrar em contato com esses participantes em potencial, como fará o convite para que os voluntários possam participar do estudo, qual o local de divulgação dessa pesquisa e em quais condições esse recrutamento será realizado, bem como por qual tempo.

Definido como será feito o recrutamento, é importante que o pesquisador informe como serão aplicados os instrumentos de pesquisa definidos anteriormente. Aqui deve mencionar as questões éticas envolvidas no projeto, por exemplo, de que modo será apresentado o termo de esclarecimento da pesquisa e como será solicitada assinatura do Termo de Consentimento Livre e Esclarecido caso o voluntário aceite participar. A coleta propriamente dita se refere ao modo como esses participantes poderão responder a esses instrumentos.

Aqui deve-se explicitar o local em que essa coleta irá ocorrer, quem a realizará e de que modo haverá seu registro. Há muitos instrumentos que são de autopreenchimento, mas que, dependendo do grau de escolarização do participante, deve-se ter a presença do pesquisador para orientar esse preenchimento e dirimir possíveis dúvidas. Outros instrumentos devem ser aplicados a partir da mediação direta do pesquisador. Todos esses procedimentos deverão estar devidamente descritos e detalhados na coleta de dados. Vamos a um exemplo de como pode se dar essa redação, tendo em vista os elementos descritos até o momento:

> Os possíveis participantes serão recrutados a partir de uma organização não governamental da cidade de Uberaba (MG) de incentivo à adoção. A pesquisa será divulgada por essa ONG e os possíveis interessados manifestarão sua disponibilidade em resposta a essa divulgação. Inicialmente, os pesquisadores entrarão em contato com os profissionais que se enquadrem nos critérios de inclusão delineados no projeto. Após os esclarecimentos das condições para a participação voluntária e das possíveis dúvidas, os participantes terão acesso ao Termo de Consentimento Livre e Esclarecido (TCLE), deverão lê-lo com atenção e, caso consentirem, assinarão o documento, declarando estarem cientes de todas as condições éticas, como a garantia de sigilo e anonimato tanto dos participantes quanto das comarcas. Será dada uma cópia deste termo a cada participante. A partir disso, iniciar-se-á a coleta dos dados. Os dados serão coletados por meio de entrevistas realizadas em ambiente

> reservado que assegure a privacidade e o conforto material e psicológico dos participantes (no próprio serviço do respondente ou em sala do serviço-escola de psicologia na qual os pesquisadores atuam). Conforme destacado anteriormente, as entrevistas serão audiogravadas e, posteriormente, transcritas na íntegra e literalmente, compondo o *corpus* analítico[18].

Também na parte de coleta de dados deverá ser explicitado como ocorrerá a codificação desses instrumentos. Como os dados numéricos de um instrumento, por exemplo, serão transpostos para alguma planilha para que posteriormente possam ser alvo de análise? Ainda, essa codificação refere-se ao modo como cada instrumento será corrigido ou transformado em um número, um índice. Isso geralmente é descrito no projeto a partir das recomendações dos autores das escalas.

Em algumas escalas a pontuação final é obtida pela somatória de todas as respostas, em algumas escalas há itens invertidos (sentenças afirmativas e negativas) que devem ser corrigidos para realizar a pontuação final, entre outras especificidades. Em uma escala na qual há diferentes componentes (fatores) é preciso saber quais itens correspondem a quais fatores e se a pontuação também é obtida pela somatória ou por outro procedimento. Todo esse detalhamento deve estar claro no projeto, a fim de que o interlocutor possa verificar se os procedimentos elencados para a codificação do instrumento estão corretos e seguindo as recomendações dos autores daquela escala, por exemplo.

No caso de uma entrevista, como os dados falados ou audiogravados serão transformados em um elemento que possa ser interpretado pelo pesquisador? No caso de entrevistas costumamos descrever que elas serão transcritas na íntegra e literalmente para a composição do que chamamos de *corpus* da pesquisa. É esse *corpus* que será posteriormente interpretado. No caso dos instrumentos, o *corpus* será formado pelos resultados codificados de cada um dos instrumentos utilizados. A seguir temos o Quadro 23 no qual sumarizamos as principais recomendações para a escrita da coleta de dados.

---

18 Texto retirado do projeto de dissertação de mestrado de Mariana Silva Cecílio, desenvolvido junto ao Programa de Pós-graduação em Psicologia da Universidade Federal do Triângulo Mineiro, sob minha orientação.

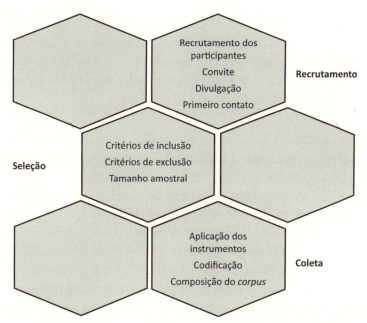

Quadro 23: Sumarização dos principais elementos que devem ser descritos na subseção de coleta de dados.
Fonte: Autor.

A partir do que foi recomendado no presente capítulo acerca da escrita da subseção de coleta de dados, parte integrante do procedimento, vejamos dois exemplos de escrita, um com estudo de delineamento quantitativo e outro de delineamento qualitativo:

> **Exemplo 1, delineamento quantitativo** – Todos os dados serão organizados em um banco de dados e a análise será feita com o apoio do software SPSS, versão 22.0. Será aplicada estatística descritiva de distribuição de frequência absoluta e relativa, média e desvio-padrão dos escores dos dados obtidos por meio da aplicação das escalas, para caracterizar a amostra e nível dos fenômenos de interesse e mensuração das variáveis. Será realizado o teste de correlação entre as variáveis, com nível de significância de 5%. Partindo do pressuposto que os dados sejam normais, será realizada a Correlação de Pearson para identificar o grau de associação entre as variáveis. Caso os dados sejam não normais serão utilizadas análises não paramétricas que permitam investigar os mesmos tipos de relação. A força da grandeza do coeficiente de correlação entre as variáveis será avaliada conforme procedimento

> proposto por Ajzen e Fishbein (1998), que consideram os valores de correlação próximos de 0,30 satisfatórios, entre 0,30 e 0,50 são avaliados como de moderada magnitude e acima de 0,50 são de forte magnitude. Valores abaixo de 0,30 são de pouco valor para a prática, mesmo que estatisticamente significantes[19].

> **Exemplo 2, delineamento qualitativo** – O *corpus* será analisado em profundidade, destacando-se, em um primeiro momento, os eixos temáticos encontrados a partir das falas de cada um dos respondentes (análise vertical do material, ou seja, caso a caso). Em um segundo momento, realizar-se-á uma análise horizontal de todas as entrevistas, elencando os pontos de semelhança e as diferenças entre as falas dos participantes, permitindo um retrato das visões compartilhadas entre eles. Para a realização e organização dessas análises, utilizaremos os procedimentos preconizados por Bardin (2002), de análise de conteúdo abarcando as três fases: pré-análise, exploração do material e tratamento e interpretação dos resultados. As categorias serão elencadas a partir das falas dos participantes, considerando que haverá peculiaridades ao fazer menções às percepções, conhecimentos e às experiências dos profissionais. A análise e a interpretação dos dados serão pautadas no modelo bioecológico do desenvolvimento humano de Bronfenbrenner (2011) e na literatura da área, devidamente explicitada na introdução[20].

Ainda na subseção dos procedimentos devemos ter a descrição da **análise dos dados**, ou seja, de posse das codificações dos instrumentos empregados na coleta de dados, como esses elementos serão analisados e interpretados? No caso de uma entrevista, por exemplo, as entrevistas transcritas na íntegra e literalmente costumam ser submetidas a algum tipo de análise temática ou de conteúdo, a fim de que se criem categorias que possam sumarizar aspectos mais importantes dessas entrevistas. Quando falamos em transcrição na íntegra

---

[19] Texto retirado do projeto de dissertação de mestrado de Suzel Alves Goulart, desenvolvido junto ao Programa de Pós-graduação em Psicologia da Universidade Federal do Triângulo Mineiro, sob minha orientação.

[20] Texto retirado do projeto de dissertação de mestrado de Mariana Silva Cecílio, desenvolvido junto ao Programa de Pós-graduação em Psicologia da Universidade Federal do Triângulo Mineiro, sob minha orientação.

queremos dizer que toda a entrevista será transcrita, desde o momento em que o gravador for ligado até o momento em que for desativado. Quando falamos em transcrição literal queremos dizer que iremos transcrever do modo como o participante falou, sem fazer quaisquer correções de linguagem e respeitando os marcadores de fala, que podem incluir desvios em relação à norma culta.

A partir de uma leitura minuciosa dessas entrevistas em conjunto podemos construir os principais temas explorados ou as principais categorias que representam os conteúdos das falas dos participantes. A partir da composição desses temas ou dessas categorias é que poderemos fazer a interpretação dos dados, ou seja, empregar o referencial teórico definido anteriormente para a compreensão desses achados.

Então é importante esclarecer que toda análise temática ou de categoria não é uma interpretação do dado, mas uma organização ou uma sistematização desse dado para posterior interpretação por meio de um determinado referencial teórico. Uma mesma pesquisa, com seu conjunto de entrevistas, com mesmo processo de análise temática ou de categoria, pode conduzir a diferentes interpretações, dependendo dos referenciais teóricos empregados para esse processo analítico. Entre os procedimentos de análise de conteúdo que empregamos de modo mais expressivo no campo da saúde, destacam-se aqueles desenvolvidos por Bardin (2011) e por Braun e Clarke (2006; 2019).

A **análise de conteúdo** proposta por Bardin (2011) compreende três etapas: 1) pré-análise; 2) exploração do material; 3) tratamento e interpretação dos resultados. Em um primeiro momento, organiza-se o material transcrito, a fim de que todo conteúdo de fala oral esteja em formato de texto. Essa análise se baseia na noção de que quanto mais um termo, por exemplo, é mencionado, maior a sua relevância dentro do fenômeno que se pretende investigar. Assim, parte da premissa de que os conteúdos mais frequentes em um dado representam de modo mais significativo esse dado. Para uma análise atenta às recomendações de Bardin (2011) deve-se, no processo analítico, contabilizar a frequência de determinados termos ou expressões que se mostrem mais relevantes a partir dos dados.

A **análise temático-reflexiva** segundo as orientações de Braun e Clarke (2006; 2019) é desenvolvida por meio de seis etapas: 1) familiarização com o tema (leitura repetida, ativa dos dados, notas e ideias para a codificação); 2) geração de códigos iniciais (produção de códigos iniciais a partir dos dados, grupos significativos); 3) procura por temas (triagem de diferentes códigos em temas, início da análise dos códigos); 4) revisão dos temas (revisão e refinamento dos temas, mapa temático); 5) definição e nomeação dos temas (identificar o assunto principal de cada tema); 6) produção do relatório. Como podemos observar, a produção de temas ocorre de modo processual, sendo criada e revista, a fim de que possa representar, de fato, o conteúdo da fala ou do material que está sob análise. Diferentemente da análise proposta por Bardin (2011), a análise temático-reflexiva parte dos núcleos temáticos que se mostram mais relevantes na análise dos dados, não necessariamente em termos de frequência, de repetição das menções.

No caso dos instrumentos, sua quantificação deve ser realizada de acordo com as recomendações dos autores das escalas. Para a análise desses instrumentos empregamos técnicas estatísticas e determinados testes que vão depender dos objetivos delineados anteriormente. Assim, o processo analítico realizado com esse banco de dados será orientado em função dos objetivos que pressupõem determinadas associações entre as variáveis.

Pode-se manejar essas variáveis e as medidas expressas por elas de maneiras muito distinta, dependendo dos testes estatísticos empregados, o que vai depender dos objetivos que foram apregoados no projeto. Conforme o processo de análise que é descrito nesta seção, um avaliador terá condições de saber se esse teste estatístico empregado de fato conduzirá ao alcance do objetivo que foi delimitado. Assim, é de suma importância que haja uma integração e uma conexão entre o processo analítico e o objetivo delimitado para o estudo.

Um equívoco comum em estudos de delineamento quantitativo é que os pesquisadores costumam informar que as análises serão realizadas por meio de um software. Um dos mais utilizados atualmente é o SPSS® (*Statistical Package for the Social Sciences*). No entanto, esse software só realiza as análises a partir do manejo do pesquisador, que informa qual teste estatístico será utilizado, com qual variável e de que forma. Não basta, portanto, apenas informar o nome do software, mas sim delimitar todo o percurso analítico.

De modo semelhante, em pesquisas de caráter qualitativo um equívoco comum é quando o pesquisador descreve que haverá uma análise temática ou de categoria apenas, sem detalhar qual será o referencial interpretativo ao qual essas categorias serão submetidas para que haja a sua compreensão. Uma análise de categorias ou de temas promove apenas a construção de categorias ou de temas, e não necessariamente uma compreensão a partir de um referencial analítico construído especificamente para o projeto de pesquisa. O Quadro 24 a seguir sumariza as principais recomendações para a escrita da análise de dados.

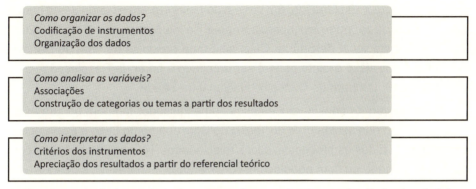

Quadro 24: Sumarização dos principais elementos que devem ser descritos na subseção de coleta de dados.
Fonte: Autor.

Uma consideração em relação ao referencial teórico deve ser melhor apresentada. Em termos da localização do referencial teórico, muitos pesquisadores compreendem que o mesmo deve ser explicitado na introdução do projeto, não compondo uma seção específica. Outros consideram que o referencial teórico deve ser um subitem do método, apresentado logo após os procedimentos de análise dos dados. Independentemente do local em que esse referencial seja explicitado, é importante considerar que no referencial teórico devemos considerar tanto os estudos mais atuais acerca de um determinado tema quanto uma determinada teoria ou abordagem a partir da qual ocorrerá a análise. E isso deve ser explicitado no projeto de pesquisa, independentemente da sua localização na estrutura desse documento.

No campo da Enfermagem, por exemplo, você pode analisar os seus dados a partir de uma determinada teoria de Enfermagem. Na Psicologia, você pode empregar uma teoria psicológica, como a psicanálise ou a análise do comportamento, por exemplo. Caso você não tenha selecionado nenhuma abordagem específica para a sua análise, deve explicitar os estudos mais atuais com os quais irá dialogar de modo mais direto para compreender os resultados alcançados com o seu estudo. Assim você poderá comparar se os resultados obtidos a partir do seu projeto são semelhantes, se corroboram o que já está consolidado sobre o tema ou se há dados novos a serem discutidos e que também podem impactar o conhecimento dessa área ou de um tema em específico.

O último item do método em uma pesquisa realizada com seres humanos é a explicitação dos **aspectos éticos da pesquisa**. Aqui os pesquisadores devem destacar a qual resolução esse projeto estará submetido. Como informaremos de modo mais detalhado do Capítulo 9 acerca da construção do Termo de Consentimento Livre e Esclarecido, um projeto de pesquisa envolvendo seres humanos, na atualidade, pode ser apreciado pela Resolução n. 466, de 12/12/2012 do Conselho Nacional de Saúde. Caso seja uma pesquisa na área de ciências humanas e sociais, o projeto poderá ser tramitado a partir da Resolução n. 510, de 07/04/2016, também do Conselho Nacional de Saúde.

Nessa seção de considerações éticas o pesquisador também poderá explicitar a questão das assinaturas do Termo de Consentimento Livre e Esclarecido, bem como de todos os processos éticos relacionados. No caso de trabalhar com menores de idade ou com populações consideradas vulneráveis, o pesquisador deverá deixar claro como ocorrerá o processo de assentimento desse participante e quem serão os responsáveis por consentir com a sua participação por meio da assinatura do Termo de Consentimento Livre e Esclarecido.

Em amostras compostas, por exemplo, por crianças e adolescentes institucionalizados é importante também definir quem será o responsável por essa assinatura, como o juiz da vara de infância e juventude. No caso de pesquisas realizadas em instituições é importante informar que estas também deverão consentir com a participação. Em uma pesquisa realizada dentro de um hospital, por exemplo, o projeto de pesquisa deverá ser apreciado tanto por uma comissão dentro do hospital como pelo comitê de ética em pesquisa de referência para aquele pesquisador.

Em alguns casos, por exemplo, o projeto pode ser apreciado por mais de um comitê de ética, caso a pesquisa seja realizada dentro de uma instituição específica que possua um comitê de ética de referência e que seja diferente do comitê de ética de referência do pesquisador e de sua unidade. Ainda nessa seção, recomenda-se explicitar os possíveis riscos e benefícios para que um voluntário participe do estudo. Esses elementos também deverão estar descritos no Termo de Consentimento Livre e Esclarecido que será posteriormente apresentado neste livro. Na parte metodológica, os riscos e os benefícios devem ser previamente descritos, revelando ao leitor ou avaliador que o pesquisador possui total ciência das implicações do seu estudo e está controlando ao máximo essas variáveis e condições, primando pelo bem-estar e pela segurança dos participantes.

Ao final do método é importante que tenhamos total ciência de que ele foi escrito de maneira adequada, não pairando quaisquer dúvidas a respeito dos procedimentos que serão postos em prática caso o projeto seja aprovado e possa ser executado. Também a linguagem nessa seção deve ser clara e precisa. Devem ser evitados excessos de escrita; mas, ao mesmo tempo, deve-se descrever bastante os procedimentos realizados, bem como os instrumentos empregados.

Deve-se retomar a todo tempo que o método empregado deve permitir que os objetivos delimitados possam ser alcançados. Ao final da escrita do método o pesquisador deve fazer um exercício de rever cada um dos objetivos explicitados, tanto do objetivo geral quanto dos objetivos específicos. O método descrito consegue responder a todos esses objetivos? Ou são necessários métodos, instrumentos ou desenhos metodológicos complementares? Essas reflexões são importantíssimas para que se possa verificar a pertinência do método.

Ao final deste capítulo vamos realizar alguns exercícios de reflexão referentes ao método. Como pudemos aprender neste capítulo, a escrita do método deve ser bem detalhada e é importante atentar-se para diversos elementos que podem variar de acordo com o delineamento de pesquisa que escolhemos. Esperamos que esses exercícios sejam úteis para que você possa começar a estruturação da parte metodológica do seu projeto de pesquisa. Vamos às reflexões!

Reflexões sobre o Capítulo 8

1. A partir da sua definição de tema de pesquisa, qual será o público-alvo com o qual irá trabalhar? Tente definir os critérios de inclusão e de exclusão para o seu projeto dentro do seu tema escolhido.

> Para refletir melhor: Você deve analisar se o fenômeno que você quer observar/analisar/conhecer pode ser investigado em que tipo de público-alvo. A partir dessa definição, quais as principais características que esses participantes devem possuir? O que deve estar presente? O que não pode estar presente? Quais aspectos são indiferentes na composição dessa amostra?

2. Definidos os participantes da sua pesquisa em termos dos critérios de inclusão e de exclusão, como você pensa que poderá recrutá-los?

> Para refletir melhor: Você deve pensar em possíveis locais onde possa encontrar participantes em potencial. Como você fará a divulgação da sua pesquisa para essas pessoas? O que você pensa em escrever no convite a esses possíveis participantes? Caso alguém tenha interesse em participar, como poderá entrar em contato com você? A partir desse contato e da disponibilidade desse possível participante, como você fará para saber se esse voluntário está dentro dos critérios de inclusão definidos anteriormente?

3. Vamos considerar que você tenha escolhido fazer um projeto de pesquisa no qual irá empregar como instrumento uma escala já amplamente utilizada na literatura científica. Como você faria a descrição dessa escala no método?

Para refletir melhor: Lembre-se de descrever aspectos como: autores da versão original, caso se trate de um instrumento desenvolvido no exterior, se a escala foi traduzida para o português, se há evidências de validade e quais autores realizaram esse estudo de validação, além das propriedades psicométricas do instrumento, número de itens, fatores, forma de codificação...

CAPÍTULO 9

QUESTÕES ÉTICAS NA ELABORAÇÃO DO PROJETO DE PESQUISA E A ESCRITA DO TERMO DE CONSENTIMENTO LIVRE E ESCLARECIDO PARA PESQUISAS ENVOLVENDO SERES HUMANOS

Objetivo do capítulo:
- ✓ Oferecer diretrizes para a escrita do Termo de Consentimento Livre e Esclarecido.

O que abordaremos neste capítulo?
- ✓ Vamos conhecer as regulamentações éticas que orientam as pesquisas envolvendo seres humanos no Brasil.
- ✓ Vamos aprender as diferenças entre Termo de Assentimento e Termo de Consentimento Livre e Esclarecido.
- ✓ Vamos conhecer as principais recomendações para a produção desses documentos e o que é avaliado por um comitê de ética para a aprovação do seu projeto de pesquisa.
- ✓ Ao final deste capítulo serão apresentados exercícios reflexivos para solidificar a aprendizagem desses conteúdos.

Capítulo 9

Questões éticas na elaboração do projeto de pesquisa e a escrita do Termo de Consentimento Livre e Esclarecido para pesquisas envolvendo seres humanos

Neste capítulo vamos aprender a elaborar um Termo de Consentimento Livre e Esclarecido para a utilização em pesquisas que envolvem seres humanos. O objetivo é que, ao final deste capítulo, o leitor seja capaz de escrever com segurança uma proposta de termo de consentimento, estando ciente da importância do cuidado nessa elaboração e das possíveis repercussões desse documento para todo encaminhamento da pesquisa. Obviamente que as questões éticas nas pesquisas envolvendo seres humanos serão norteadoras para a escrita que será produzida a partir deste capítulo.

As recomendações que serão aqui compartilhadas tomam por base a maioria dos protocolos utilizados pelos comitês de ética no Brasil. Esperamos que essas informações sejam não apenas úteis como também encorajem os leitores a sempre refletirem sobre a importância da ética em pesquisa não como uma condição essencialmente burocrática e que, por vezes, impõe condicionamentos à pesquisa, mas como uma condição que respeite o humano e que valide justamente a importância da pesquisa sobre esse humano.

O mesmo cuidado com que elaboramos a justificativa de um estudo e selecionamos os instrumentos necessários a atingirmos determinados objetivos deve orientar a nossa reflexão acerca dos aspectos éticos que envolvem o nosso projeto de pesquisa. Na maioria das vezes, vemos pesquisadores essencialmente preocupados com as diversas partes que compõem um projeto, conferindo menor importância aos aspectos éticos, fato este que deve ser eminentemente combatido em uma formação em pesquisa, sobretudo no campo da saúde.

Como profissionais e pesquisadores da área de saúde, a questão da ética em pesquisa não pode ser um aspecto complementar, mas crucial em todo e qualquer empreendimento de pesquisa. Um projeto que esteja amparado eticamente denota o respeito do pesquisador e de sua equipe para com o pesquisado, para com o seu objeto de pesquisa e também com a própria equipe, haja vista que esse documento formal é um importante instrumento que assegura que os direitos e os deveres de pesquisadores e de pesquisados serão observados durante toda a vigência do estudo, o que inclui não apenas a coleta de dados, mas também todo o processo de veiculação dos resultados por meio de publicações e apresentações públicas desses resultados.

A importância do Termo de Consentimento Livre e Esclarecido

Para elaborar o Termo de Consentimento Livre e Esclarecido é importante que, primeiramente, saibamos a importância desse tipo de documento. O Termo de Consentimento Livre e Esclarecido é uma proteção tanto para o pesquisador quanto para o participante da pesquisa, pois ele apresenta todos os termos necessários para que a pesquisa possa se realizar de maneira segura para todos os envolvidos.

Quando destacamos "de maneira segura", queremos afirmar que não se trata de uma pesquisa que não envolva qualquer tipo de risco, mas que esses riscos estejam explicitados e de modo que o participante aceite se engajar na pesquisa independentemente desses riscos, ou melhor dizendo, tendo total ciência desses riscos e da possibilidade de eles ocorrerem ao longo da pesquisa.

Temos diferentes tipos de pesquisa e estas envolvem diferentes exposições a riscos. Por exemplo, quando entrevistamos uma pessoa acerca da sua história de vida, esse procedimento em si não seria algo necessariamente invasivo, mas pode disparar no sujeito uma série de repercussões. A pessoa pode se emocionar ao fazer o seu relato de vida, pode se lembrar de algo que o mobilize de maneira excessiva e, com isso, estar mais suscetível a algum tipo de sofrimento que só foi oportunizado pela sua participação na pesquisa.

Assim, o pesquisador deve estar atento a todos os procedimentos que ele irá realizar, a fim de avaliar criticamente se eles expõem o participante a algum nível de risco. O Termo de Consentimento Livre e Esclarecido, a partir desse exemplo, se torna uma ferramenta que permite que a pesquisa ocorra da maneira mais esclarecida possível a ambas as partes.

No Brasil, o órgão responsável pela regulamentação e pelo acompanhamento ético das pesquisas que envolvem seres humanos é o **Conselho Na-**

cional de Saúde (CNS)**. Subordinado a esse órgão está a **Comissão Nacional de Ética em Pesquisa (CONEP)**, que tem por objetivo regulamentar as pesquisas do ponto de vista ético, a fim de que as pessoas estejam seguras, além de coordenar a rede de **Comitês de Ética em Pesquisa (CEP)** das instituições, sendo também um órgão consultor na área de ética em pesquisas. O CONEP, dessa forma, oferece subsídios para a composição dos Comitês de Ética em Pesquisa.

Normalmente, em cada instituição de ensino, pode haver um ou mais comitês, a depender das especificidades e do tamanho da universidade. Na Universidade de São Paulo, por exemplo, existem comitês ligados às diferentes unidades, como o Comitê de Ética da Escola de Enfermagem de Ribeirão Preto da Universidade de São Paulo (CEP-EERP-USP) ou, então, da Faculdade de Filosofia, Ciências e Letras de Ribeirão Preto da Universidade de São Paulo (CEP-FFCLRP-USP), apenas para citar dois exemplos em um mesmo *campus*. Esses comitês descentralizados são importantes para agilizar as avaliações, além de permitir que as discussões éticas possam levar em consideração as especificidades teóricas e metodológicas das pesquisas de uma determinada área do conhecimento.

Regulamentação ética

Atualmente, o Conselho Nacional de Saúde possui duas regulamentações principais que orientam a atuação dos comitês de ética de todo o país. Temos em vigência a **Resolução n. 466**, de 12/12/2012 e a **Resolução n. 510**, de 07/04/2016. Esta segunda resolução é voltada especificamente para as pesquisas nas áreas de ciências humanas e sociais "cujos procedimentos metodológicos envolvam a utilização de dados diretamente obtidos com os participantes ou de informações identificáveis ou que possam acarretar riscos maiores do que os existentes na vida cotidiana (...)" (Art. 1, Resolução n. 510 do CNS, de 07/04/2016). Para maiores informações sobre a Resolução n. 510/2016 recomendamos a leitura dos estudos de Lordello e Silva (2017), Scorsolini-Comin, Morais e Koller (2017) e Scorsolini-Comin, Bairrão e Santos (2017).

Antes de prosseguirmos, é necessário saber quando é necessário encaminhar ao CEP um projeto de pesquisa. Segundo a Resolução n. 510/2016, não são registrados nem avaliados pelo sistema CEP/CONEP os seguintes tipos de estudo:

> I – pesquisa de opinião pública com participantes não identificados;
>
> II – pesquisa que utilize informações de acesso público;
>
> III – pesquisa que utilize informações de domínio público;
>
> IV – pesquisa censitária;
>
> V – pesquisa com bancos de dados, cujas informações são agregadas, sem possibilidade de identificação individual; e
>
> VI – pesquisa realizada exclusivamente com textos científicos para revisão da literatura científica;
>
> VII – pesquisa que objetiva o aprofundamento teórico de situações que emergem espontânea e contingencialmente na prática profissional, desde que não revelem dados que possam identificar o sujeito; e
>
> VIII – atividade realizada com o intuito exclusivamente de educação, ensino ou treinamento sem finalidade de pesquisa científica, de alunos de graduação, de curso técnico, ou de profissionais em especialização.

Um dos exemplos de pesquisas que não precisam de apreciação ética é a revisão de literatura científica, quer seja narrativa, integrativa, sistemática, de metanálise ou de metassíntese, justamente por não envolverem diretamente o contato com seres humanos, ainda que os seus dados se refiram, em sua maioria, às pessoas. Devem tramitar em comitês de ética apenas estudos desenvolvidos diretamente com seres humanos, lembrando que o objetivo dessa avaliação ética é a segurança e a proteção não apenas do participante como do pesquisador.

Consentimento e assentimento

E como podemos definir o consentimento para participar de uma pesquisa? Na Resolução n. 466 do CNS, o consentimento para participar da pesquisa é definido de duas formas. Na primeira delas, refere-se ao "assentimento livre e esclarecido", que trata do consentimento que uma criança, adolescente ou pessoa legalmente incapaz deve manifestar para a sua participação em uma pesquisa. Justamente por essa pessoa ser menor de idade ou ser incapaz de atestar o seu consentimento de modo independente, a resolução destaca a necessidade de que seus responsáveis legais permitam a sua participação por meio da assinatura do Termo de Consentimento Livre e Esclarecido.

Assim, quando realizamos uma pesquisa com esse público (crianças, adolescentes ou pessoas legalmente incapazes) é necessário a apresentação de dois documentos: o **Termo de Assentimento** e o **Termo de Consentimento Livre e Esclarecido**. Quando realizamos pesquisas com maiores de idade e que são capazes do ponto de vista legal, empregamos apenas o **Termo de Consentimento Livre e Esclarecido**. A seguir, as definições de ambos os documentos:

Definição de Assentimento – Resolução n. 466/2012 do CNS:

II.2 – assentimento livre e esclarecido – anuência do participante da pesquisa, criança, adolescente ou legalmente incapaz, livre de vícios (simulação, fraude ou erro), dependência, subordinação ou intimidação. Tais participantes devem ser esclarecidos sobre a natureza da pesquisa, seus objetivos, métodos, benefícios previstos, potenciais riscos e o incômodo que esta possa lhes acarretar, na medida de sua compreensão e respeitados em suas singularidades.

Definição de Termo de Assentimento – Resolução n. 466/2012 do CNS:

II.24 – Termo de Assentimento – documento elaborado em linguagem acessível para os menores ou para os legalmente incapazes, por meio do qual, após os participantes da pesquisa serem devidamente esclarecidos, explicitarão sua anuência em participar da pesquisa, sem prejuízo do consentimento de seus responsáveis legais.

Definição de Consentimento Livre e Esclarecido – Resolução n. 466/2012 do CNS:

II.5 – consentimento livre e esclarecido – anuência do participante da pesquisa e/ou de seu representante legal, livre de vícios (simulação, fraude ou erro), dependência, subordinação ou intimidação, após esclarecimento completo e pormenorizado sobre a natureza da pesquisa, seus objetivos, métodos, benefícios previstos, potenciais riscos e o incômodo que esta possa acarretar.

> **Definição de Termo de Consentimento Livre e Esclarecido** – Resolução n. 466/2012 do CNS:
>
> II.23 – Termo de Consentimento Livre e Esclarecido – TCLE – documento no qual é explicitado o consentimento livre e esclarecido do participante e/ou de seu responsável legal, de forma escrita, devendo conter todas as informações necessárias, em linguagem clara e objetiva, de fácil entendimento, para o mais completo esclarecimento sobre a pesquisa a qual se propõe participar.

Estrutura do Termo de Consentimento Livre e Esclarecido

Em termos da **estrutura** de construção de um Termo de Consentimento Livre e Esclarecido que se aplica a situações nas quais vamos fazer pesquisas com seres humanos, alguns comitês de ética ligados às instituições de ensino possuem modelos específicos com os quais estão acostumados em suas rotinas. Caso o comitê de ética em pesquisa para o qual você vai submeter o seu projeto não possua esse modelo, é importante que você se atente a uma estrutura mínima que esse documento deve conter para que atinja o seu objetivo de fornecer informações claras, precisas, seguras e que permitam ao sujeito manifestar a sua concordância ou não com a participação nestes termos.

Vamos aqui apresentar uma recomendação para escrita desse termo, entendendo que, sempre que for iniciar a tramitação de um projeto em um comitê de ética, você deverá entrar em contato com esse comitê para saber se existe um modelo adotado neste comitê especificamente. O Termo de Consentimento Livre e Esclarecido é um documento no qual o pesquisador responsável pela pesquisa apresenta a um possível colaborador em que consiste a pesquisa o seu objetivo, quem será responsável pelo estudo, os procedimentos que serão realizados com um voluntário, bem como todas as condições que envolvem essa participação, informando a esse colaborador os seus direitos e os seus deveres caso venha a se comprometer com a participação no projeto de pesquisa, bem como os riscos e os benefícios.

Normalmente optamos por iniciar o Termo de Consentimento Livre e Esclarecido com uma apresentação do pesquisador responsável e do tema da pesquisa. Nesse espaço podemos informar ao participante o título do estudo, o seu objetivo, bem como as principais credenciais do pesquisador. No caso de uma pesquisa que será conduzida por um estudante de graduação, por exemplo, o aluno deve iniciar essa escrita informando que se trata de um aluno de graduação que irá realizar o estudo a partir da orientação de um pesquisador responsável, normalmente o seu orientador de pesquisa. Quando se trata de uma pesquisa que será realizada por um aluno de graduação, muitos comitês de ética sugerem que o termo seja escrito diretamente pelo pesquisador, ou seja, pelo orientador, e não pelo aluno de graduação, ainda que seja esse aluno que poderá entrar em contato direto com os possíveis participantes, apresentando o termo de consentimento e pedindo a sua assinatura.

Após essa breve apresentação, deve haver no termo de consentimento uma explicação clara e precisa a respeito do objetivo da pesquisa e dos procedimentos que serão adotados caso o participante concorde em participar. Sempre que o pesquisador apresentar o objetivo da pesquisa é recomendado que explicite, ainda que brevemente, a importância da realização da pesquisa e de que modo esse estudo pode ser útil, evidenciando a contribuição do voluntário nesse sentido.

Após a apresentação do objetivo, passamos à explicitação dos procedimentos que serão realizados com o participante. No caso de uma pesquisa que envolve a realização de uma entrevista e do autopreenchimento de alguns instrumentos, por exemplo, o termo deve informar ao participante em que consistem esses instrumentos, em quanto tempo eles poderão ser preenchidos e em que local ocorrerá essa atividade.

Uma pessoa que se submeter a uma entrevista precisa saber aproximadamente quanto tempo irá demorar essa atividade, a fim de que possa se organizar para ela. É importante lembrar que podemos ter uma entrevista que é realizada em apenas 15 minutos e outras entrevistas que podem durar horas. De posse da informação de que a entrevista pode durar 15 minutos ou horas, o participante pode definir se irá ou não se engajar na atividade. Obviamente que o pesquisador nunca consegue estimar precisamente o tempo necessário para uma determinada atividade, sobretudo quando se trata de uma intervenção na qual contará com uma relação interativa com o pesquisado, como no caso de uma entrevista face a face. Assim, o Termo de Consentimento Livre e Esclarecido deve trazer uma previsão de tempo necessária para que essa coleta de dados possa ocorrer.

Caso o pesquisador tenha dificuldades para estimar esse tempo, é sempre oportuno recomendar que haja um estudo piloto como forma de garantir uma predição mais aproximada acerca dos tempos necessários para a realização de cada atividade ou de cada procedimento de pesquisa. O pesquisador também deve informar ao seu possível participante em qual local será realizado o estudo, a fim de que ele possa decidir se terá condições ou não de participar.

Toda apreciação ética de um projeto de pesquisa considera de suma importância o local em que será realizada a pesquisa, haja vista que esse local deve fornecer condições mínimas para a realização da coleta de modo seguro, confortável e que permita ao sujeito participar de maneira integral. É recomendado que se escolha um ambiente calmo, que possa oferecer algum tipo de isolamento, a fim de que o sujeito tenha conforto ambiental e emocional para se engajar nas atividades previstas.

Em situações de entrevista, por exemplo, costumamos elencar como espaços adequados uma sala reservada que pode estar localizada em uma instituição de ensino ou em um serviço-escola. De qualquer forma, é de responsabilidade do pesquisador encontrar o melhor local para que a pesquisa seja realizada, a fim de permitir que aspectos como o sigilo sejam respeitados, não sendo possível, por exemplo, que em espaços vizinhos haja a possibilidade de ouvir a entrevista. Assim, é importante manter um isolamento seguro que permita que esse sigilo seja respeitado.

Após a explicitação desses procedimentos que serão realizados e do detalhamento dessas informações, no Termo de Consentimento Livre e Esclarecido deve haver informações claras e precisas a respeito dos possíveis riscos aos quais o participante pode estar exposto caso deseje se engajar na pesquisa, bem como os seus possíveis benefícios derivados dessa participação. Segundo a legislação brasileira não é possível que o pesquisador pague ou remunere o participante, sendo possível apenas que o pesquisador pague pelos possíveis gastos que o voluntário venha a ter, como o seu deslocamento ou a sua alimentação durante o período da coleta de dados.

No caso dos riscos, é importante deixar claras todas as possibilidades decorrentes da participação no projeto, ainda que algumas sejam bem pouco prováveis. Mais do que citar esses riscos, o pesquisador deve deixar claro como ele pode manejá-los durante a coleta de dados, ou seja, como ele pode oferecer ao participante alguma estrutura que possa dar conta de contornar esses riscos caso eles ocorram de fato.

No caso de uma entrevista de história de vida, caso o participante se sinta mobilizado emocionalmente, o pesquisador pode oferecer a oportunidade de conversar um pouco mais ou até mesmo apresentar a esse sujeito algumas possibilidades de encaminhamento para atendimentos profissionais, como aqueles realizados em equipamentos de saúde mental, a cargo de profissionais como psicólogos. Isso tem que estar previsto no termo. Caso o pesquisador não seja um psicólogo, por exemplo, ele não deve se comprometer com o encaminhamento, muito menos com o possível atendimento desse participante, mas sim com indicações de serviços nos quais esse voluntário pode receber apoio. Mas caso desenvolva uma pesquisa que possa disparar mais fortemente essa demanda, é recomendado que esteja preparado para, de algum modo, oferecer algum apoio, o que pode se dar a partir de parcerias com algum tipo de atendimento em serviço-escola de Psicologia, por exemplo.

No entanto, a apresentação dessa possibilidade não pode significar que a participação no estudo implique na necessidade de encaminhamento ou na garantia de que ocorrerá essa intervenção. Assim, o pesquisador deve garantir ao pesquisado uma possibilidade de atenção, se for explicitada essa necessidade, mas não pode garantir que ocorra qualquer tipo de atendimento ou encaminhamento formal para que isso seja uma condição para que a pessoa aceite participar.

Em termos dos benefícios, algumas intervenções realizadas pelos pesquisadores para a coleta de dados podem oferecer ao sujeito benefícios diretos. Ao participar de uma atividade grupal, por exemplo, alguns voluntários podem se beneficiar desse espaço, compartilhando sentimentos, recebendo informações ou até mesmo entrando em contato com uma possível rede de apoio formada por outras pessoas que também estão participando da mesma pesquisa.

No caso de uma entrevista algumas pessoas podem se sentir melhores pelo fato de poderem se abrir com alguma pessoa a respeito de alguma problemática de sua vida. Nesses casos, dizemos que o espaço de uma entrevista de pesquisa também pode ter, em alguma medida, um caráter terapêutico, embora não seja esse o objetivo da coleta de dados.

O participante pode ter ganhos secundários com a sua participação, o que não pode ser garantido pelo pesquisador no termo de consentimento, embora alguma sugestão nesse sentido possa ser declarada. É sempre importante destacar ao voluntário que a sua participação ou engajamento na pesquisa é relevante para que ocorra a produção de um conhecimento relacionado àquele objetivo do estudo, o que pode ser o conhecimento sobre uma técnica, que pode envolver o conhecimento a respeito de determinados aspectos de algum processo de saúde e doença, entre outras possibilidades. Qualquer que seja o seu tema de pesquisa, o participante, ao aceitar os termos descritos, inequivocamente estará contribuindo tanto para a realização correta do seu projeto como para a ampliação do conhecimento relacionado aos objetivos apregoados pela sua proposta.

Segundo as normativas éticas em vigência, o documento deve conter informações ao sujeito que se referem aos seus direitos e deveres enquanto participante de uma pesquisa. O participante deve ser livre para poder interromper a sua participação na pesquisa a qualquer momento, sem qualquer prejuízo ou sanção. Essa condição deve estar descrita no termo de consentimento, a fim de que o participante se sinta apto a interromper a coleta de dados se assim o desejar, sem que haja qualquer constrangimento em relação ao pesquisador.

Deve ser destacada também a possibilidade de o participante ser ressarcido pelo pesquisador caso se sinta lesado, ferido ou de alguma forma impactado ou prejudicado pela pesquisa. Deve-se também abrir a possibilidade de que o participante tenha acesso aos resultados individuais e coletivos da pesquisa, o que na prática pode se dar a partir do envio de um *feedback* individual a respeito desse participante e até mesmo o compartilhamento de produtos derivados dessa pesquisa, como artigos, monografias, dissertações e teses.

Ao final de todo o Termo de Consentimento Livre e Esclarecido deve haver informações a respeito do pesquisador responsável, como nome, titulação, endereço físico para correspondência, correio eletrônico, telefone, bem como local e horário no qual o participante pode estar em contato com esse pesquisador. Igualmente, deve-se trazer todos os dados do comitê de ética que aprovou a realização do estudo: local, horário de funcionamento, correio eletrônico, endereço físico para correspondência e telefone. Esses dados são importantes caso o participante queira tirar alguma dúvida sobre o estudo ou sobre a sua participação no projeto.

Seguindo essas recomendações você terá um Termo de Consentimento Livre e Esclarecido que atende a todos os parâmetros éticos indicados para uma pesquisa segura, comprometida socialmente e ética. É importante retomar que, embora essas recomendações possam ser compreendidas como algo burocrático, trata-se de protocolos desenvolvidos para garantir a total segurança de todos os envolvidos na atividade de pesquisa.

Essas recomendações só foram possíveis de serem construídas depois de que diversos embates éticos foram realizados em diversas pesquisas no Brasil e pelo mundo, com total desrespeito à condição humana. Devemos compreender a existência de conselhos de ética e a exigência de apresentação de sistemas de Consentimento Livre e Esclarecido como evoluções importantes do processo de pesquisa no Brasil e outras partes do mundo. A existência dessas normativas garante a segurança e o cuidado com a condição humana, o que deve sempre nortear as atividades de todo e qualquer pesquisador, notadamente no campo da saúde.

Para finalizar as recomendações deste capítulo, explicitamos brevemente o caminho que o seu projeto de pesquisa deve percorrer para ser apreciado por um comitê de ética e ser aprovado, o que o autoriza a iniciar a coleta de dados. O Quadro 25, a seguir, mostra um fluxograma desse processo. O tempo necessário para a conclusão de cada fase pode variar em função dos demais trâmites nesse comitê de ética, em função da disponibilidade de assessores para a emissão do parecer e também de aspectos institucionais e contextuais, como a troca de membros do comitê e demais processos burocráticos.

Com uma boa margem de segurança, oriento meus alunos a dispensarem para essa atividade o período de três a quatro meses, a fim de que se tenha uma maior segurança para o planejamento das demais etapas da pesquisa. Nunca é excessivo relembrar: um projeto com seres humanos só pode ser iniciado após a sua aprovação e autorização pelo comitê de ética competente. Assim, esse período precisa ser considerado no cronograma de proposição do projeto. Recomendo que se destaque nesse cronograma o período provável de tramitação do projeto no comitê de ética, considerando a margem de segurança, e a referência ao início da coleta de dados somente a partir dessa autorização.

Também é importante que o pesquisador saiba que pode sempre acessar o comitê de ética para dirimir possíveis dúvidas e para verificar o andamento da avaliação do seu projeto, o que também pode ser acessado a partir da Plataforma Brasil. Caso haja alguma circunstância específica, por exemplo, a necessidade de adiantar uma coleta de dados em função de alguma condição que não havia sido devidamente aventada ou prevista anteriormente, o pesquisador pode entrar em contato com o comitê relatando esse fato e solicitando maior celeridade na avaliação, caso seja possível. O importante é que exista sempre uma via de diálogo entre pesquisador e comitê de ética.

Outra dica é que entre em contato com o comitê de ética antes de submeter o projeto caso tenha alguma dúvida em relação à documentação a ser providenciada para a análise, formatação exigida e demais elementos. Deve-se conferir se todos os documentos exigidos foram reunidos pelo pesquisador e se estão no formato que pode ser anexado à Plataforma Brasil. Enviar a documentação correta, completa e dentro dos parâmetros exigidos também agiliza o processo de avaliação, pois permite que a fase de validação documental seja realizada de modo mais rápido.

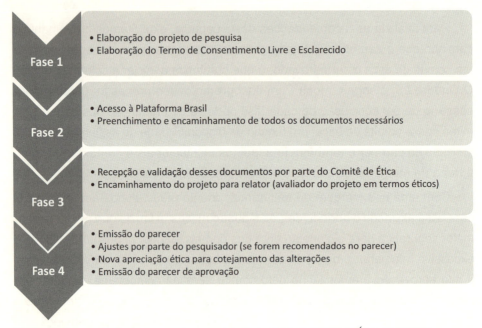

Quadro 25: Representação do percurso de um projeto de pesquisa em Comitê de Ética em Pesquisa.
Fonte: Autor.

Como já trabalhado neste capítulo, cada comitê de ética em pesquisa pode sugerir um determinado modelo de Termo de Consentimento Livre e Esclarecido, embora os aspectos que devem constar nesse documento sejam compartilhados por todos os comitês, submetidos ao CONEP. A fim de que você possa conhecer uma possível escrita, apresento a seguir um exemplo, a partir de um dos projetos realizados dentro do meu grupo de pesquisa:

Termo de Consentimento Livre e Esclarecido

TÍTULO DO PROJETO DE PESQUISA

Termo de Esclarecimento

Prezado(a) Colaborador(a),

Meu nome é *NOME DA PESQUISADORA*, sou mestranda no Programa de Pós-Graduação em *NOME DO PROGRAMA DE PÓS-GRADUAÇÃO* da *NOME DA INSTITUIÇÃO DE ENSINO SUPERIOR* e, sob orientação do *NOME DO ORIENTADOR DA PESQUISA*, professor do *INSERIR NOME DO DEPARTAMENTO E/OU DA INSTITUIÇÃO DE ENSINO SUPERIOR À QUAL ESTÁ ASSOCIADO*, estou realizando uma pesquisa intitulada *INSERIR NOME DA PESQUISA*, como, por exemplo: "A perspectiva familiar diante da revelação da orientação homossexual de jovens adultos".

O objetivo desta pesquisa é investigar de que modo a revelação da orientação sexual de jovens adultos homossexuais tem repercutido na dinâmica familiar, na perspectiva de seus pais e irmãos. Ao aceitar participar desse estudo você contribuirá para que saibamos mais sobre a temática, possibilitando novas discussões acerca do processo de revelação da orientação sexual, as repercussões na família e identificando as redes de apoio social que estão presentes neste contexto.

Caso esteja de acordo, você participará de uma única entrevista, com duração aproximada de uma hora, cujas perguntas são relacionadas à sua experiência no processo de revelação da orientação sexual. Tudo o que você disser será utilizado somente para este estudo e mantido sob absoluto sigilo, uma vez que utilizaremos um nome fictício para não o(a) identificar, garantindo o seu anonimato. Dessa forma, considerando as condições de realização da pesquisa, o local será um ambiente reservado que melhor permita a realização da coleta de dados, contanto que se resguarde a privacidade e o conforto material e psicológico dos participantes.

A entrevista será audiogravada, se você assim o permitir, para evitar que nada do que for dito seja perdido, fazendo com que nenhum detalhe importante passe despercebido pelo pesquisador. Os dados deste estudo farão parte do meu trabalho de conclusão da pós-graduação *stricto sensu* e poderão ser divulgados em artigos e congressos científicos, sendo que a sua identidade será sempre preservada. Dados mais específicos que porventura possam identificá-lo(a) serão omitidos. Caso aceite participar, você contribuirá para que conheçamos mais como se dá o processo de *coming out* na família, bem como os fatores que podem ser importantes nesse momento.

Você poderá interromper a realização da entrevista a qualquer momento, caso não se sinta à vontade ou não concorde em responder alguma pergunta. Você também poderá retirar seu consentimento a qualquer momento da realização da pesquisa, sem que haja qualquer ônus ou constrangimento para tal. A sua participação é voluntária e você não receberá quaisquer benefícios ou bônus caso aceite participar.

Mesmo não correndo nenhum risco em participar desta pesquisa, alguns conteúdos abordados podem trazer algum tipo de desconforto psicológico. Caso aconteça de você experimentar algum tipo de desconforto, poderá conversar com o(a) pesquisador(a)-responsável, que é psicólogo(a) e psicoterapeuta. Se necessário, será oferecida a possibilidade de você receber atendimento psicológico a cargo desse(a) profissional ou de outro(a) por ele indicado, vinculado ao *NOME DO SERVIÇO-ESCOLA DE PSICOLOGIA AO QUAL OS PESQUISADORES, NO CASO, ESTÃO VINCULADOS*. Caso sofra algum dano em função da pesquisa você poderá solicitar indenização ao pesquisador, patrocinador e às instituições envolvidas.

Caso deseje entrar em contato com os pesquisadores, eles estarão disponíveis na *INFORMAR LOCAL DE TRABALHO DO ORIENTADOR DA PESQUISA* do *NOME DA INSTITUIÇÃO DE ENSINO SUPERIOR À QUAL O PESQUISADOR ESTÁ VINCULADO*, de segunda a sexta-feira, em horário comercial (8h às 12h e das 13h às 18h).

Mestrando(a) pelo *NOME DO PROGRAMA DE PÓS-GRADUAÇÃO E DA INSTITUIÇÃO DE ENSINO SUPERIOR*
INSERIR TELEFONE DE CONTATO E E-MAIL

Pesquisador Responsável – *NOME DO PROGRAMA DE PÓS-GRADUAÇÃO E DA INSTITUIÇÃO DE ENSINO SUPERIOR*
INSERIR TELEFONE DE CONTATO E E-MAIL

Como exposto, após assinar o Termo de Consentimento Livre e Esclarecido você receberá uma cópia deste. Em caso de dúvida em relação a esse documento, poderá entrar em contato com o Comitê de Ética em Pesquisa da *NOME DA INSTITUIÇÃO DE ENSINO SUPERIOR*, pelo *INSERIR TELEFONE DO COMITÊ DE ÉTICA EM PESQUISA* ou pelo *INSERIR ENDEREÇO DO COMITÊ DE ÉTICA EM PESQUISA*, que funciona de segunda a sexta-feira, em horário comercial (das 8h às 12h e das 13h às 18h).

IMPORTANTÍSSIMO: SEGUNDO DETERMINAÇÃO DA COMISSÃO NACIONAL DE ÉTICA EM PESQUISA, OS PESQUISADORES E OS PARTICIPANTES DA PESQUISA DEVERÃO RUBRICAR TODAS AS PÁGINAS DO TERMO (APÓS A COLETA DE DADOS). UMA VIA DO TERMO DEVERÁ SER ENTREGUE AOS PARTICIPANTES DA PESQUISA.

Termo de Consentimento Livre, após Esclarecimento

Pelo presente documento que atende às exigências legais, o Sr.(a) _____, portador(a) da cédula de identidade _____, declara que está ciente das informações recebidas e que concorda voluntariamente participar desta pesquisa. Atesta que recebeu uma cópia deste termo e a possibilidade de lê-lo, o que lhe permitirá entrar em contato com os pesquisadores em outro momento, caso deseje ou sinta necessidade de obter novos esclarecimentos. Autoriza também a audiogravação da entrevista e a utilização dos dados aqui coletados, desde que respeitado o sigilo e o anonimato.

_____, _____ de _____ de 2021.

_____
Assinatura do participante

Como podemos observar nesse modelo apresentado, o Termo de Consentimento Livre e Esclarecido é um documento que deve ser redigido com precisão, priorizando a explicitação de aspectos que tenham a ver exclusivamente com os aspectos éticos de uma pesquisa. Qualquer explicitação do método da pesquisa nesse documento, por exemplo, tem a função de informar ao possível participante acerca dos procedimentos aos quais será submetido, a fim de que ele possa decidir pelo seu engajamento na pesquisa ou não. Esse documento também será apreciado pelo comitê de ética em pesquisa em termos técnicos, de modo que você sempre deve seguir as recomendações que normalmente são apresentadas na página do comitê de ética e também pautando-se na resolução por você seguida para a elaboração desse documento e do próprio projeto de pesquisa. A seguir, o Quadro 26 sumariza os principais elementos que devem constar no Termo de Consentimento Livre e Esclarecido, a fim de que você possa fixar esse conteúdo.

- Título da pesquisa
- Introdução (apresentar o estudo e nomes dos responsáveis)
- Justificativa do projeto e sua importância
- Objetivo geral do projeto
- Procedimentos aos quais o participante será submetido
- Descrição dos possíveis riscos e desconfortos que podem ser experienciados pelos participantes, bem como o seu manejo por parte do pesquisador
- Descrever possíveis benefícios diretos/indiretos da participação
- Contato dos pesquisadores e do Comitê de Ética em Pesquisa
- Informar sobre sigilo e anonimato do participante

> Informar que o participante pode se recusar a participar do estudo a qualquer momento, sem qualquer ônus ou constrangimento

> Informar sobre ressarcimento de despesas em função da pesquisa e pagamento de indenização se houver danos

> Informar que o participante receberá uma via assinada deste documento

> Espaço para as assinaturas dos pesquisadores e do participante

Quadro 26: Elementos que devem compor o Termo de Consentimento Livre e Esclarecido.
Fonte: Autor.

Um último aspecto que deve ser apresentado é o que se refere à **linguagem** adotada no Termo de Consentimento Livre e Esclarecido. Essa linguagem, embora técnica, deve ser compatível com o público-alvo que terá que ler, compreender e poder, a partir dessa compreensão, decidir se participa ou não do estudo em questão. Assim, deve-se conhecer a população-alvo, a sua escolaridade média e quais os marcadores sociais que devem ser considerados na proposição de um termo que possa, de fato, ser compreendido sem maior necessidade de explicações adicionais. Embora não se recomende uma linguagem totalmente coloquial, adequações podem ser feitas, a fim de tornar o texto mais próximo de diferentes públicos. No caso de você realizar pesquisas com medicamentos e demais protocolos com nomes específicos, esses nomes devem sim ser trazidos no termo, mas devem ser acompanhados de explicações que permitam ao voluntário compreender do que se trata.

É sempre importante verificar com outros interlocutores se a redação do seu termo está adequada e se ele está inteligível ao público a que se destina. Caso não consiga acessar ninguém dessa população-alvo para esse exercício, mostre a escrita do termo a algum colega ou membro do mesmo grupo de pesquisa, a fim de que possam dialogar em torno das impressões provocadas por esse documento. A partir daí, pode-se estimar se tal documento poderá ser compreendido ou se ajustes são necessários. Também deve-se manter o tom de convite neste documento.

Para fixar os conteúdos deste capítulo propomos, a seguir, um exercício reflexivo. Ele será realizado em duas etapas e na segunda delas você precisará do apoio de um colega de turma. Interaja com ele, mostre o seu Termo de Consentimento Livre e Esclarecido e também leia o dele. Esse processo pode ser muito enriquecedor, como afirmamos em relação à adequação da linguagem empregada na composição desse documento.

E não se esqueça de uma última recomendação: em todo processo de apreciação pelo comitê de ética poderão surgir orientações que demandem de você a reformulação de alguma parte do Termo de Consentimento Livre e Esclarecido. Por mais que sigamos as orientações de nosso comitê de ética de referência, essas sugestões podem ser muito importantes para que o nosso termo possa ser compreendido com segurança pelo possível participante, ampliando as chances de ele contribuir conosco em nosso estudo, com segurança e confiança em nosso trabalho e nos procedimentos que iremos realizar.

Reflexões sobre o Capítulo 9

1. Tendo como referência o seu tema de pesquisa, o seu público-alvo e os objetivos do seu projeto de pesquisa, como você pensa que pode adaptar a linguagem na escrita do Termo de Consentimento Livre e Esclarecido para que os seus voluntários possam compreender as informações?

   > Para refletir melhor: O público-alvo que você delimitou para a sua pesquisa possui alguma especificidade em termos de instrução ou formação? Você acredita que teria que realizar alguma adaptação de linguagem? Há algum termo que talvez não seja compreendido e que você precise explicar de outra forma? Fazendo esses possíveis ajustes você acredita que o termo será perfeitamente compreendido por esse seu público-alvo?

2. Agora vamos fazer um exercício interativo. Você precisará pedir a ajuda de algum colega de curso ou pessoa próxima que saiba do seu projeto e esteja acompanhando o desenvolvimento de sua elaboração. Peça para esse colega ler o seu Termo de Consentimento Livre e Esclarecido. Antes disso, explique para ele o que você pretende realizar durante a coleta e para qual público esse documento se destina. A partir das sugestões, recomendações ou impressões desse seu interlocutor, você faria algum ajuste no documento? Se sim, qual ou quais?

> Para refletir melhor: Nossos interlocutores podem nos dar dicas e recomendações preciosas nessa fase. O Termo de Consentimento Livre e Esclarecido precisa ser perfeitamente compreendido pela pessoa que possivelmente irá participar do estudo. Não podem pairar dúvidas acerca de termos, expressões e, principalmente, de procedimentos que serão realizados. Não se trata de preciosismo: imagine-se lendo um documento que você não compreenda, como um contrato, por exemplo. Embora os termos utilizados em um contrato sejam corretos do ponto de vista jurídico, podem não ser compreensíveis para as pessoas que farão uso desse documento e terão que atestar a sua ciência a respeito dele.

CAPÍTULO 10

RECOMENDAÇÕES PARA A CONSTRUÇÃO DE PROJETO DE PESQUISA QUANTITATIVO

Objetivo do capítulo:
- ✓ Apresentar recomendações básicas para a elaboração de projetos de pesquisa de caráter quantitativo.

O que abordaremos neste capítulo?
- ✓ Vamos apresentar os principais tipos de estudos quantitativos desenvolvidos nas ciências da saúde e suas características básicas.
- ✓ Vamos compartilhar dicas e orientações para a elaboração deste tipo de projeto em termos dos elementos fundamentais que devem ser minimamente cotejados em sua escrita.
- ✓ Vamos conhecer os principais cuidados que devemos ter com a explicitação de um método de pesquisa quantitativo e os pontos que devem ser detalhados para a melhor compreensão por parte do nosso interlocutor.
- ✓ Também vamos explorar os critérios de qualidade nesse tipo de projeto.
- ✓ Ao final deste capítulo serão apresentados exercícios reflexivos para solidificar a aprendizagem desses conteúdos.

Capítulo **10**

Recomendações para a construção de projeto de pesquisa quantitativo

O objetivo deste capítulo é apresentar algumas das recomendações básicas para a elaboração de projetos de pesquisa de caráter quantitativo. Serão compartilhadas dicas e orientações que o ajudarão na elaboração desse tipo de projeto em termos dos elementos fundamentais que devem ser minimamente cotejados em sua escrita.

Este capítulo é introdutório, de modo que, caso seja do seu interesse e, principalmente, caso você vá desenvolver um projeto quantitativo, é mister que se aprofunde nesse método, tanto realizando disciplinas de formação específica como também tendo acesso a outros materiais. Na literatura em saúde encontramos importantes contribuições para quem deseja se aprofundar nesse tipo de pesquisa (LAURENTI; LEBRÃO; JORGE; GOTLIEB, 2005; LIMA-COSTA; BARRETO, 2003; SIEGEL; CASTELLAN JÚNIOR, 2006; MORETTIN; BUSSAB, 2010; HAIR; BLACK; BABIN; ANDERSON, 2014). Para acessar alguns parâmetros recomendados para a escrita de estudos quantitativos, o que pode ser um norteador importante na redação do projeto de pesquisa, recomendamos a leitura do artigo de Appelbaum et al. (2018). Esse trabalho de adensamento é fundamental não apenas para que você consiga delinear um estudo adequado em termos metodológicos, mas para que, posteriormente, você tenha repertório para realizar a análise dos dados. Esse processo de aprofundamento é essencial na formação de um pesquisador.

A pesquisa quantitativa

Um primeiro aspecto a ser trabalhado neste capítulo é a definição do que é uma pesquisa quantitativa ou de um projeto que se utiliza de uma estratégia quantitativa de análise de dados. Segundo Creswell (2010, p. 26-27), trata-se de

> um meio para testar teorias objetivas examinando a relação entre as variáveis. Tais variáveis, por sua vez, podem ser medidas tipicamente

por instrumentos, para que os dados numéricos possam ser analisados por procedimentos estatísticos. O relatório final escrito tem uma estrutura fixa, a qual consiste em introdução, literatura e teoria, e métodos, resultados e discussão.

Tomando por base essa definição, podemos considerar que um projeto de pesquisa quantitativo também deverá ter o mesmo nível de estruturação, a fim de que os procedimentos adotados possam conduzir à explicitação de resultados e da discussão que posteriormente serão apresentados no relatório final, o que estamos tratando neste livro em termos de uma monografia, de uma dissertação, de uma tese ou de um artigo necessário para conclusão do seu estudo. Entre os diferentes tipos de pesquisa quantitativa, temos dois tipos principais, tal como sugerido por Creswell (2010): a pesquisa de levantamento e a pesquisa experimental.

A **pesquisa de levantamento** refere-se a uma descrição de base quantitativa a respeito de tendências, atitudes, opiniões ou comportamentos de uma determinada população a partir de uma investigação realizada com uma amostra que seja parte dessa população. Esse tipo de pesquisa pode ser realizado de maneira transversal ou longitudinal, empregando instrumentos como questionários, testes e até mesmo em entrevistas mais estruturadas, possuindo um compromisso em generalizar essas informações de uma amostra menor para a população geral que é a referência dessa amostra.

A **pesquisa experimental** busca compreender relações mais estreitas ou precisas entre diferentes variáveis, a fim de que se possa compreender se um determinado tratamento ou droga, por exemplo, pode ter influência sobre um determinado resultado, um desfecho específico. Esse tipo de pesquisa normalmente acontece dentro de um laboratório, em que há um rígido controle dessas variáveis e de seus efeitos sobre o fenômeno que se pretende investigar. Essas pesquisas também são realizadas com organismos considerados mais básicos, tanto em termos de organismos microcelulares ou mesmo de animais como ratos.

Feita essa breve definição, exploraremos a partir de agora as principais recomendações para a escrita de um projeto de pesquisa de caráter quantitativo. Há que se destacar que tais orientações foram sumarizadas a partir do que a literatura no campo da pesquisa quantitativa tem sugerido, de modo a fundamentar um projeto de pesquisa em termos da sua adequação e do emprego de instrumentos e delineamentos que permitam, de fato, o alcance dos objetivos propostos.

Recomendações iniciais para o projeto de pesquisa quantitativo

Como em todo projeto de pesquisa que temos tratado dentro deste livro, no projeto de pesquisa quantitativo você deverá abordar aspectos centrais, como a definição dos objetivos de pesquisa, tanto o geral quanto os específicos. Um aspecto importante a ser destacado em relação aos objetivos é que, no caso de uma pesquisa quantitativa, devem ser atingidos por meio de um tratamento estatístico, de modo que cada objetivo deve estar associado a uma estratégia metodológica específica que irá descrever, correlacionar ou predizer aquela ação que foi descrita enquanto objetivo.

Os objetivos precisam ser bastante precisos e concisos, a fim de que a ação metodológica necessária para sua execução esteja claramente associada ao objetivo, a fim de que não pairem quaisquer dúvidas a respeito de como isso deverá ser realizado. A própria escolha do verbo ou da ação em um projeto quantitativo guarda especificidades: em projetos desse tipo são comuns as ações como as de associar, correlacionar, predizer, calcular, descrever, explicar, entre outras possibilidades.

Na pesquisa quantitativa é importante definirmos aspectos como o corte do estudo. Isso significa definir se o estudo será transversal ou longitudinal, ou seja, se a coleta será realizada em um só momento ou se ela poderá atravessar um tempo maior, havendo acompanhamento de uma mesma amostra ao longo do tempo, a fim de verificar possíveis mudanças no modo como essas respostas são oferecidas por esses mesmos participantes, revelando alterações em função das variáveis de tempo ou também de outros aspectos contextuais que incidam sobre a mesma amostra. Esses aspectos foram apresentados no Capítulo 6, de modo que você pode retomar tais elementos se ainda tiver dúvidas.

Também é importante definirmos como será feita a coleta de dados, se presencial ou a distância. Tradicionalmente, as coletas presenciais sempre foram mais expressivas nesse tipo de estudo, o que vem sendo bastante modificado na contemporaneidade, em que as estratégias de coleta on-line têm sido privilegiadas pelo fato de serem mais ágeis e possibilitarem uma coleta maior em um tempo reduzido, o que significa diminuição de gastos com a coleta de dados. Cada vez mais utilizamos softwares e aplicativos para que essa coleta ocorra de modo a incorporar não apenas sistemas como computadores, mas também smartphones que flexibilizam muito esse tipo de coleta e rastreio. Se considerarmos o fato de que o uso de smartphones é cada vez mais frequente, uma pesquisa que empregue essa tecnologia pode atingir mais pessoas em diferentes territórios, também agilizando o processo de coleta.

Embora possamos tecer considerações em termos dos vieses tanto de uma coleta presencial quanto de uma coleta on-line, não há como nos recusarmos a considerar que a coleta on-line é uma estratégia contemporânea e dificilmente terá uma interrupção – o que pode haver é justamente um aprimoramento das técnicas, dos softwares e dos aplicativos. Assim, é importante que possamos cada vez mais melhorar as condições para esse tipo de coleta, considerando que se trata de uma tendência que será cada vez mais aprimorada ao longo dos anos, em que a conexão entre as pessoas será fortalecida por meio desses métodos produzidos de modo remoto.

Obviamente que essa tendência também deve ser discutida em termos éticos e até mesmo em termos dos possíveis vieses de aplicação. A facilidade em responder a uma pesquisa em qualquer lugar e de qualquer modo, por exemplo, pode permitir que o respondente não faça reflexões mais aprofundadas antes de responder, que se engaje menos nesse processo, o que poderá comprometer a credibilidade das informações coletadas.

Assim, é importante que os pesquisadores estejam sempre atentos a essas questões também no sentido de lançarem estratégias que possam controlar melhor esse processo. Em algumas pesquisas é comum haver perguntas dispersas ao longo de um questionário, por exemplo, a fim de verificar se o respondente, de fato, está atento, se está respondendo de modo engajado ou apenas selecionando itens de modo aleatório. Essa estratégia pode ser aperfeiçoada, visando a permitir uma coleta mais segura e confiável, ainda que esse processo seja cada vez mais flexível.

Definição da amostra

A pesquisa quantitativa tem como característica fundamental a correta delimitação da amostra do estudo ou a delimitação mais precisa possível. Uma **amostra** é uma parte de uma **população**. Para ser significativa, essa amostra deve ser acessada tendo em mente alguns pressupostos e orientações básicas. Como dificilmente poderíamos ter acesso a uma população inteira, notadamente quando se trata de uma população bastante ampla, a noção de amostra nos permite compreender um determinado fenômeno de maneira relativamente segura, de modo que possamos extrapolar as considerações realizadas em relação a uma determinada amostra para a sua população de referência com níveis específicos de confiança e também estimando o erro.

Isso equivale a considerar que, para investigar uma população, basta acessarmos uma amostra que seja considerada representativa dessa população, que seja significativa em termos estatísticos. Para chegarmos a uma amostra específica podemos utilizar métodos que produzam uma amostra aleatória ou uma amostra de conveniência. A **amostra de conveniência** é quando o pesquisador acessa determinados sujeitos da pesquisa a partir de uma maior facilidade ou disponibilidade desses sujeitos, procedimento este que é considerado mais frágil para a realização de análises mais robustas, constituindo um importante viés.

Já quando utilizamos uma **amostra aleatória** permitimos uma maior probabilidade de que tenhamos diferentes sujeitos e que esses sujeitos sejam significativos e representativos daquela população, o que é fundamental para o estudo do fenômeno em apreço. Para fazermos uma amostra aleatória podemos fazer um sorteio randômico, por exemplo, em que há a mesma probabilidade de selecionarmos diferentes participantes para pesquisa, por exemplo, a partir de diferentes camadas sociais dentro de uma mesma população de referência.

Também é importante definirmos se haverá alguma estratificação em relação a essa amostra de indivíduos, como em relação a sexo/gênero, renda, idade e demais elementos. Quando comparamos uma amostra considerando a sua estratificação podemos ter acesso a diferentes camadas que formam uma mesma população, sendo que essas camadas representam heterogeneidades dessa amostra, o que pode ser significativo na compreensão do fenômeno em investigação.

Independentemente do método que vamos selecionar, no projeto de pesquisa deve-se explicitar em detalhes como o pesquisador pretende compor a sua amostra. Para tanto, deve apresentar os critérios que serão considerados na composição dessa amostra, o que pode se dar de maneira descritiva ou então utilizando **fórmulas estatísticas** que permitam apresentar um número aproximado de sujeitos que deverão ser minimamente investigados para que se possa ter a exploração de um determinado fenômeno com um mínimo de segurança em relação aos resultados. É sempre desejável que haja no projeto de pesquisa a explicitação de um número mínimo de pessoas que deverão compor a amostra a partir de um cálculo estatístico seguro (LEVINE; BERENSON; STEPHAN, 2000), haja vista que chegar a esse número a partir de uma metodologia quantitativa é algo bastante razoável, o que não podemos fazer em relação ao projeto de pesquisa qualitativo, por exemplo.

Definição dos instrumentos

Em relação aos instrumentos que serão empregados para coleta de dados, todo projeto de pesquisa quantitativo envolve instrumentos padronizados e objetivos para a obtenção dos dados, o que significa que se trata sempre de instrumentos estruturados. Um instrumento estruturado é aquele que será o mesmo a ser empregado em todos os participantes da pesquisa, não havendo adaptações ou flexibilizações em função das características daquele participante ou então das características de coleta de dados ou até mesmo do pesquisador. Todo instrumento de pesquisa deverá ser aplicado da mesma forma, contendo os mesmos itens, as mesmas instruções e o mesmo padrão de codificação desses instrumentos.

Quando os pesquisadores vão utilizar uma bateria de instrumentos, ou seja, uma composição de diferentes instrumentos que vão medir diversas variáveis de um mesmo estudo, é importante definir a ordem com que esses instrumentos serão aplicados. Podemos tecer algumas recomendações acerca desse aspecto. Primeiramente é importante definirmos a necessidade de cada instrumento de pesquisa, isso porque o fato de submetermos um participante a uma pesquisa que tem muitos instrumentos a serem respondidos pode fazer com que esse participante se canse ao longo do processo de coleta, respondendo com maior atenção aos primeiros instrumentos e podendo responder de maneira mais automatizada aos últimos instrumentos que são apresentados.

O cansaço e a fadiga também podem ser contornados quando apresentamos uma ordem variável dos mesmos instrumentos, a fim de que a fadiga, caso ocorra, não aconteça sempre em relação ao mesmo instrumento, normalmente aquele que é apresentado por último. A quantidade de instrumentos é um aspecto importantíssimo a ser discutido na redação do projeto de pesquisa. Para que possamos estimar a correta quantidade de instrumentos podemos realizar alguns processos de testagem piloto, de modo que o próprio pesquisador e colaboradores possam responder a essa bateria de instrumentos e estimar a quantidade de tempo que ele necessita para responder a todos eles. De posse dessa informação, pode-se fazer algumas alterações, como a exclusão de instrumentos que não sejam tão importantes ou, ainda, substituindo algum instrumento por uma versão abreviada – devidamente validada e com propriedades psicométricas adequadas para a sua utilização. Assim, ao selecionarmos os instrumentos para uma pesquisa, devemos responder às perguntas sumarizadas no Quadro 27

Recomenda-se que uma coleta de dados com instrumentos quantitativos não demore mais do que 30 minutos, tempo estimado no qual a pessoa pode manter um certo nível de concentração e estar alerta em relação aos instrumentos. Obviamente que essa recomendação deve considerar também a faixa etária da população-alvo, as características de escolarização, entre outros aspectos que podem interferir. Caso seja necessário mais tempo para o preenchimento desses instrumentos, recomendamos que a coleta pode ser realizada em duas fases ou em dois dias de aplicação, por exemplo. Mas é desejável que se possa padronizar quais instrumentos serão respondidos em um dia e quais serão aplicados no segundo encontro.

Em coletas por aplicativos também deve-se realizar os mesmos questionamentos. Ao delinear um projeto com idosos, por exemplo, é importante estimar se eles terão acesso à internet, se conseguirão acessar o aplicativo, o tempo de resposta, a visualização das questões, a compreensão das sentenças, entre outros aspectos que deverão ser considerados pelo pesquisador, pelo seu orientador e também pelo grupo de pesquisa.

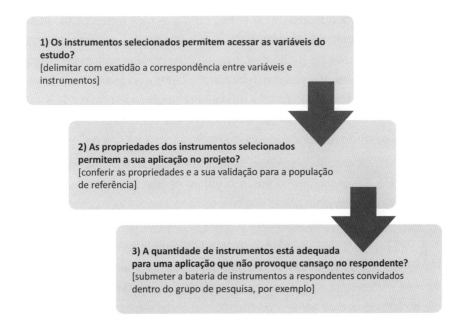

Quadro 27: Perguntas norteadoras para a escolha dos instrumentos em um projeto de pesquisa quantitativo.
Fonte: Autor.

Algumas sugestões podem ser importantes nesse processo, como tentar priorizar instrumentos de medida que sejam aplicados de modo mais simples. Os instrumentos de autopreenchimento são bastante indicados, pois não demandam a presença do pesquisador para fazer a coleta. Para que isso ocorra é necessário que haja as corretas instruções aos participantes para que eles sejam informados acerca dos procedimentos que devem realizar para responder corretamente a todos os instrumentos, sem que pairem dúvidas ao longo do processo – haja vista que o pesquisador não estará presencialmente para solucionar possíveis dificuldades.

Para avaliarmos uma determinada variável do nosso estudo também podemos recorrer a diferentes tipos de testes ou instrumentos. Na medida do possível, devemos sempre optar por instrumentos que possam avaliar suficientemente aquela variável que precisamos e, em um tempo menor, o que pode nos colocar diante da necessidade de escolhermos instrumentos reduzidos que permitam avaliar uma mesma variável que também seria mensurada a partir de um instrumento em uma versão mais extensa.

As versões reduzidas dos instrumentos de pesquisa são empregadas justamente para diminuir a quantidade de tempo para que haja essa coleta. Tais versões reduzidas também são validadas da mesma forma que os instrumentos em sua versão mais ampla, de modo que, mesmo com os itens reduzidos, essa escala permita uma apreensão de um determinado fenômeno assim como a versão mais ampla, de modo que não haverá qualquer prejuízo caso utilizemos a versão reduzida, pelo contrário: poderíamos ampliar a nossa amostra pelo fato de que os participantes poderão responder de modo mais rápido à bateria de instrumentos.

O processo de escolha e seleção de instrumentos deve considerar não apenas o tamanho desses instrumentos e o tempo necessário para respondê-los, mas se eles, de fato, medem aquilo que o pesquisador selecionou como necessário para o seu estudo. Sempre devemos selecionar instrumentos que estejam validados e que possam ser utilizados com segurança no projeto de pesquisa.

Para falarmos da **validade** de um determinado instrumento podemos utilizar três formas tradicionais, segundo Creswell (2010). A **validade de conteúdo** refere-se ao fato de que os conteúdos trazidos no instrumento medem, realmente, aquilo que se propõem a medir. A **validade de constructo** refere-se ao fato de que esses itens medem constructos ou conceitos hipotéticos. E, por fim, existe a **validade preditiva** ou concomitante, que se refere ao fato de avaliarmos se os resultados encontrados nesses itens se correlacionam com outros resultados.

Embora você possa realizar um projeto de pesquisa que preveja, por exemplo, a realização da validação de determinado instrumento, quando vamos construir um projeto de pesquisa quantitativo em que o nosso objetivo não seja realizar essa validação, já devemos selecionar instrumentos que tenham passado por esse processo de validação. Para isso, é importante que sempre acessemos artigos ou estudos que retratem esse processo de validação, de modo a reconhecer que esse instrumento é adequado e que pode ser utilizado com segurança pelo pesquisador, a fim de que possamos confiar nos resultados derivados da utilização desse determinado instrumento em nossa pesquisa.

No caso de utilizarmos instrumentos produzidos no exterior, devemos observar se esse instrumento foi devidamente traduzido para a língua portuguesa, se houve uma avaliação dessa versão traduzida para o português e se também houve a adaptação cultural e validação do instrumento com os dados da tradução para o português. No projeto de pesquisa, na parte metodológica, esses instrumentos deverão ser apresentados em detalhes. Para cada instrumento recomenda-se que haja a descrição de quem foram os seus autores.

Caso vá realizar um projeto de pesquisa sobre a validação de um determinado instrumento para o contexto brasileiro, você deverá descrever, em seu planejamento, diferentes etapas, como, por exemplo: a) tradução do instrumento; b) síntese e consenso das traduções por diferentes profissionais; c) avaliação por comitê de especialistas; d) retrotradução (*back-translation*); e) pré-teste (GUILLEMIN; BOMBARDIER; BEATON, 1993). Como esse processo geralmente é longo, ele é normalmente realizado em uma pesquisa de mestrado ou de doutorado. Mas em um trabalho de conclusão de curso ou de iniciação científica você também pode fazer parte desse processo, de modo que o seu projeto pode ser uma etapa desse processo maior de validação.

No caso de instrumentos produzidos no exterior e validados para o português e para sua utilização no Brasil, recomenda-se mencionar os autores da escala original no exterior, os autores da sua tradução para o português e também os autores que validaram o instrumento para o seu emprego no contexto brasileiro. Deve-se descrever a quantidade de itens de cada instrumento, subescalas existentes e todas as propriedades psicométricas encontradas nos estudos anteriores, por exemplo, no estudo de validação.

Propriedades psicométricas referem-se a aspectos específicos do instrumento e nos permitem conhecer ou reconhecer se ele é adequado para o uso e recomendado por esse tipo de investigação pelo fato de possuir ou atender a critérios considerados importantes em uma pesquisa desse tipo. Quanto melhores os níveis de qualidade desses instrumentos, mais estes são recomendados para sua utilização.

Após a realização do seu estudo, você também poderá realizar alguns cálculos psicométricos para avaliar se esse instrumento também possui qualidades expressivas dentro da amostra do seu estudo. Mas no nível da redação do projeto, que nos interessa particularmente neste livro, você deverá descrever as propriedades psicométricas encontradas em estudos anteriores e que foram também consideradas para que você pudesse selecionar esse instrumento para sua pesquisa.

Também é desejável que os instrumentos sejam anexados ao final do projeto de pesquisa, a fim de que o leitor possa entrar em contato com eles e avaliar se se trata dos melhores para esse tipo de investigação. Isso também é importante, pois algum interlocutor pode não conhecer os instrumentos que você está empregando. De posse deles, esse avaliador terá mais condições de conhecer a sua proposta e também considerar a sua exequibilidade.

Em termos formais, lembre-se de que um instrumento que foi desenvolvido por outros autores constitui um anexo. Para incluí-lo em seu projeto você deve verificar a necessidade de pedir autorização para o autor do instrumento. Caso seja um instrumento desenvolvido pelo próprio pesquisador, este será considerado um apêndice.

No caso de você utilizar um instrumento que seja de uso privativo de alguma classe profissional, a exemplo de alguns testes psicológicos, no caso de ser psicólogo ou ser supervisionado por um psicólogo que possa controlar essa aplicação, sugere-se que nos anexos seja mencionado que tais instrumentos, por serem de uso privativo, não serão anexados. Esse cuidado se faz importante, haja vista que diferentes interlocutores podem ter acesso ao projeto, como um professor da disciplina de Metodologia Científica, ou mesmo algum avaliador do comitê de ética em pesquisa que não tenha formação para poder manusear esses instrumentos do ponto de vista legal.

Procedimentos de coleta de dados em projetos quantitativos

Após a detalhada explicação dos instrumentos que serão utilizados no projeto de pesquisa quantitativo, é importante apresentar os procedimentos tanto de coleta quanto de análise de dados. Em termos da coleta, é importante descrever como haverá o recrutamento inicial desses possíveis participantes, favorecendo que o número estabelecido como mínimo para a realização do estudo, como discutido anteriormente neste capítulo, possa ser atingido.

Embora existam diferentes técnicas para o recrutamento de uma determinada população, é importante identificarmos, para a população-alvo daquele projeto de pesquisa, qual é a estratégia mais recomendada, o que poderá nos conduzir a uma maior quantidade de participantes ou à possibilidade de completarmos a coleta mais rapidamente. Assim, poderemos optar por processos de recrutamento presencial ou on-line na medida da sua adequação àquele público.

Em população de universitários, por exemplo, que tenham acesso à internet e ao uso de smartphones, um recrutamento realizado por meio de aplicativos de celular pode se mostrar efetivo. Já com populações que têm menor acesso a esses recursos talvez o recrutamento por meio de informativos em cartazes seja algo considerado um atrativo ou mais adequado. De qualquer forma, o pesquisador deverá estimar e predizer qual será a melhor forma a ser adotada para fazer esse recrutamento em função das características do seu público. Nesse processo, o seu orientador pode ajudá-lo a pensar sobre as estratégias mais adequadas, haja vista a sua experiência.

Assim que houver o recrutamento dos participantes e a identificação dos potenciais voluntários, o pesquisador deverá descrever como serão aplicados os critérios de inclusão e de exclusão para a composição da amostra. Definidos os participantes que estarão encaixados nos critérios de inclusão para a pesquisa, deve-se explicitar como haverá a coleta de dados. Será uma coleta on-line ou uma coleta presencial? No caso de uma coleta presencial, quem fará a aplicação dos instrumentos? No caso de uma aplicação on-line, como haverá o recolhimento dos dados e o seu armazenamento? Quem montará a interface da pesquisa?

Esses aspectos precisam ser devidamente detalhados no projeto de pesquisa, lembrando sempre que pode haver vieses em qualquer estratégia utilizada para coleta de dados, cabendo ao pesquisador refletir sobre ela e se antever para que a mesma possa ser estimada com tranquilidade e ocorrer de maneira segura e que possa ser controlada por esse pesquisador. Em uma pesquisa quantitativa podemos ter um grande grau de controle dessas variáveis e dos eventos que poderão ocorrer durante a coleta de dados. Como não é possível que esses vieses simplesmente não ocorram, é importante que o pesquisador saiba ou esteja preparado para discorrer a respeito desses efeitos, estimando a sua importância ou podendo contorná-los. No próprio projeto de pesquisa pode haver a explicitação de algum viés já planejado e uma forma de contornar os seus possíveis efeitos.

Após a aplicação dos instrumentos é importante descrever como esses dados serão armazenados e codificados. Eles podem ser armazenados em softwares ou mesmo em planilhas. Para a codificação é importante conhecer como cada instrumento deve ser codificado, segundo as recomendações publicadas pelos seus autores, pois normalmente há critérios específicos para cada escala em termos da correção dos dados.

Esse processo de codificação ou de correção do instrumento deve ser apresentado ao leitor do projeto no momento da descrição dos instrumentos e das escalas utilizadas no item do método. Quando o pesquisador explicita como pode ocorrer essa correção ou essa codificação, o interlocutor terá acesso a como poderá também replicar essa correção ou essa aplicação caso seja do seu interesse. Reforça-se a necessidade de que haja a maior padronização possível nesse percurso, uma vez que o projeto de pesquisa quantitativo se compromete com um alto nível de objetividade e de controle dessas variáveis.

Corrigidos e quantificados os instrumentos em um determinado repositório ou planilha, o pesquisador passará à descrição de como ocorrerão a análise e a interpretação dos resultados. Retomando que se trata da redação de um projeto de pesquisa, aqui haverá a descrição do que se planeja em termos analíticos. Obviamente que alguns aspectos poderão ser alterados em função do desenvolvimento da pesquisa e das características da amostra, como a distribuição dos dados, conforme abordaremos a seguir.

Procedimentos de análise de dados em estudos quantitativos

A análise dos dados é uma parte fundamental tanto para que possamos compreender os resultados de um determinado estudo, quando estamos lendo o seu relatório final, quanto para compreendermos, em um projeto de pesquisa, o itinerário que se pretende percorrer para a realização das análises que, no futuro, darão origem à compreensão dos dados. Quando verificamos a adequação de uma determinada forma de análise descrita no projeto, precisamos ter em mente a sua pertinência e coerência em relação aos instrumentos empregados e também como forma de permitirem o alcance dos objetivos delineados.

Um aspecto muito importante quando formos realizar a codificação dos instrumentos é saber quais serão as variáveis extraídas desses instrumentos. O mesmo instrumento pode permitir que tenhamos diferentes variáveis, por exemplo, a DASS-21, que é um instrumento de aplicação breve, de autopreenchimento e que mensura variáveis relativas a sintomas de estresse, depressão e ansiedade. A *Depression, Anxiety and Stress Scale – Short Form* (DASS-21) foi desenvolvida por Lovibond e Lovibond (1995) com o intuito de medir e diferenciar a depressão e a ansiedade. Por meio dela, o participante responde o grau em que vivenciou os sintomas descritos nos itens na última semana. Em sua versão original há 42 itens, já sua versão breve e validada para investigações com adolescentes contém 21 itens, sendo que ambas são medidas válidas e confiáveis para a investigação das variáveis de depressão, de ansiedade e de estresse (PATIAS; MACHADO; BANDEIRA; DELL'AGLIO, 2016).

Assim, com a aplicação desse instrumento, você terá três variáveis para serem avaliadas no seu estudo. Você pode utilizar essas três variáveis se elas tiverem a ver com os objetivos propostos ou então utilizar apenas uma ou duas delas. Desse modo, para cada instrumento, é importante que você tenha uma organização acerca dessas variáveis, a fim de que possa estabelecer o modo como tais elementos serão posteriormente empregados na análise.

Para definir as variáveis também é importante que você esteja atento às suas características, ou seja, essas variáveis podem ser contínuas ou categóricas. No exemplo que acabamos de mencionar, trata-se de **variáveis contínuas**, ou seja, os resultados de cada variável são expressos em um *continuum* que vai de um determinado valor até outro valor. Já uma **variável categórica** é fechada, por exemplo, quando consideramos a variável sexo ou então a classificação socioeconômica em termos de categorias, como A, B, C etc. Esse é um aspecto bastante importante que você tem que verificar para compreender as variáveis do seu estudo.

Para realizar as análises do seu estudo você também precisa saber que tipo de percurso metodológico irá percorrer. Você pode realizar uma **análise descritiva** dos dados, o que envolve procedimentos tais como calcular as médias, os desvios-padrão e as frequências de determinadas variáveis. Uma análise descritiva, embora possa ser bastante útil, possui um alcance limitado, pois ela apenas vai descrever aquilo que está acontecendo sem que seja possível analisarmos as implicações dessas variáveis, o modo como cada uma pode estar afetando a outra ou mesmo em termos de quais outras variáveis poderiam estar associadas a esses fenômenos.

Outra análise bastante utilizada em pesquisas quantitativas refere-se aos **estudos correlacionais ou de associações**. Nesses estudos conseguimos compreender as associações entre uma ou mais variáveis, a fim de que possamos estabelecer algumas relações como: à medida que uma variável aumenta a outra pode diminuir, quando uma variável aumenta a outra também aumenta, entre outras, estabelecendo relações entre elas.

A partir das associações encontradas podemos estabelecer estudos preditivos, ou seja, a fim de que possamos compreender quais variáveis podem estar mais relacionadas à produção de um determinado fenômeno. Quando queremos descobrir quais são as variáveis associadas à produção de um fenômeno, esse evento passa a ser a variável "desfecho", ou seja, o resultado que destacamos como importante de ser descoberto. As demais variáveis são compreendidas como aquelas que poderiam estar associadas ou envolvidas direta ou indiretamente na produção daquele determinado fenômeno. Assim, a partir de modelos preditivos, podemos compreender quais são as variáveis que têm maior poder de explicação daquele fenômeno descrito enquanto variável "desfecho".

Em um estudo que utilize as variáveis de ansiedade, depressão e estresse, a exemplo da escala descrita anteriormente, a literatura tem produzido evidências de que tais sintomas estão relacionados entre si, mas podemos nos questionar, por exemplo, quais variáveis estariam mais associadas ao nível de estresse de um indivíduo. A partir das relações encontradas anteriormente podemos supor, por exemplo, que o nível de estresse está positivamente associado a níveis maiores de ansiedade e de depressão, bem como a variáveis sociodemográficas.

Ao estabelecermos um modelo preditivo podemos prever qual dessas variáveis relacionadas a esse fenômeno possui maior poder de explicação do nível de estresse desse indivíduo. Assim, por exemplo, os aspectos relacionados à classificação socioeconômica podem até ter mais poder de influência do que outros sintomas psicopatológicos, o que deverá ser compreendido e interpretado pelo pesquisador, posteriormente, em função do modelo teórico construído ou em função do referencial teórico que foi levantado por meio de revisão de literatura científica. Para a redação do projeto de pesquisa é importante que o pesquisador descreva quais testes serão empregados para realizar a ação desses cálculos, por exemplo, o teste de correlação (como os de Pearson ou de Spearman) e também o teste de predição.

Há outros modelos que podemos estabelecer também, a exemplo da comparação entre grupos, a fim de evidenciar se há diferenças entre eles e se tais diferenças são significativas a ponto de constituir em uma variável que deve ser explorada com mais atenção pelo pesquisador. Para uma comparação entre grupos considerando uma ou mais variáveis, por exemplo, podemos utilizar testes como os de variância e também de covariância. Quando vamos avaliar a associação entre grupos podemos escolher o teste estatístico chamado Qui-quadrado, quando há uma distribuição não normal (CRESWELL, 2010). Outros testes que podem ser empregados para a realização de comparações entre grupos são o *t* de Student para amostras emparelhadas e também o seu correspondente não paramétrico, o teste de Wilcoxon. Antes de definirmos esses testes estatísticos temos que verificar a distribuição da pontuação desses instrumentos, que pode ser normal ou não normal.

Usando os testes estatísticos em função dos objetivos apregoados anteriormente, o pesquisador precisa prever no projeto como esses resultados serão interpretados. Não basta afirmar que haverá uma interpretação a partir dos resultados estatísticos, pois isso envolve uma interpretação com uma compreensão numérica do evento ou do fenômeno. Assim, em termos estatísticos, podemos analisar a força da grandeza das relações estabelecidas pelas variáveis, o poder explicativo de determinadas variáveis, bem como os modelos que melhor podem explicar um determinado fenômeno. Mas o modo como poderemos compreender esses achados não passará apenas pelos critérios quantitativos, o que evidencia a necessidade do referencial teórico, notadamente se o projeto se situar em um campo aplicado.

Assim, após essa compreensão mais quantitativa, é importante que os resultados possam ser apreciados por um viés teórico, normalmente fundamentado na teoria que serviu de norte para construção do projeto ou mesmo a partir dos dados obtidos com a revisão de literatura que constituiu o referencial teórico do projeto de pesquisa. Ao avaliarmos associações entre dois fenômenos, por exemplo, em termos de saúde mental, podemos destacar que uma correlação de 0.30 é uma associação de mediana grandeza. No entanto, essa afirmação diz respeito a uma análise de medidas, sendo importante que possamos compreender esse fenômeno a partir do referencial teórico, ou seja, que se refere propriamente ao fenômeno em tela ou aos eventos que pretendemos compreender a partir dessas relações.

Para a escrita do projeto, portanto, temos que descrever quais os testes serão empregados, bem como a forma de interpretar os resultados. Nem sempre podemos estabelecer quais testes serão utilizados previamente, haja vista que a maioria deles será escolhida ou selecionada em função da distribuição dos dados, que pode ser normal ou não normal. Essa distribuição só poderá ser conhecida depois que o estudo for realizado, ou seja, não pode ser previamente conhecida no nível de redação do projeto. A instrução que podemos fornecer nesse sentido é destacar quais são as possibilidades: caso os dados assumam uma distribuição normal, serão utilizados determinados testes e, caso eles não a assumam, serão empregados outros testes. Essas duas possibilidades devem ser descritas no projeto de pesquisa.

Após a redação dos procedimentos de coleta e análise de dados no projeto de pesquisa quantitativa, o pesquisador deve descrever as **considerações éticas**, assim como realizado em todo tipo de pesquisa que envolve seres humanos. É muito importante que o pesquisador esteja familiarizado com a metodologia que será empregada nesse tipo de estudo. Assim, recomenda-se que possa cursar disciplinas específicas que forneçam treinamento para esse tipo de análise, bem como participe de grupos de pesquisa ou de orientações pontuais que permitam ao aluno entrar em contato com esse universo quantitativo, haja vista que as disciplinas de construção de projetos de pesquisa nas graduações das ciências da saúde geralmente trazem técnicas mais gerais e abrem algumas possibilidades de compreensão ou interpretação desses resultados, não havendo um adensamento maior em cada uma das técnicas que podem ser desenvolvidas.

Se estiver cursando uma pós-graduação, ampliam-se as possibilidades de disciplinas que foquem nesses métodos específicos, de modo que você pode se matricular em componentes específicos que o ajudem a realizar a escrita do projeto e também posteriormente a análise desses resultados. Assim como será trabalhado no Capítulo 11, que trata da pesquisa qualitativa, é importante que qualquer que seja a sua escolha de projeto, se quantitativo ou qualitativo, que tal opção possa estar alinhada ao fenômeno que você pretende investigar, mas que também seja coerente com o seu percurso de investigador e estar próxima dos seus objetivos de formação em pesquisa e suas competências.

Tanto em um delineamento como em outro você precisará estudar bastante e se aprofundar, de modo que deve fazer opções que possam ser manejadas por você ao longo da sua formação e ser assumidas enquanto um compromisso na realização da pesquisa. É importante retomar que o processo analítico depende do aluno a partir das orientações de seu professor, de seu orientador. Embora algumas fases sejam mais complexas e demandem maior participação do orientador, o processo analítico tem que ser conduzido com a ajuda do orientador e não exclusivamente por ele, a fim de que o pesquisador possa, de fato, formar-se em pesquisa.

Na fase de redação do projeto, essa participação do orientador também pode ser muito importante, pois o pesquisador em formação pode ainda não reunir todas as competências necessárias para o estabelecimento dessas relações e escolha dos testes estatísticos a serem utilizados. Recomendamos que a escolha desses processos e desses procedimentos seja realizada na parceria entre pesquisador e orientador, de forma que o seu professor, por ter mais experiência com esses métodos e com o fenômeno que pretende analisar, possa oferecer orientações seguras e que o ajudem a ter maior maturidade em relação a essa fase da sua formação e na consequente escrita do projeto de pesquisa.

Ao final deste capítulo traremos alguns exercícios reflexivos que ajudarão a todos no delineamento de uma proposta de estudo quantitativo. Caso você vá realizar um projeto de pesquisa quantitativo é necessário que se dedique com bastante afinco a este capítulo e a estes exercícios. Caso você vá realizar um estudo qualitativo, estes exercícios também se mostram relevantes, haja vista que a formação do pesquisador não deve se restringir a um método único ou a um delineamento em específico.

Reflexões sobre o Capítulo 10

1. Tendo como referência o seu tema de pesquisa, o seu público-alvo e os objetivos do seu projeto de pesquisa, busque na literatura científica (ou seja, em bases de dados) algum instrumento que seja capaz de mensurar esse fenômeno. Quais são os aspectos positivos e negativos desse instrumento?

> Para refletir melhor: Neste momento você não precisa selecionar um instrumento que necessariamente pretende empregar em seu tema. É apenas um exercício e qualquer instrumento a respeito do seu projeto pode ser selecionado. Tente procurar um instrumento em língua portuguesa e já validado. Quais os objetivos desse instrumento? O que ele se propõe a medir? Analisando os itens que o compõem, você acha que eles são adequados para a exploração desse fenômeno? Ele pode ser aplicado a qual faixa etária? Quais os possíveis vieses que você pode pensar a partir da aplicação desse instrumento? Tente fazer essas reflexões ainda de modo bem aberto, exploratório. O mais importante, aqui, é você explorar bastante esse instrumento, conhecê-lo. Você também deverá fazer um exercício semelhante quando for selecionar os instrumentos que, de fato, serão usados em seu projeto de pesquisa. Caso você vá realizar um projeto qualitativo, tente escolher um instrumento que trate do seu fenômeno de estudo para fazer este exercício.

2. A partir do instrumento selecionado para o exercício anterior, descreva as principais características desse instrumento, tal como se estivesse escrevendo a apresentação desse instrumento no seu projeto de pesquisa.

> Para refletir melhor: Entre as informações que você pode listar, destacamos: a) autores do instrumento original; b) país em que o instrumento foi desenvolvido; c) autores da versão traduzida e validada; d) número de itens – na versão original e na versão traduzida e validada; e) informação sobre possíveis subescalas ou partes que compõem o instrumento; f) propriedades psicométricas da escala; g) recomendações para a aplicação; h) recomendações para a codificação; i) recomendações para a análise.

CAPÍTULO 11

RECOMENDAÇÕES PARA A CONSTRUÇÃO DE PROJETO DE PESQUISA QUALITATIVO

Objetivo do capítulo:
- ✓ Apresentar recomendações básicas para a elaboração de projetos de pesquisa de caráter qualitativo.

O que abordaremos neste capítulo?
- ✓ Vamos apresentar os principais tipos de estudos qualitativos desenvolvidos nas ciências da saúde e suas características básicas.
- ✓ Vamos compartilhar dicas e orientações para a elaboração desse tipo de projeto em termos dos elementos fundamentais que devem ser minimamente cotejados em sua escrita.
- ✓ Vamos conhecer os principais cuidados que devemos ter com a explicitação de um método de pesquisa qualitativo e os pontos que devem ser detalhados para a melhor compreensão por parte do nosso interlocutor.
- ✓ Também vamos explorar os critérios de qualidade nesse tipo de projeto, trazendo reflexões teóricas importantes para o delineamento adequado de uma proposta qualitativa.
- ✓ Ao final deste capítulo serão apresentados exercícios reflexivos para solidificar a aprendizagem desses conteúdos.

Capítulo 11

Recomendações para a construção de projeto de pesquisa qualitativo

Este capítulo tem como meta contribuir para que pesquisadores possam desenvolver estudos de caráter qualitativo com maior segurança e propriedade. Por muito tempo, a pesquisa qualitativa foi negligenciada ou assumida como sendo uma investigação de caráter inferior aos estudos que envolviam algum grau de quantificação ou até mesmo em relação aos estudos quantitativos puros. Muitas reservas em relação aos estudos qualitativos se deram em função de esses estudos considerarem a "subjetividade" dos pesquisadores e também dos participantes.

Aqui a subjetividade será compreendida não como um viés, mas como uma condição para a pesquisa qualitativa, recuperando não apenas os aspectos intrapsíquicos desse conceito, mas, fundamentalmente, seus elementos sociais, coletivos, de modo que não seria possível, a um pesquisador, isolar-se de sua subjetividade justamente por esse conceito atravessar e compor todos os passos de uma pesquisa, quer seja qualitativa ou quantitativa. Essa definição de subjetividade, apoiada na Psicologia histórico-cultural (GONZÁLEZ REY, 1999), garante à pesquisa que se sustenta nessa condição a possibilidade de ultrapassar os limites individuais, adensando também a complexidade de qualquer projeto. No caso da pesquisa qualitativa, o diferencial estaria, portanto, em abrir-se a essa condição e, de fato, corporificá-la no pesquisar.

A partir de um olhar mais positivista e também sustentado no paradigma biomédico de produção do conhecimento científico, tanto as definições de subjetividade quanto a sua mensuração tornaram-se aspectos complexos de serem realizados e, portanto, acabaram por inviabilizar o investimento na pesquisa qualitativa. Deve-se destacar que a pesquisa qualitativa não se propõe a isentar o pesquisador ou isolar o participante em termos da sua subjetividade ou dos elementos que possam emergir durante a produção do estudo.

Pelo contrário, a pesquisa qualitativa se interessa por esses elementos e compreende que eles são importantes para que esses dados sejam considerados e compreendidos à guisa de um determinado referencial teórico. Assim, a subjetividade é uma condição da pesquisa qualitativa, de modo que esse tipo de estudo pode receber a acepção de pesquisa "subjetiva", embora tenhamos que sempre nos posicionar quanto ao que compreendemos por subjetivo, como realizamos no início deste capítulo. O termo "subjetivo", nesse sentido, tem que ser compreendido dentro de um determinado posicionamento epistemológico e não como sinônimo de algo menor, com menos controle, com menos rigor e que, por extensão, não possui credibilidade. É para desconstruir esse tipo de afirmação que também circula em alguns meios acadêmicos, sobretudo das ciências consideradas mais duras, que este capítulo foi construído.

No que pese a evolução dos estudos qualitativos ao longo do tempo, vemos que cada vez mais estes são valorizados, reconhecidos e encontram veículos de divulgação apropriados que não apenas compreendem suas especificidades como consideram que tais produções são de suma relevância para a produção e o avanço do conhecimento científico nacional e internacional (FLICK, 2009a; 2009b; 2009c; GIBBS, 2009; CLARK; THOMPSON, 2016). Para tanto, adensar a discussão acerca da qualidade desses estudos é fundamental (GUNTHER, 2006; KITTO; CHESTERS; GRBICH, 2008; PATIAS; HOHENDORFF, 2019), o que será abordado no presente capítulo. Além do protocolo que apresentaremos em detalhes neste livro, recomendamos também a leitura do artigo de Levitt et al. (2018) que apresenta orientações para a escrita de artigos que relatam a pesquisa com métodos qualitativos, metanálises qualitativas e métodos mistos em Psicologia, o que pode nortear também a redação de projetos de pesquisa que tomem por base esses métodos.

A pesquisa qualitativa

Mas o que pode ser a pesquisa qualitativa, então, que não apenas uma pesquisa que considera a subjetividade do pesquisador, em menção ao que é trazido no senso comum da ciência? Uma importante definição de estudo qualitativo é apresentada por Creswell (2010, p. 26):

> a pesquisa qualitativa é um meio para explorar e para entender o significado que os indivíduos ou os grupos atribuem a um problema social ou humano. O processo de pesquisa envolve as questões e os procedimentos que emergem, os dados tipicamente coletados no ambiente

do participante. A análise dos dados é indutivamente construída a partir das particularidades para os temas gerais e as interpretações feitas pelo pesquisador acerca do significado dos dados. O relatório final escrito tem uma estrutura flexível. Aqueles que se envolvem nessa forma de investigação apoiam uma maneira de encarar a pesquisa que honra um estilo indutivo, um foco no significado individual e na importância da interpretação da complexidade de uma situação.

Importantes sentidos podem ser identificados nessa definição. Um deles é o que se refere ao fato de que a pesquisa qualitativa **privilegia os significados** construídos pelo participante e pelas suas experiências, de modo que é inevitável que essa apreensão envolva tanto a subjetividade de quem participa quanto a de quem analisa esses dados. Outro aspecto importante refere-se à **abertura para as particularidades** trazidas por esses participantes, de modo que esse tipo de pesquisa se interessa por essas nuanças e não pela necessidade de uniformização dos discursos, como se as percepções tivessem que ser homogeneizadas para constituir uma determinada inteligibilidade.

Costumo iniciar o meu diálogo sobre pesquisa qualitativa com meus alunos de graduação e de pós-graduação tentando desconstruir alguns aspectos que são produzidos e reproduzidos de maneira inadequada acerca desse tipo de pesquisa. Assim, o estudo qualitativo não é um estudo inferior ao estudo quantitativo (GUNTHER, 2006), assim como não representa um estudo que é realizado sem critérios ou sem argumentos rígidos. Como veremos no presente capítulo, há protocolos que recomendam determinados parâmetros para a construção de um projeto de pesquisa ou de um estudo de pesquisa de caráter qualitativo e que oferecem a essas produções uma baliza para que pesquisadores possam desenvolver seus estudos de maneira adequada, organizada e que possa dialogar com a produção científica de todas as partes do mundo.

Em uma área majoritariamente composta por estudos que envolvem delineamentos mais robustos em termos da produção de evidências científicas – o que deve ser compreendido como um avanço em termos de produção do conhecimento, bem como para o desenvolvimento de práticas que promovem transformações e aquisições inequívocas –, a pesquisa qualitativa nas ciências da saúde pode ser considerada uma prática de resistência. Essa resistência ocorre no sentido de oferecer um fazer em pesquisa que se constitui como uma recusa a um posicionamento exclusivamente calcado na lógica das evidências – já valorizadas e compartilhadas como um marcador de qualidade e de validade –, possibilitando a emergência de novas possibilidades de leitura dos diversos fenômenos que também compõem o humano.

Por essa razão, reforça-se a necessidade de que os manuais de pesquisa também possam apresentar a pesquisa qualitativa de um modo que ultrapasse a sua contraposição a modelos quantitativos e predominantes, mas mantendo uma inteligibilidade específica, acessível apenas quando podemos lançar mão de estratégias que visem não a uniformização e a padronização, mas justamente a possibilidade de convivência com a diferença, com a dissonância, com a diversidade. Talvez esse seja um paradigma possível para descrevermos, de modo mais contundente, a importância desse tipo de método, sobretudo em um campo no qual esses saberes tangenciam o que se compreende, de fato, por ciência e por método.

Recomendações iniciais para a escrita do projeto qualitativo

Antes de apresentar esse protocolo e os parâmetros utilizados na pesquisa qualitativa é importante que o pesquisador que se propõe a desenvolver esse tipo de pesquisa possa estar alinhado ao referencial teórico que embasa a sua proposta. Se o pesquisador pretende realizar um estudo qualitativo é importante que adote desde o início critérios qualitativos para execução da proposta, ou seja, que não se baseie em normas e critérios que são empregados em outros tipos de delineamento.

Com isso queremos dizer que um estudo qualitativo deve ser construído e avaliado a partir de critérios adaptados para uma pesquisa qualitativa e não empregando balizas externas a esse tipo de estudo. Quando empregamos balizas externas para tratar dos estudos qualitativos acabamos por subjugá-lo e por compreendê-lo como um estudo que possui menos potencialidades em comparação com outros tipos de delineamento, o que constitui um grande equívoco.

A recomendação inicial para esse tipo de projeto é que haja uma coerência do início até o fim do projeto, ou seja, os pressupostos de um projeto qualitativo precisam ser igualmente qualitativos, assim como a justificativa de um estudo qualitativo e seus objetivos devem conter ações e proposições que sejam adequadas a um processo qualitativo de investigação e que sejam passíveis de execução por meio de um desenho qualitativo. Além disso, o método empregado deve ser qualitativo e não ser construído a partir de métricas empregadas em outros tipos de delineamento, a exemplo do que observamos comumente nos métodos quantitativos, considerados o crivo de comparação ao qual as pesquisas qualitativas muitas vezes são submetidas. Este livro, portanto, destaca a necessidade de que a pesquisa qualitativa e o projeto que emprega o método qualitativo sejam elaborados a partir de crivos específicos e adaptados ao conhecimento que se propõe e ao que se concebe como sendo conhecimento, inclusive.

Para além da construção do projeto de pesquisa e considerando a produção posterior do estudo derivado desse projeto, é importante que a descrição dos resultados e a análise realizada sejam orientadas também por pressupostos qualitativos. Na prática, isso equivale a considerar que todo projeto de pesquisa deve ter uma coerência interna, o que também se aplica a um projeto qualitativo.

Assim como em todo tipo de projeto, a proposta qualitativa também deve apresentar uma introdução na qual haja a identificação do problema, a revisão de literatura que embasa a construção desse problema, bem como uma leitura do pesquisador acerca das evidências disponíveis nas publicações recentes da área, devendo o projeto de pesquisa dialogar diretamente com o seu contexto de produção, com as lacunas e com as necessidades de novos estudos deflagradas na literatura científica.

Uma atenção importante deve ser dada à construção do objetivo geral da pesquisa e dos objetivos específicos. Assim como descrevemos no capítulo relativo às orientações para construção dos objetivos de pesquisa quantitativa, é de suma importância que os estudos qualitativos tenham objetivos que empreguem uma nomenclatura próxima ou compatível com um estudo qualitativo, ou seja, que esse objetivo seja palatável, próprio para uma proposta qualitativa.

Quando selecionamos o verbo que será empregado para redação do objetivo devemos estar atentos ao que é coerente com a proposta qualitativa. Não podemos elencar como objetivo de um projeto qualitativo, por exemplo, a tentativa de mensurar, de correlacionar ou de avaliar determinados impactos ou até mesmo os efeitos de uma variável em outra. Esses objetivos ou essas ações são compatíveis com outras propostas metodológicas e não são próprios de um projeto de pesquisa qualitativo. A partir de um estudo qualitativo não podemos controlar variáveis e verificar impactos de determinados desfechos, por exemplo. O método de pesquisa qualitativo deve ser produzido tendo como norteadores os critérios de uma pesquisa qualitativa, o que pode parecer bastante óbvio a partir de uma primeira leitura, mas também se mostra complexo quando tentamos operacionalizar esse intento.

Em nosso contexto, sobretudo no campo das ciências da saúde, ainda somos orientados por pressupostos positivistas, estamos submetidos à vigência de um modelo biomédico ainda fortemente marcado que atravessa também o modo de pensar a pesquisa e de registrá-la. Assim, pode ser comum encontrarmos estudos qualitativos que pareçam responder a métricas de estudos quantitativos, a fim de que possam ser compreendidos por uma quantidade maior de interlocutores nesse campo do conhecimento, ou seja, das ciências da saúde.

Um exemplo disso é quando submetemos um projeto de pesquisa à Plataforma Brasil, interface que permite a avaliação dos projetos de pesquisa por um comitê de ética de referência, como apresentado no Capítulo 9. Nessa plataforma encontramos campos que devem ser preenchidos pelo pesquisador e que, muitas vezes, fazem referência a um tipo específico de pesquisa que é mais predominante ou que é compreendido como mais legítimo em nosso meio acadêmico. Solicita-se que o pesquisador apresente hipóteses, bem como desfechos primário e secundário do seu projeto de pesquisa.

Em muitas pesquisas de cunho qualitativo a ideia de uma construção de hipótese simplesmente não é compatível, haja vista que uma pesquisa qualitativa não se propõe a testar hipóteses, a rejeitar ou comprovar essas suposições, uma vez que não há evidências robustas possíveis a partir de um projeto qualitativo. Para que um projeto qualitativo possa tramitar dentro de um sistema que é reconhecidamente universal no contexto brasileiro, o pesquisador acaba tendo que fazer ajustes para que seu projeto qualitativo possa ser submetido e apreciado por um comitê de ética, ainda que essas definições acabem por desconstruir a lógica qualitativa. Por essa razão, vemos que existe um predomínio dos estudos quantitativos ou uma valorização desse tipo de pesquisa. Isso pode comprometer diretamente a produção de estudos qualitativos que, de fato, possam agregar conhecimentos e contribuir para a construção de novos paradigmas de pesquisa.

Estratégias para a pesquisa qualitativa

Entre as estratégias qualitativas que podem ser descritas nos projetos de pesquisa destacam-se diversas possibilidades, como a **etnografia**. A etnografia pressupõe a presença do pesquisador em campo estudando aquele cenário durante um tempo relativamente prolongado, a fim de que se possa compreender os padrões de comportamento, as repetições desses comportamentos e de que modo os costumes são produzidos e repetidos para a sua perpetuação.

Nesse processo é fundamental que o pesquisador esteja disposto a compreender formas de organização que sejam relativamente ou, por vezes, diametralmente opostas àquelas com as quais ele está acostumado em seu cotidiano. Ele deve estar atento a todos os aspectos observáveis, buscando apreender os comportamentos, as reações e as afetividades de maneira aberta ao novo. Também é importante e fundamental nesse percurso que ele possa fazer registros em diários de campo, espaços nos quais não apenas haverá a descrição daquilo que observou, mas também as suas reflexões e o cotejamento desses comportamentos com aqueles que são mais próximos ou palatáveis.

Muitas conclusões importantes na pesquisa etnográfica nascem desse lugar de compreensão analítica, o que não significa estabelecer comparações entre universos que muitas vezes não são comparáveis ou equiparáveis, mas justamente propor inteligibilidades, sendo que essas interatividades emergem exatamente daquilo que se conhece como real. Uma postura que deve ser sempre evitada pelo pesquisador é a de justamente eleger o seu referencial como o mais adequado, ou seja, deve-se evitar a postura etnocêntrica.

Na redação de um projeto de pesquisa que utilize a etnografia é importante que o pesquisador possa explicitar como ocorrerá essa etnografia, como haverá seu registro e como se pretende realizar a interpretação dessas observações. O tempo de observação e as condições para que as mesmas aconteçam nem sempre podem ser exatamente descritos ou planejados em um projeto de pesquisa, mas é importante que o pesquisador tente ao máximo explicar a seu interlocutor as condições que permearam a coleta de dados em função dos objetivos apregoados anteriormente.

Quando se pretende realizar uma pesquisa com povos indígenas, por exemplo, pode-se apresentar em linhas gerais o que se pretende fazer, mas muitas condições e variáveis poderão incidir, alterando os planos apresentados no projeto. O pesquisador deve se manter com uma postura suficientemente aberta para que esse campo possa lhe comunicar tais condições e as necessidades de ajuste de itinerários, estratégias e até mesmo de foco de análise. Esse tipo de reflexão é bastante comum em pesquisas de caráter etnopsicológico (MACEDO; BAIRRÃO; MESTRINER; MESTRINER JÚNIOR, 2011; TIVERON, 2018). Assim, é importante fazer esse tipo de consideração na explicitação do método do projeto qualitativo.

Também há que se reconhecer que, nesse tipo de pesquisa, o pesquisador vai se orientando, no fazer da coleta e produção dos dados, pelo que o seu campo vai acenando, pelo que os sujeitos em interação vão sinalizando. Assim, pode-se dizer que é impossível planejar totalmente uma investigação sem ouvir, de fato, esse campo. O que poderia ser associado a uma limitação é assumido pela pesquisa qualitativa também como uma condição – assim, o projeto pode expor como o planejamento foi realizado, mas deve prever a possibilidade de que mudanças sejam realizadas em função da própria audição do campo, que não apenas direciona a coleta como a análise. Essa consideração só é possível dentro do paradigma qualitativo.

Outras estratégias empregadas na pesquisa qualitativa referem-se aos **estudos de caso** em que há uma exploração mais detida de uma determinada realidade de um determinado evento, de um indivíduo ou de um grupo de indivíduos. Esses elementos formam a base para interpretação acerca de um fenômeno que se pretende analisar, sendo um pressuposto que esses marcadores sejam diferentes daqueles que possam ser observados em outros contextos. Em outras palavras, para que um estudo de caso se constitua enquanto tal é importante que ele ofereça aspectos que não podem ser fornecidos por outros elementos ou cenários. É preciso, pois, que haja um diferencial para que esses casos se constituam em um aspecto particular a ser observado e estudado em profundidade.

Outra estratégia utilizada na pesquisa qualitativa é a de caráter **fenomenológico**. Aqui não estamos nos referindo à fenomenologia enquanto uma teoria ou uma abordagem psicológica, mas à fenomenologia enquanto método. A fenomenologia enquanto método pressupõe a busca pela compreensão da essência das experiências humanas relativas a um determinado fenômeno, tal como se apresenta aos participantes de uma pesquisa. Para que isso ocorra o pesquisador deve se despir das suas preconcepções para compreender como aquelas experiências dos participantes podem produzir significados específicos e que serão fonte de análise para compreensão de um determinado fenômeno maior.

Outro tipo de estudo qualitativo é a chamada pesquisa **narrativa**, que envolve, por exemplo, estratégias como a história oral de vida. A **técnica da história oral de vida** é derivada da história e pressupõe que, a partir da história narrada pelo sujeito, é possível compreendermos não apenas aspectos daquela história em específico, mas também de eventos e elementos que atravessam a sua narrativa de vida. Vamos a um exemplo: ao estudarmos as histórias de vida de pessoas engajadas em relacionamentos amorosos de longa duração podemos apreender sentidos não apenas em relação ao casamento, mas também ao papel da mulher, às relações entre gêneros, à produção do machismo e também como o casamento emerge enquanto fenômeno social que ora se abre à reinvenção e ora se coloca à disposição para a manutenção de valores tradicionais (SCORSOLINI-COMIN; ALVES-SILVA; SANTOS, 2018).

No Brasil, a história oral pode ser considerada uma metodologia de pesquisa de tradição histórica. Para compreender mais a fundo o que é a história oral e diferenciá-la da noção de entrevista, amplamente utilizada nas ciências humanas e também na saúde, Meihy (2006) propõe uma sequência de conceitos que devem orientar o trabalho dos oralistas, ou seja, daqueles pesquisadores em história oral. Basicamente, essa técnica consiste em solicitar ao respondente que descreva, com as suas próprias palavras e do modo como julgar conveniente, a sua história de vida até o momento. Eventualmente, algumas perguntas podem ser feitas, caso o pesquisador fique em dúvida sobre alguma informação prestada ou queira que o voluntário não se distancie muito dos objetivos do estudo. Trata-se de uma técnica livre que visa a investigar de que modo a pessoa constrói explicações e descrições para a própria trajetória, elencando momentos, eventos, situações e relacionamentos que sejam considerados relevantes para a construção da sua identidade.

Segundo Meihy e Holanda (2010), a história oral abarca um conjunto de procedimentos que se iniciam com a elaboração de um projeto, passando pela delimitação de um grupo de pessoas a serem entrevistadas. A sequência de atividades é a seguinte: planejamento da condução das gravações (definindo o tempo, duração, local e demais fatores ambientais); transcrição dos textos; conferência do produto escrito com a gravação; e, sempre que possível, publicação dos resultados, passando primeiramente pelos colaboradores do estudo (participantes).

Mas, entre todas as estratégias utilizadas na pesquisa qualitativa, a que talvez seja mais evocada é a **entrevista**. Existem diferentes tipos de entrevista, desde aquelas em que há um roteiro mais estruturado do que se perguntar para o participante até mesmo aquelas em que há um roteiro mínimo, uma pergunta disparadora. Todas essas entrevistas têm como pressuposto o fato de que podemos compreender um fenômeno tal como ele é narrado pelo sujeito (SCORSOLINI-COMIN, 2016).

Aqui não se trata de avaliar se a narrativa é correta ou equivocada, verídica ou não, mas sim de que ela representa um ponto de vista específico e traz pressupostos que atravessam a produção daquele determinado sentido. Assim, mais do que o conteúdo manifesto da fala é importante que o pesquisador, ao escrever o projeto de pesquisa, possa propor formas de acessar os reais sentidos produzidos por aquele sujeito.

E também a produção do roteiro deve ser orientada tanto teórica quanto metodologicamente. Isso significa que, para propor uma pergunta norteadora, é importante que essa proposta esteja baseada em uma teoria ou abordagem que ofereça suporte para esse tipo de pesquisa especificamente. Já ao propor roteiros mais estruturados, é importante verificar se essas perguntas permitem ao pesquisador responder aos objetivos que foram apresentados anteriormente no texto, no caso, o projeto.

Ainda, é importante mencionar outras estratégias que são comumente empregadas em um estudo de caráter qualitativo, como **documentos** (jornais, revistas, legislações, documentos privados, diários, cartas), **materiais audiovisuais** como fotografias, vídeos, obras de arte e filmes. Independentemente da estratégia utilizada ou do tipo de material a ser coletado é importante no projeto de pesquisa que haja a correta explicitação de como esses elementos serão transformados em códigos ou em aspectos que permitam diretamente a realização de uma análise e como serão efetivamente analisados.

Esse aspecto pode ser exemplificado a partir da entrevista tradicional. Para que uma entrevista, que é um produto oral, possa ser transformada em um código para ser posteriormente analisado é importante que haja a versão dessa oralidade para a linguagem escrita. Assim, para se tornar analisável, a entrevista deve ser transcrita. Do mesmo modo, outros tipos de registros deverão também ser transcritos ou então deve-se pressupor o modo como eles serão apresentados para a análise, quer seja por meio de ilustrações ou então por meio de descrições acerca deles.

Critérios de qualidade para a pesquisa qualitativa

A fim de produzirmos um estudo de caráter qualitativo que respeite rígidos critérios de produção e de veiculação, costumamos indicar que todo projeto de pesquisa qualitativo esteja baseado em algum protocolo de pesquisa, a fim de garantir a sua qualidade (FLICK, 2009c). Um dos protocolos mais utilizados no mundo para realização desses estudos qualitativos é o **COREQ – Consolidated Criteria for Reporting Qualitative Research**, desenvolvido por Tong, Sainsbury e Craig (2007).

Esse protocolo é composto por um *check-list* de 32 itens que devem ser verificados pelos pesquisadores ao produzirem estudos de caráter qualitativo. Aplicando esses itens à construção do projeto de pesquisa sugerimos que, na redação de todo o projeto, esse *check-list* possa ser observado, a fim de orientar não só a construção desse documento, como permitir que o projeto esteja alinhado àquilo que se concebe como um bom estudo qualitativo.

Esse protocolo é dividido em três dimensões: a primeira delas refere-se à equipe de pesquisadores e possui 8 itens. A segunda dimensão diz respeito ao desenho do estudo e é composta por 15 itens. A terceira e última dimensão refere-se à análise e aos achados do estudo, perfazendo 9 itens.

A equipe de pesquisa

No primeiro domínio, da identificação da equipe de pesquisadores, temos que definir quem realizou a coleta de dados. Os itens correspondentes a esse domínio estão representados nos quadros 28 e 29. Esses quadros podem também ser guias rápidos para a sua consulta não apenas durante a construção do projeto, mas posteriormente, na produção do relatório ou em seu trabalho de conclusão da graduação ou da pós-graduação.

Explicitando melhor esses componentes definidos na primeira dimensão do protocolo, no caso de uma pesquisa envolvendo a produção de entrevistas como principal método, por exemplo, deve-se definir quem foi o entrevistador, bem como a sua formação, sua ocupação, sexo/gênero, sua experiência para a realização deste estudo, os relacionamentos estabelecidos com o seu campo empírico previamente, os conhecimentos dos participantes sobre a pesquisa e também as características do pesquisador em termos de interesses e vieses.

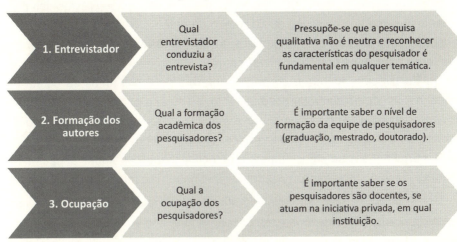

Quadro 28: Representação dos três primeiros itens do domínio 1 do COREQ.
Fonte: Adaptado pelo autor a partir de Tong et al. (2007).

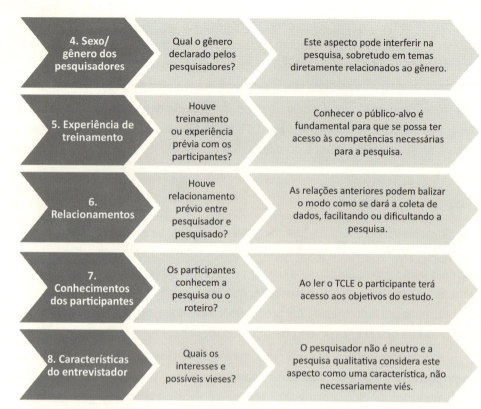

Quadro 29: Representação dos demais itens do domínio 1 do COREQ.
Fonte: Adaptado pelo autor a partir de Tong et al. (2007).

Alguns aspectos, no entanto, não dependem exclusivamente do manejo do pesquisador, como o item 7, que se refere aos conhecimentos prévios dos participantes acerca dos objetivos ou do roteiro de entrevista. Como no Brasil há a obrigatoriedade de que haja a explicitação dos objetivos e dos procedimentos que serão realizados com o possível participante no Termo de Consentimento Livre e Esclarecido, entregue ao participante em potencial antes da coleta de dados, não há como controlar esse aspecto, ou seja, o participante já terá previamente algumas informações sobre a pesquisa. Até mesmo no processo de recrutamento o pesquisador pode fornecer algumas informações que, de algum modo, permitam a esse participante em potencial identificar alguns aspectos da pesquisa como do próprio pesquisador, o que também se relaciona com o item 6.

Não é possível, pois, controlar os efeitos da desejabilidade social no momento da coleta. E o que seria essa desejabilidade social? A partir da literatura científica da área, como o estudo de Crowne e Marlowe (1960), Ribas Jr., Seidel de Moura e Hutz (2004) assim a definem:

> A desejabilidade social pode ser entendida como uma propensão por parte de participantes de pesquisas psicológicas a responderem de forma tendenciosa a perguntas apresentadas, por exemplo, em escalas de atitude ou em inventários de personalidade. Os participantes tenderiam apresentar respostas consideradas mais aceitáveis ou aprovadas socialmente e tenderiam ainda a negar sua associação pessoal com opiniões e comportamentos que seriam desaprovados socialmente (p. 84).

A desejabilidade social, nesse caso, refere-se ao fato de que o participante pode direcionar as suas respostas, por exemplo, em função daquilo que ele compreende que o pesquisador gostaria de saber ou em função do que ele concebe como mais adequado. Esse posicionamento faz com que o participante possa "não ser ele mesmo" na coleta, mas sim que responda em função do que ele considera mais adequado em função da leitura que ele faz do pesquisador e dos procedimentos realizados antes e durante a coleta de dados.

Em uma pesquisa de caráter quantitativo, em contraposição, a maioria desses detalhes (ou critérios) não são listados ou reconhecidos na construção do projeto e mesmo da publicação dos resultados. No caso de uma pesquisa qualitativa que lida de modo direto com a subjetividade do pesquisador, compreendendo que nenhuma pesquisa é neutra nem pode isentar o pesquisador de qualquer tipo de análise em termos dos dados produzidos, esses elementos são de suma importância. O fato de você realizar uma pesquisa com uma determinada comunidade não é uma ação neutra e não pode ser realizado por qualquer tipo de pesquisador.

Em pesquisas realizadas em contextos religiosos, por exemplo, pode ser exigido que esses pesquisadores sejam frequentadores desse campo ou que tenham algum tipo de experiência em relação a rituais (SILVA; SCORSOLINI-COMIN, 2020). Pesquisas realizadas com autores de violência contra a mulher talvez possam ser conduzidas tanto por homens quanto por mulheres, reconhecendo que, em qualquer tipo de cenário, haverá especificidades. Um homem entrevistando um autor de violência contra mulher terá determinadas possibilidades de realização desse diálogo e também de acesso a determinados sentidos produzidos por esse homem. Caso a entrevista seja realizada por uma mulher, diferentes sentimentos e sentidos poderiam também emergir, ou dificultando a expressão destes por parte dos entrevistados ou até mesmo produzindo dificuldades emocionais para que essa mulher entrasse em contato com uma questão que diz diretamente do seu lugar enquanto mulher (OLIVEIRA, 2018).

Assim, a escolha de quem entrevista não é neutra e não ocorre de maneira descolada de seu contexto. Quando descrevemos essas questões na composição de uma equipe de pesquisa em um estudo qualitativo permitimos que nosso interlocutor avalie se, de fato, esses elementos podem facilitar, dificultar ou interferir de algum modo na produção dos dados (SCORSOLINI--COMIN, 2016).

Podemos retomar, portanto, a concepção histórico-cultural de subjetividade brevemente explicitada no início deste capítulo (GONZÁLEZ REY, 1999). Em uma pesquisa qualitativa não podemos nos eximir da responsabilidade de descrevermos quem somos e como realizamos o estudo. Mesmo na escrita do projeto, deve-se considerar que a descrição da equipe de pesquisa também contribuirá para que se possa verificar sua adequação para investigar determinado tipo de fenômeno. Assim, quem se é individualmente e coletivamente não se trata de uma informação menor ou não científica, mas essencial na produção de um estudo qualitativo.

Quem somos na relação com o outro e quem podemos nos tornar na relação com o outro deve incluir o participante da pesquisa também, de modo que essa interpenetração não diz respeito apenas ao que pode ser descrito *a priori*, na construção do projeto, mas também ao que deverá ser problematizado e compreendido a partir do processo analítico, em que a subjetividade do pesquisador poderá ser discutida com mais elementos da subjetividade do participante. Todas essas reflexões não apenas são possíveis em um paradigma qualitativo de pesquisa, como também são fomentadas pelo protocolo COREQ, aqui compreendido de modo aprofundado e visando a instrumentalizar os pesquisadores desse campo.

Desenho do estudo qualitativo

O segundo domínio do protocolo envolve itens relacionados ao desenho do estudo. Para a definição desse desenho devemos informar ao nosso interlocutor acerca do método e do referencial teórico empregado. Nesses itens devemos destacar os aspectos que já foram anteriormente apresentados quando descrevemos um roteiro básico para construção de um projeto de pesquisa envolvendo seres humanos, no Capítulo 8. Os itens que compõem esse domínio, de 9 a 13, são sumarizados no Quadro 30, a seguir.

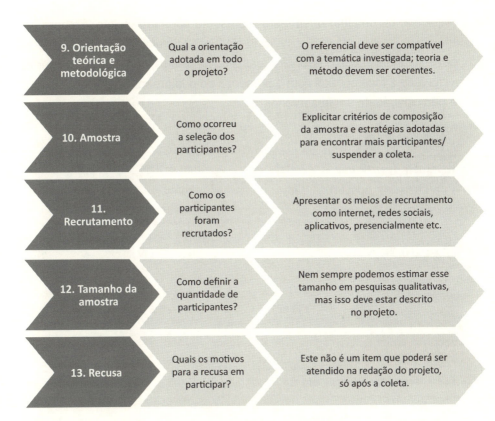

Quadro 30: Representação dos cinco primeiros itens do domínio 2 do COREQ.
Fonte: Adaptado pelo autor a partir de Tong et al. (2007).

Deve-se explicitar a composição da amostra, da maneira que ela foi selecionada, de que modo foram empregados os instrumentos, como foi definido o tamanho dessa amostra, o local de coleta dos estudos, a minuciosa descrição dos participantes, além dos aspectos relacionados à sua recusa em participar de pesquisa. Obviamente que a informação acerca de possíveis recusas e da justificativa para isso só ocorrerá após a realização da coleta de dados, não sendo possível explicitar essas informações na elaboração do projeto. Desse modo, o item 13 não poderá ser atendido em um projeto de pesquisa.

Os itens 14 a 16, representados no Quadro 31 a seguir, complementam as informações acerca da amostra. Solicita-se a descrição do local em que a coleta será realizada, bem como características desse local que também devem ser apreciadas em termos éticos, como: O local de coleta permite que haja sigilo em relação às informações obtidas? Permite o conforto físico e emocional dos participantes? Há privacidade para essa coleta? O item 15, por sua vez, destaca a necessidade de detalhar quem estará presente durante a coleta. Embora no fazer da pesquisa isso possa ser alterado em função de alguma situação específica, deve-se planejar como isso será realizado na prática, por exemplo, em uma entrevista face a face apenas com a presença do pesquisador e do pesquisado, sem a participação de um observador.

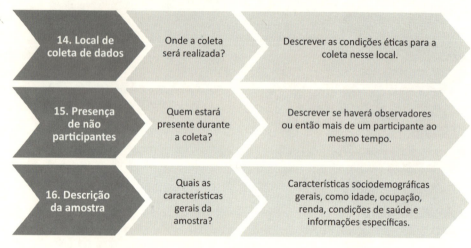

Quadro 31: Representação dos itens 14 a 16 do domínio 2 do COREQ.
Fonte: Adaptado pelo autor a partir de Tong et al. (2007).

Ainda em termos do desenho do estudo, deve-se destacar quais instrumentos serão empregados na pesquisa. No caso de um roteiro de entrevista, por exemplo, é importante descrever quem compôs esse instrumento, quais os domínios das questões, como as entrevistas foram realizadas e em que tempo, por quem e de que modo tais entrevistas foram registradas, se houve algum critério para delimitação do tamanho amostral e também como foram transcritos para posterior análise. Em termos de composição do projeto de pesquisa, os itens 18 e 21 não poderão ser atendidos nesse momento, apenas após a coleta dos dados. Os itens que compõem esse segundo domínio, de 17 a 23, são sumarizados no Quadro 32 a seguir.

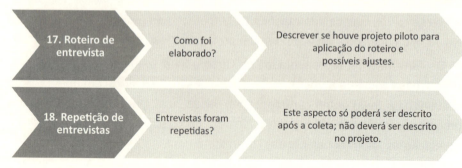

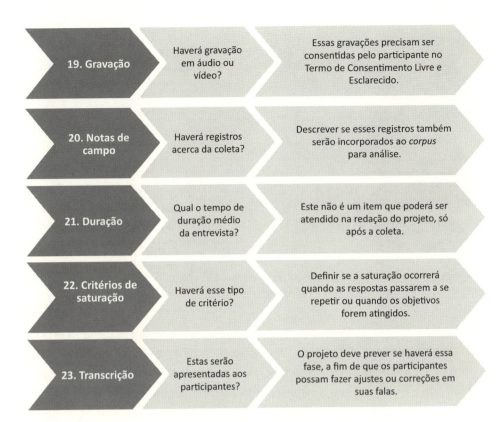

Quadro 32: Representação dos itens 17 a 23 do domínio 2 do COREQ.
Fonte: Adaptado pelo autor a partir de Tong et al. (2007).

Análise de dados qualitativos

No último domínio desse protocolo temos os itens referentes à análise dos dados. Os três primeiros itens desse domínio estão representados no Quadro 33, a seguir. No caso de uma pesquisa realizada por meio de entrevistas devemos explicitar a quantidade de categorias que foram produzidas e de que modo elas foram evidenciadas. Como destacado no capítulo referente aos procedimentos analíticos que normalmente são adotados em pesquisas qualitativas envolvendo entrevistas, essas categorias ou temas não podem ser definidos no projeto de pesquisa, a menos que se tratem de categorias construídas *a priori*, ou seja, sem tomar por base os resultados das entrevistas ou os dados provenientes dela. Isso pode ser realizado caso o pesquisador consiga delimitar, previamente, quais aspectos irá analisar no *corpus*. Ele pode se ater a um objetivo específico ou mesmo às respostas fornecidas a uma determinada pergunta.

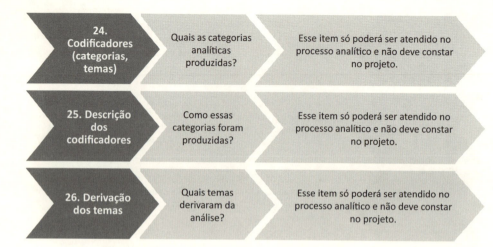

Quadro 33: Representação dos três primeiros itens do domínio 3 do COREQ.
Fonte: Adaptado pelo autor a partir de Tong et al. (2007).

No entanto, é importante considerar que, ainda que algumas categorias possam ser previamente elaboradas, direcionando o olhar do pesquisador durante a análise, é fundamental compreender como as respostas a essas categorias se organizam, o que nos leva à necessidade de também incluir um procedimento analítico que só pode se dar *a posteriori*, a partir das entrevistas. Para resumir: toda pesquisa qualitativa que analise conteúdos de entrevistas terá necessariamente que adotar procedimentos de construção de categorias *a posteriori*, mas apenas algumas trarão também categorias *a priori* devido à escolha/justificativa do pesquisador.

Nos itens a seguir, de 27 a 32, representados no Quadro 34, o pesquisador deve registrar se haverá ou não algum software que ajudará na análise dos dados. Um dos softwares mais conhecidos é o Atlas.ti®, desenvolvido por Thomas Muhr (MUHR, 1991) para a realização de análise de conteúdo que toma por base os procedimentos analíticos de categorização e de frequência descritos por Bardin (2011) e já apresentados no Capítulo 8, acerca do método de pesquisa em estudos empíricos. Esse software tem sido empregado devido à sua facilidade e gama de ferramentas disponíveis (SILVA JÚNIOR; LEÃO, 2018), mas tem como aspecto negativo o fato de não ser uma ferramenta gratuita. Pode ser amplamente empregada tanto no contexto de pesquisa quanto no ensino no campo da metodologia de pesquisa.

Quadro 34: Representação dos itens 27 a 31 do domínio 3 do COREQ.
Fonte: Adaptado pelo autor a partir de Tong et al. (2007).

Mas é importante listar que existem alguns softwares de acesso livre que também realizam análises semelhantes. Esses softwares podem ser acessados por meio de download a partir de termos da Licença v3 GNU General Public, tais como: AQUAD 7, Cassandre, Digital Replay System, Iramuteq, KH Coder, KNIME, TranscriberAG e Textométrie (SCHLOSSER; FRASSON; CANTORANI, 2019). Cada um desses softwares possui especificidades, bem como recomendações e contraindicações em relação ao tipo de análise que se pretende realizar. Sugerimos a exploração desses softwares a fim de definir a melhor opção para o seu projeto de pesquisa.

Outro aspecto bastante importante e com o qual os pesquisadores tendem a não se atentar de maneira adequada refere-se à **devolutiva dos resultados**

ao participante. No projeto de pesquisa deve-se explicitar se essa devolutiva está prevista e como ela poderá ser realizada. A devolutiva deve ocorrer ao final do estudo, a fim de que o pesquisador tenha construído as conclusões. Assim, no projeto pode-se apresentar um planejamento para essa devolutiva apenas, conforme item 28 do COREQ.

Por fim, os itens de 29 a 32 não podem ser explicitados no projeto de pesquisa, mas apenas após a coleta e análise de dados, pois se referem à apresentação de trechos de entrevistas que possam representar as categorias que foram produzidas (item 29), bem como a verificação da consistência da análise (item 30) e a integração e a coerência entre os temas (categorias) e as subcategorias (itens 31 e 32). Novamente, como estamos tratando da escrita de um projeto de pesquisa, nesse domínio poderemos explicitar como serão produzidos esses resultados em termos de categorias e codificadores. Como realizaremos uma análise *a posteriori*, não será possível apresentar no projeto de pesquisa quais serão os temas emergentes e trazer exemplos de análise, mas teremos condição de explicitar se haverá emprego ou não de um software e como os pesquisadores pretendem fazer o *feedback* aos participantes.

No caso de uma pesquisa já com dados coletados e analisados, deve-se identificar se há consistência entre os dados e a análise produzida, bem como verificar se os temas foram devidamente apresentados e se houve discussão de sistemas. A partir da análise de todos os 32 itens do protocolo COREQ, destaca-se que até o nível de construção do projeto de pesquisa poderão ser atendidos 19 itens. Os itens 13, 15, 16, 18, 21, 23, 24, 25, 26, 29, 30, 31 e 32 só poderão ser cotejados ao final do processo analítico.

Ao final da escrita deste capítulo, precisamos reforçar: embora a adoção de um protocolo, assim como o COREQ, não seja uma condição *sine qua non* para a elaboração de um projeto de pesquisa, recomenda-se fortemente que esses critérios possam ser apreciados como forma de oferecer balizas não apenas para a realização de estudos adequados e robustos, mas que também possam criar inteligibilidades para a discussão diante de outras estratégias e abordagens de pesquisa.

A partir dessas considerações podemos utilizar esse protocolo para orientar o modo como os dados serão produzidos, o que dialoga diretamente com os elementos que deverão ser descritos no projeto de pesquisa de cunho qualitativo. Embora possamos ter alguma dificuldade de responder diretamente a um ou mais itens, quanto mais o pesquisador se esforçar para se atentar a todos esses elementos terá maior condição de produzir um estudo qualitativo que, de fato, esteja em consonância com os parâmetros internacionais reconhecidamente válidos para um estudo qualitativo de excelência.

Apontamentos finais sobre o projeto de pesquisa qualitativo

Por fim, um aspecto bastante evocado quando falamos em pesquisa qualitativa refere-se ao fato de que esse tipo de estudo é específico, de modo que os seus dados não podem ser generalizados ou oferecer substrato para interpretações mais robustas. Para isso seriam necessários outros delineamentos já apresentados no livro. Quando nos posicionamos dessa forma, estamos fazendo uma comparação de um tipo de pesquisa que permite um menor nível de evidências em relação a tipos de estudo que permitam evidências mais robustas, e isso toma como base o crivo da prática baseada em evidências.

A escolha do crivo é muito importante para fazermos essas comparações, haja vista que se utilizarmos outros tipos de "régua" poderíamos ter outras interpretações acerca da comparação entre os diferentes tipos de pesquisa. Como nos situamos dentro das ciências da saúde neste livro, o crivo das evidências científicas parece ser razoável para esse tipo de exploração.

No entanto, o pesquisador que se propõe a realizar o estudo qualitativo precisa saber que a escolha por esse tipo de método ou estratégia refere-se ao fenômeno que pretende apreender, e não uma limitação sua na escolha de um determinado método ou tipo de estudo. Assim, a opção por um método qualitativo não deve ocorrer porque esse método talvez seja mais palatável ou próximo do pesquisador, mas sim porque ele pode permitir, de fato, a exploração do fenômeno de maneira mais apropriada. Por essa razão, a escolha do método qualitativo nunca poderá ser narrada pelo pesquisador como uma limitação do seu estudo.

O estudo qualitativo foi selecionado e escolhido pelo pesquisador, de modo que pode haver uma limitação no seu processo de escolha e nos critérios que ele empregou para escolher esse tipo de estudo, mas não em termos do método em si. O que quero assinalar com esse aspecto é que todo tipo de pesquisa, quer seja qualitativo, quer seja quantitativo ou até misto deve possuir uma justificativa clara para esse tipo de opção. E que essa opção deve ser assumida pelo pesquisador ao longo de todo o processo de construção do projeto e também do estudo derivado desse projeto. Para o que interessa especificamente a este livro, é importante que o projeto esteja alinhado, coerente, e que a escolha desse tipo de método esteja justificada em função do fenômeno que se pretende apreender.

A seguir, apresentaremos alguns exercícios refletivos para ajudá-lo na fixação dos conteúdos que orientam a escrita do projeto de pesquisa qualitativo. Esses exercícios são importantes não apenas para o caso de você realizar efetivamente um projeto qualitativo, mas também para se tornar mais sensível a essa metodologia em seu processo de formação enquanto pesquisador.

Reflexões sobre o Capítulo 11

1. Caso você esteja realizando um projeto de pesquisa qualitativo, destaque de que modo você pensa fazer a devolutiva dos resultados para os participantes do seu estudo. Quais estratégias você consideraria utilizar?

> Para refletir melhor: O pesquisador não deve apenas planejar de que modo fará essa devolutiva, mas também se essa forma de empreender a devolutiva é adequada às pessoas que participaram do estudo. É importante considerar as características dos participantes, o local em que se pretende realizar esse encontro, bem como responder às possíveis dúvidas apresentadas em função desse *feedback*. No caso de realizar um *feedback* virtual, por meio de e-mail, por exemplo, é importante que o texto apresentado esteja adaptado ao leitor, possivelmente com representações gráficas que facilitem a sua compreensão. No caso de devolutiva presencial, também é importante considerar o tempo demandado para a operacionalização dessa atividade.

2. Sabemos que, em pesquisa qualitativa, nem sempre podemos definir, *a priori*, o número de participantes de um determinado projeto. Mas caso você tenha que explicitar um número ou estimar essa quantidade, a partir de quais critérios ou informações poderia partir para apresentar essa justificativa?

> Para refletir melhor: Você pode tomar como referência o fenômeno que pretende investigar em seu projeto de pesquisa, mesmo que ele não seja de caráter qualitativo. Com quantas pessoas você acredita que seja possível investigar esse fenômeno tomando como referência as características de um estudo qualitativo? Esse número pode ser estimado? Caso não seja possível estimar uma quantidade em função da ocorrência desse fenômeno ou da disponibilidade de participantes que atendam aos critérios preestabelecidos, quais critérios você descreveria para justificar essa condição para o seu interlocutor?

CAPÍTULO 12

RECOMENDAÇÕES FINAIS PARA A ESCRITA DO PROJETO DE PESQUISA

Objetivo do capítulo:
- ✓ Sumarizar as principais recomendações para a elaboração de projetos de pesquisa que foram apresentadas nos capítulos anteriores.

O que abordaremos neste capítulo?
- ✓ Primeiramente, vamos listar as principais recomendações para que você possa planejar o seu projeto e, posteriormente, dar início ao processo de escrita.
- ✓ Vamos relembrar os principais elementos que devem compor um projeto de pesquisa.
- ✓ Vamos retomar as orientações para a escrita de cada etapa e de cada elemento do projeto de pesquisa.
- ✓ Vamos retomar a importância da escrita do projeto para a sua formação como pesquisador e como profissional de saúde.
- ✓ Após a leitura deste capítulo, nosso convite é para que você possa começar a estruturar e a escrever o seu projeto de pesquisa o quanto antes. Você também pode sempre retomar os capítulos de maior interesse ou a partir da sua necessidade.

Capítulo **12**

Recomendações finais para a escrita do projeto de pesquisa

Ao chegar a este capítulo final, esperamos que você já tenha produzido o seu projeto de pesquisa ou então esteja com a escrita em andamento. Este livro foi escrito visando oferecer aos estudantes de graduação e de pós-graduação um guia prático e rápido que possa ser consultado e ser utilizado ao longo da construção de um projeto de pesquisa, tal como um acompanhamento para que essa produção seja efetivamente finalizada e futuramente executada.

Como pudemos notar, este livro não deve ser lido de uma só vez, mas preferencialmente na medida da sua necessidade e ao longo da elaboração do seu projeto. Ainda que haja explicitamente essa recomendação, este livro pode ser revisitado sempre que você tiver dificuldades e dúvidas em relação ao projeto. Também é importante que este material seja compartilhado com os demais estudantes que também estejam no mesmo processo ou diante das mesmas dificuldades. Assim, reforçamos que este livro pretende ser útil em sua formação e, fundamentalmente, acompanhá-lo.

Os exercícios que fomos apresentando ao longo do livro tinham como objetivo acompanhá-lo nessa construção de projeto. Assim, neste momento, iremos recuperar os principais elementos que foram anteriormente discutidos, a fim de sistematizar os conhecimentos necessários à construção de qualquer projeto de pesquisa na área de ciências da saúde.

Para finalizar as orientações referentes à construção do projeto de pesquisa vamos sumarizar algumas dicas básicas que podem ser usadas como um *check-list* antes da submissão do seu projeto de pesquisa ou então ao final da redação do projeto, a fim de que você reveja se todos os aspectos recomendados foram devidamente abarcados neste documento.

Primeira recomendação: a escolha do orientador

A primeira dica ou recomendação em relação à construção de um projeto refere-se à escolha de um possível orientador desse processo. Para escolher um orientador é importante que você identifique os possíveis orientadores ou professores que trabalham na área ou disciplina de interesse, bem como desenvolvem projetos e orientações relacionados ao tema que você pretende investigar dentro da sua instituição de ensino. Em sua maioria, os orientadores pertencem sempre à mesma instituição do aluno, não sendo possível encontrar professores em outras organizações. O que pode ocorrer é entrar em contato com pesquisadores de fora da sua instituição que também tenham interesse em estabelecer parcerias ou mesmo ajudá-lo em alguma fase, como na busca por algum instrumento de pesquisa ou até mesmo compartilhando uma metodologia para a análise de dados de uma determinada técnica. É importante que você conheça bem esse futuro orientador, a fim de que possa estabelecer um contrato de trabalho que o apoie efetivamente ao longo da construção do projeto de pesquisa.

Sempre recomendo que os alunos devam conhecer diferentes orientadores, conversar com eles, conversar com os orientandos desses professores, bem como reconhecer em si mesmos o seu modo de trabalho, as suas competências e a sua maneira de se dedicar a esse processo. Deve-se escolher um orientador que tenha disponibilidade de orientá-lo e, acima de tudo, com o qual você estabeleça uma relação interpessoal profícua e saudável de apoio para nortear todos os passos necessários nesse período.

Segunda recomendação: a leitura

É importante também que você leia bastante, tanto antes de conversar com o possível orientador como depois de firmar um contrato de trabalho. Quanto mais você ler, mais você terá condição de conhecer o seu campo de atuação, mais você identificará as tendências e lacunas na produção científica, ampliando as suas possibilidades de dialogar com essa literatura a partir dos resultados do seu projeto de pesquisa. Entrar em contato com essa literatura é uma forma de você também reconhecer as limitações e os avanços do seu projeto, o que pode ser útil quando você for pleitear uma bolsa de estudos relacionada ao projeto de pesquisa, quando for produzir artigos relacionados ao seu tema e até mesmo quando for apresentar os resultados da sua pesquisa em congressos e demais eventos.

Terceira recomendação: a escolha da pergunta de pesquisa

É importante também que você delimite de maneira bastante adequada a sua pergunta de pesquisa. Para chegar a uma pergunta de pesquisa é importante retomar a recomendação anterior, da necessidade de leitura e de realização de uma ampla revisão da literatura científica. Descobrir (ou reconhecer) aquilo que já existe na literatura científica e aquilo que ainda precisa ser produzido pode ser um direcionador importante para delimitar, com maior precisão, aquilo que é importante de ser pesquisado e que poderá ser abarcado em seu projeto de pesquisa. Com essa revisão você também conseguirá elaborar uma justificativa científica para o seu objeto de estudo, podendo delimitar com precisão os objetivos do projeto e de que modo eles se relacionam ao que já existe ou ao que é necessário produzir.

Para que o leitor possa compreender a necessidade do estudo e o modo como a pergunta de pesquisa foi construída a partir da revisão de literatura, a introdução deve ser o primeiro espaço em que essa narrativa será apresentada e delimitada. A introdução é o primeiro contato do leitor com seu projeto de pesquisa, tornando a redação dessa seção do projeto de extrema importância tanto para a compreensão da proposta como para a criação do interesse do interlocutor pelo seu projeto de pesquisa. Na introdução devemos apresentar a temática que vamos investigar, partindo do mais geral para o mais específico e apresentando ao leitor as tendências de produção na área, o que já se sabe a respeito de determinado assunto e parece consolidado na literatura, bem como as lacunas de produção ainda existentes e que pretendem ser preenchidas a partir do projeto de pesquisa em tela.

Ainda na introdução podemos apresentar o referencial teórico adotado no estudo, que pode ser composto pelos estudos atualizados publicados na área, o que representa o *status* contemporâneo do tema, ou então fazendo um aporte em uma determinada abordagem teórica ou em uma determinada teoria. Você deve consultar as normas para a elaboração de projeto que são empregadas em sua universidade, a fim de que possa localizar o referencial teórico ao final da introdução, como trabalhado no presente livro, ou então no método, após a descrição dos procedimentos da análise de dados. Ambas as possibilidades são adequadas.

Quando escolhemos uma teoria ou uma abordagem específica, esta corresponde a uma lente de leitura e de interpretação dos resultados da sua pesquisa, fazendo com que a compreensão dos seus dados se dê a partir desse conjunto teórico que foi escolhido ou selecionado pelo pesquisador. É importante que a escolha desse referencial não se dê de maneira desconectada do tema de pesquisa, ou seja, a seleção de um determinado referencial para o estudo deve dialogar diretamente com a temática, a fim de que haja uma correspondência teórica e prática que permita uma análise substancial e de qualidade.

Sumarizando a terceira recomendação, para que haja uma formulação adequada da pergunta de pesquisa deve-se conhecer o campo, a literatura já produzida, bem como identificar uma construção de narrativa que permita ao leitor não apenas compreender a pergunta, mas situá-la dentro de uma literatura mais ampla. Com isso também podemos justificar a proposta, dimensionando a sua relevância dentro do conhecimento científico já veiculado.

Quarta recomendação: o método

Em relação ao método, é importante que você delimite com precisão todos os procedimentos que deverão ser realizados para que os objetivos anteriormente delineados sejam alcançados. Um bom método de pesquisa é aquele que, além de detalhar todos os procedimentos que serão realizados, dialoga diretamente com os objetivos apregoados e evidencia como esses objetivos serão atingidos. Para avaliarmos se um método é adequado em um determinado projeto, basta retomarmos os objetivos e verificar se os procedimentos descritos estão alinhados e são coerentes com as ações que foram planejadas. Uma dica é sempre retomar a relação entre objetivos e métodos.

Lembre-se sempre de que o método é a parte principal de um projeto de pesquisa, juntamente com o objetivo. Assim, por mais que você domine o método que está propondo e esteja ciente de tudo o que pretende realizar, deve avaliar se a proposta de escrita do método realmente permite compreender esse itinerário. Essa compreensão, obviamente, volta-se a leitores da mesma área do conhecimento ou que sejam especialistas em uma dada disciplina, mas também deve ser possível a outros interlocutores. Ser didático nessa escrita é fundamental.

Quinta recomendação: a exequibilidade

Apresentado o tema de pesquisa a partir da introdução, destacados os objetivos pretendidos com este projeto, tanto em termos gerais como em termos específicos, destacados os aspectos metodológicos que deverão ser considerados para que os objetivos sejam atingidos, o pesquisador deve propor um cronograma de execução e um plano de trabalho que sejam exequíveis, ou seja, que apresentem a descrição das ações ou metas a serem alcançadas e o tempo necessário ou esperado para que essas ações entrem em vigor ou sejam realizadas.

Um cronograma adequado de pesquisa permite que o interlocutor avalie a possibilidade de um projeto efetivamente ser concluído dentro do prazo que foi estipulado. Em diferentes tipos de pesquisa, como as realizadas para conclusão de um curso de graduação ou até mesmo para a produção de uma tese de doutorado, temos um determinado prazo para que essas atividades ocorram. Você deve estar bastante atento a esses prazos e ao tempo necessário para a realização de cada parte da pesquisa, a fim de que seu cronograma possa ser considerado exequível e permita que um possível avaliador compreenda a adequação da proposta e a possibilidade de sua conclusão.

Sexta recomendação: a forma

Em termos dos aspectos formais é importante que o seu projeto de pesquisa possua uma linguagem adequada, clara, concisa e precisa, dentro das normas formais para a escrita em língua portuguesa e respeitando todas as normas de formatação e de redação acadêmica. É importante que você treine a sua escrita, a fim de que ela se aproxime cada vez mais de uma linguagem acadêmica, que tem por parâmetro ser bastante econômica e rápida, permitindo que aquilo que precisa ser comunicado o seja de maneira efetiva no menor tempo possível.

Obviamente que a aquisição dessa competência não se dá de uma hora para outra, mas pode ser potencializada tanto por exercícios que você vai realizando ao longo do tempo como também pelo seu contato cada vez maior com textos científicos, a exemplo dos artigos disponíveis nas bases de dados. Quanto mais você ler e quanto mais escrever, mais terá condições de produzir um texto com teor científico que seja bem recebido pela comunidade acadêmica.

Evite a produção de textos muito robustos e de descrições excessivas, a fim de que você não se torne repetitivo em seu projeto de pesquisa. Também recomendamos que você não seja sucinto demais, a fim de que detalhes importantes do seu projeto de pesquisa fiquem negligenciados devido à ausência de informações e de justificativas importantes para a compreensão da proposta.

Além das regras de produção de um projeto que devem ser observadas de acordo com a sua instituição ou de acordo com a agência de fomento à qual você submeterá o seu projeto de pesquisa, uma extensão adequada de projeto de pesquisa é aquela que, de fato, permita a compreensão mais precisa da proposta. Se escrever muito ou se escrever pouco você pode prejudicar a compreensão mais adequada da proposta. É importante sempre revisar o seu texto antes de fazer a entrega da versão final do seu projeto ou mesmo antes de fazer a entrega das versões parciais que serão corrigidas pelo seu orientador. Tente ser minucioso no processo de correção e de verificação das normas para conclusão desse projeto.

Para finalizar este capítulo vamos retomar todos os elementos que devem compor um projeto de pesquisa. Os elementos iniciais do projeto são a capa, a contracapa, o sumário e o resumo. Você deve verificar quais são as normas da sua instituição de ensino ou da agência de fomento acerca desses elementos, atentando-se para detalhes como o tamanho da fonte, o tipo de fonte, o espaçamento entrelinhas e a disposição dos elementos no texto.

Caso seja necessário a produção de um resumo, é importante você verificar a quantidade de palavras permitidas nele. O resumo de um projeto de pesquisa deve, de maneira sucinta, descrever o tema de pesquisa, o objetivo da proposta, com apresentação dos objetivos geral e específicos, o percurso metodológico adotado para que se atinjam esses objetivos, bem como as hipóteses de pesquisa que pretendem ser testadas a partir dessa investigação. Apesar de ser um dos elementos iniciais, recomendamos que a produção do resumo se dê ao final da escrita do projeto de pesquisa, a fim de que possa conter todas as informações mais atualizadas a respeito do projeto.

Depois desses elementos iniciais, você terá que apresentar a introdução. Nela, você apresentará tanto a revisão da literatura científica a respeito do tema como a justificativa para o projeto de pesquisa a partir do que foi identificado nessa revisão anteriormente compartilhada. A introdução deve apresentar suficientemente a proposta e justificar a necessidade do projeto.

No método de pesquisa, em se tratando de um estudo que envolva seres humanos, os elementos que normalmente compõem esse percurso referem-se ao tipo de estudo, aos participantes, aos instrumentos empregados, aos procedimentos de coleta e análise de dados, bem como aos aspectos éticos considerados na construção do projeto de pesquisa. Em termos das considerações éticas devemos também apresentar os possíveis riscos da pesquisa e os seus benefícios, haja vista que este é um item obrigatório na submissão de qualquer projeto de pesquisa envolvendo seres humanos para apreciação de um comitê de ética em pesquisa.

Em se tratando de uma pesquisa teórica ou estudo de revisão, por exemplo, é importante que você informe a questão norteadora da revisão e o modo como tentará responder a essa pergunta norteadora com a execução da sua revisão. Mesmo que você realize uma revisão narrativa, é importante que estabeleça alguns critérios mínimos que permitirão que o avaliador ou leitor entenda o seu percurso de análise e o modo como você selecionou e integrou a literatura que foi consultada.

Caso você realize um projeto de uma revisão sistematizada, como revisões sistemáticas e integrativas, é importante que defina claramente todos os critérios empregados na execução da proposta, o que deve incluir as bases ou bibliotecas utilizadas, os descritores e combinações empregados, os critérios de inclusão e exclusão das evidências que farão parte da revisão, os protocolos de revisão que porventura sejam empregados, bem como a forma de analisar as evidências em conjunto, a fim de responder à pergunta norteadora delimitada ao início da revisão.

Depois do método você deve apresentar os elementos de execução, que basicamente são compostos pelo plano de atividades e pelo cronograma de trabalho. Esses elementos podem estar dispostos em uma única tabela que pode ser organizada de diferentes formas, desde que apresente suficientemente o que será realizado e no tempo estipulado para sua execução.

Os elementos finais de um projeto de pesquisa envolvem as referências que devem ser formatadas de acordo com as normas exigidas pela instituição de ensino para a qual você está submetendo o projeto ou então para agência de fomento que avaliará a sua proposta. As referências devem ser correspondentes exatamente às citações que foram empregadas ao longo do projeto. Só devem estar listadas no projeto as referências aos estudos que efetivamente foram citados ao longo do documento.

É importante que você confira minuciosamente essas referências, pois em todas as normas adotadas existem especificidades para a menção a cada documento. Identificar e redigir corretamente as referências permite que o leitor possa também recuperá-las caso seja necessário, o que também é importante em termos da referência à autoria original dos estudos que serviram como base para a estruturação do projeto de pesquisa.

Você também pode apresentar um orçamento para execução do projeto, elemento este que é opcional, mas que deve ser verificado junto à sua instituição de ensino ou agência de fomento acerca da sua necessidade ou do seu caráter optativo. Você deve apresentar, por fim, uma lista dos apêndices e anexos utilizados no seu projeto. Lembre-se de que os apêndices são arquivos ou documentos que foram elaborados pelo pesquisador, a exemplo do Termo de Consentimento Livre e Esclarecido ou de um roteiro de entrevistas. Os anexos são compostos por documentos que foram elaborados por outrem, a exemplo de questionários, escalas, bem como autorizações para realização da pesquisa que sejam emitidas por instituições ou locais de pesquisa. O Quadro 35 a seguir sumariza todo esse itinerário retomado no presente capítulo.

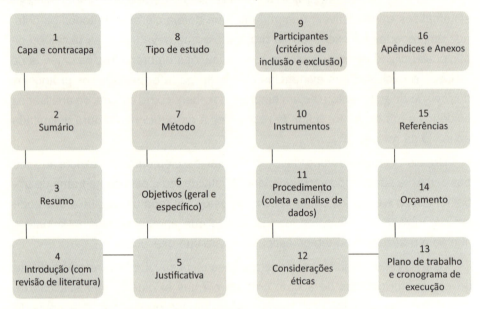

Quadro 35: Sequência de organização de um projeto de pesquisa.
Fonte: Autor.

Esperamos que essa sumarização dos principais elementos que devem compor um projeto de pesquisa possa ser sempre revisitada pelo pesquisador. A construção de todo e qualquer projeto de pesquisa demanda um amplo envolvimento do pesquisador e de seu orientador. Como documento que apresenta um planejamento do que será realizado, é importante que ele seja delimitado com bastante atenção, rigor e compromisso ético e científico.

Por fim, desejamos a vocês que este livro tenha sido útil em sua formação e proveitoso para a escrita do projeto de pesquisa. Como destacado na apresentação do Capítulo 1, o livro foi construído a partir de experiências docentes em disciplinas de formação em pesquisa, tanto na graduação como na pós-graduação, durante uma década de ensino nessa área. Em muitos momentos, a escrita deste livro foi produzida tendo como interlocutor meus tantos alunos ao longo desses anos. A linguagem adotada e a estrutura buscaram trazer para este diálogo justamente esse aluno e, agora, você leitor.

Espero, ainda, que este livro tenha contribuído para diminuir um pouco a sua ansiedade diante desse importante documento que você está sendo convidado a produzir a partir de agora: o seu projeto de pesquisa! E o mais importante: a consideração de que nunca estaremos totalmente prontos, de que nunca saberemos tudo e de que nunca dominaremos todas as técnicas. Por isso mesmo esses livros são necessários, por isso mesmo que nossos alunos serão sempre o nosso principal motivo para continuarmos a escrever.

REFERÊNCIAS

ANDERSON, L. W. et al. **A taxonomy for learning, teaching and assessing**: a revision of Bloom's Taxonomy of Educational Objectives. Nova York: Addison Wesley Longman, 2001.

ANDRADE, G. F.; LOCH, M. R.; SILVA, A. M. R. Mudanças de comportamentos relacionados à saúde como preditores de mudanças na autopercepção de saúde: estudo longitudinal (2011-2015). **Cadernos de Saúde Pública**, v. 35, n. 4, p. e00151418, 2019.

APPELBAUM, M.; COOPER, H.; KLINE, R.; MAYO-WILSON, E.; NEZU, A.; RAO, S. Journal article reporting standards for quantitative research in psychology: The APA Publications and Communications Board task force report. **American Psychologist**, v. 73, p. 3-25, 2018.

BAKHTIN, M. (Volochinov). **Estética da criação verbal**. Trad. M. E. G. G. Pereira. São Paulo: Martins Fontes, 1997.

BAKHTIN, M. (Volochinov). **Marxismo e filosofia da linguagem**. 9. ed. Trad. M. Lahud e Y. F. Vieira. São Paulo: Hucitec, 1999.

BARDIN, L. **Análise de conteúdo**. São Paulo: Edições 70, 2011.

BEYEA, S. C.; NICOLLI, L. H. Writing in integrative review. **AORN Journal**, v. 67, n. 4, p. 877-880, 1998.

BLOOM, B. S.; HASTINGS, J. T.; MADAUS, G. F. **Handbook on formative and sommative evaluation of student learning**. Nova York: McGraw-Hill, 1971.

BRAUN, V.; CLARKE, V. Using thematic analysis in psychology. **Qualitative Research in Psychology**, v. 3, n. 2, p. 77-101, 2006.

BRAUN, V.; CLARKE, V. Reflecting on reflexive thematic analysis. **Qualitative Research in Sport**, v. 11, n. 1, p. 1-9, 2019.

BREAKWELL, G. M.; HAMMOND, S.; FIFE-SCHAW, C.; SMITH, J. A. **Métodos de pesquisa em Psicologia**. Trad. F. R. Elizalde. Porto Alegre: Artmed, 2010.

BRONFENBRENNER, U. **A ecologia do desenvolvimento humano**: experimentos naturais e planejados. Trad. M. A. V. Veronese. Porto Alegre: Artmed, 2002. Original publicado em 1979.

BROOME, M. E. Integrative literature reviews in the development of concepts. In: RODGERS, B. L.; KNAFI, K. A. (orgs.). **Concept development in nursing**: foundations, techniques and applications. 2. ed. Filadélfia: W. B. Saunders, 2000, p. 231-250.

BROWN, P. J. **Understanding and applying medical anthropology**. Mountain View: Mayfield, 1998.

CLARK, A. M.; THOMPSON, D. R. Five tips for writing qualitative research in high impact journals: moving from #BMJnoQual. **International Journal of Qualitative Methods**, 1-3, 2016.

CRESWELL, J. W. **Projeto de pesquisa:** método qualitativo, quantitativo e misto. 3. ed. Trad. M. Lopes. Porto Alegre: Artmed, 2010.

CRATO, A. N.; VIDAL, L. F.; BERNARDINO, P. A.; RIBEIRO JÚNIOR, H. C.; ZARZAN, P. M. P. A.; PAIVA, S. M.; PORDEUS, I. A. Como realizar uma análise crítica de um artigo científico. **Arquivos em Odontologia**, Belo Horizonte, v. 40, n. 1, p. 5-32, 2004.

CROWNE, D. P.; MARLOWE, D. A new scale of social desirability independent of psychopathology. **Journal of Consulting Psychology**, v. 24, p. 349-354, 1960.

CUNHA, V. F.; BARBOSA, F. C.; SCORSOLINI-COMIN, F. Um convite de Allah: experiência etnográfica de uma pesquisadora no campo das religiões. **Semina: Ciências Sociais e Humanas**, Londrina, v. 39, n. 2, p. 213-228, 2018.

DEMO, P. **Metodologia do conhecimento científico**. São Paulo: Atlas, 2009.

ECHER, I. C. A revisão de literatura na construção do trabalho científico. **Revista Gaúcha de Enfermagem**, Porto Alegre, v. 22, n. 2, p. 5-20, 2001.

FLICK, U. **Desenho da pesquisa qualitativa**. Trad. R. C. Costa. Porto Alegre: Bookman, 2009 (a).

FLICK, U. **Introdução à pesquisa qualitativa**. Trad. R. C. Costa. Porto Alegre: Bookman, 2009 (b).

FLICK, U. **Qualidade na pesquisa qualitativa**. Trad. R. C. Costa. Porto Alegre: Bookman, 2009 (c).

FONTANELLA, B.; RICAS, J.; TURATO, E. Amostragem por saturação em pesquisas qualitativas em saúde: contribuições teóricas. **Cadernos de Saúde Pública**, Rio de Janeiro, v. 24, n. 1, p. 17-27, 2008.

GALVÃO, M. C.; SAWADA, N. O.; MENDES, I. A. A busca das melhores evidências. **Revista da Escola de Enfermagem da USP**, São Paulo, v. 37, n. 4, p. 43-50, 2003.

GANONG, L. H. Integrative reviews of nursing research. **Research in Nursing & Health**, v. 10, n. 1, p. 1-11, 1987.

GEERTZ, C. **A interpretação das culturas**. Rio de Janeiro: Guanabara Koogan, 1989.

GIBBS, G. **Análise de dados qualitativos**. Trad. R. C. Costa. Porto Alegre: Bookman, 2009.

GIL, A. C. **Como elaborar projetos de pesquisa**. 5. ed. São Paulo: Atlas, 2010.

GONZÁLEZ REY, F. **La investigación cualitativa en psicología:** rumbos y desafíos. São Paulo: EDUC, 1999.

GUILLEMIN, F.; BOMBARDIER, C.; BEATON, D. Cross-cultural adaptation of health-related quality of life measures: literature review and proposed guidelines. **Journal of Clinical Epidemiology**, Oxford, v. 46, n. 12, p. 1.417-1.432, 1993.

GUNTHER, H. Pesquisa qualitativa versus pesquisa quantitativa: esta é a questão? **Psicologia: Teoria e Pesquisa**, Brasília, v. 22, n. 2, p. 201-210, 2006.

KITTO, S. C.; CHESTERS, J. E.; GRBICH, C. Quality in qualitative research: criteria for authors and assessors in the submission and assessment of qualitative research articles for the Medical Journal of Australia. **Medical Journal of Australia**, v. 188, n. 4, p. 243-246, 2008.

HAIR, J. F.; BLACK, W. C.; BABIN, B. J.; ANDRESON, R. E. **Multivariate data analysis**. 7th ed. New Jersey: Prentice Hall, 2014.

HELMAN, C. G. **Cultura, saúde e doença**. 5. ed. Trad. A. R. Bolner. Porto Alegre: Artmed, 2009.

KOLLER, S. H.; COUTO, M. C. P. P.; HOHENDORFF, J. V. (orgs.). **Manual de produção científica**. Porto Alegre: Penso, 2014.

LAURENTI, R.; LEBRÃO, M. L.; JORGE, M. H. M.; GOTLIEB, S. L. D. **Estatísticas de saúde**. 2. ed. São Paulo: Pedagógica e Universitária, 2005.

LEVINE, D. M.; BERENSON, M. L.; STEPHAN, D. **Estatística:** teoria e aplicações usando Microsoft Excel em português. Rio de Janeiro: LTC, 2000.

LEVITT, H. M.; BAMBERG, M.; CRESWELL, J. W.; FROST, D. M.; JOSSELSON, R.; SUÁREZ-OROZCO, C. Journal article reporting standards for qualitative primary, qualitative meta-analytic, and mixed methods research in psychology: The APA Publications and Communications Board task force report. **American Psychologist**, v. 73, n. 1, p. 26-46. 2018.

LIMA-COSTA, M. F.; BARRETO, S. M. Tipos de estudos epidemiológicos: conceitos básicos e aplicações na área do envelhecimento. **Epidemiologia e Serviços de Saúde**, v. 12, n. 4, p. 189-201, 2003.

LISPECTOR, C. **Crônicas para jovens:** de escrita e vida. Org. Pedro Karp Vasquez. Rio de Janeiro: Rocco Jovens Leitores, 2010.

LORDELLO, S. R.; SILVA, I. M. Resolução n. 510/2016 do Conselho Nacional de Saúde: um panorama geral. **Revista da SPAGESP**, Ribeirão Preto, v. 18, n. 2, p. 6-15, 2017.

LOTUFO, P. A. Construção do estudo longitudinal de saúde do adulto (ELSA-Brasil). **Revista de Saúde Pública**, São Paulo, v. 47, n. 2, p. 3-9, 2013.

LOVIBOND, P. F.; LOVIBOND, S. H. The structure of negative emotional states: Comparison of the Depression Anxiety Stress Scales (DASS) with the Beck depression and anxiety inventories. **Behaviour Research and Therapy**, v. 33, n. 3, p. 335-343, 1995.

MACEDO, A. C.; BAIRRÃO, J. F. M. H.; MESTRINER, S. F.; MESTRINER JÚNIOR, W. Ao encontro do Outro, a vertigem do eu: o etnopsicólogo em equipes de saúde indígena. **Revista da SPAGESP**, Ribeirão Preto, v. 12, p. 85-96, 2011.

MEIHY, J. C. S. B. **Augusto & Lea:** um caso de (des)amor em tempos modernos. São Paulo: Contexto, 2006.

MEIHY, J. C. S. B.; HOLANDA, F. **História oral:** como fazer, como pensar. São Paulo: Contexto, 2010.

MELNYK, B. M.; FINEOUT-OVERHOLT, E. Making the case for evidence-based practice. In: _____. **Evidence-based practice in nursing & healthcare:** a guide to best practice. Filadélfia: Lippincott Williams & Wilkins, 2005, p. 3-24.

MENDES, K. D. S.; SILVEIRA, R. C. C. P.; GALVÃO, C. M. Revisão integrativa: método de pesquisa para a incorporação de evidências na saúde e na enfermagem. **Texto & Contexto Enfermagem**, Florianópolis, v. 17, n. 4, p. 758-764, 2008.

MORETTIN, P. A.; BUSSAB, W. O. **Estatística básica**. 6. ed. São Paulo: Saraiva, 2010.

MUHR, T. ATLAS.ti: a prototype for the support of text interpretation. **Qualitative Sociology**, Nova York, v. 14, n. 4, p. 349-371, 1991.

NOBRE, F. D. A.; CARVALHO, A. E. V.; MARTINEZ, F. E.; LINHARES, M. B. M. Estudo longitudinal do desenvolvimento de crianças nascidas pré-termo no primeiro ano pós-natal. **Psicologia: Reflexão e Crítica**, Porto Alegre, v. 22, n. 3, p. 362-369, 2009.

OLIVEIRA, J. **Acompanhamento psicossocial a homens autores de violência contra as mulheres:** retrato de um serviço. Dissertação (Mestrado em Psicologia) – Universidade Federal do Triângulo Mineiro, Uberaba, MG.

PADILHA, S.; NORONHA, A. P. P.; FAGAN, C. Z. Instrumentos de avaliação psicológica: uso e parecer de psicólogos. **Avaliação Psicológica**, Porto Alegre, v. 6, n. 1, p. 69-76, 2007.

PARANHOS, V. D.; PINA, J. C.; MELLO, D. F. Atenção integrada às doenças prevalentes na infância e o enfoque nos cuidadores: revisão integrativa da literatura. **Revista Latino-Americana de Enfermagem**, Ribeirão Preto, v. 19, n. 1, 2011. Disponível em: http://www.scielo.br/pdf/rlae/v19n1/pt_27.pdf – Acesso em: 8 abr. 2020.

PATIAS, N. D.; HOHENDORFF, J. V. Critérios de qualidade para artigos de pesquisa qualitativa. **Psicologia em Estudo**, Maringá, v. 24, e43536, 2019.

PATIAS, N. D.; MACHADO, W. L.; BANDEIRA, D. R.; DELL'AGLIO, D. D. Depression Anxiety and Stress Scale (DASS-21) – Short Form: adaptação e validação para adolescentes brasileiros. **Psico-USF**, Itatiba, v. 21, n. 3, p. 459-469, 2016.

RIBAS JR., R. C.; SEIDEL DE MOURA, M. L.; HUTZ, C. S. Adaptação brasileira da Escala de Desejabilidade Social de Marlowe-Crowne. **Avaliação Psicológica**, v. 3, n. 2, p. 83-92, 2004.

RICHARDSON, R. J. et al. **Pesquisa social**: métodos e técnicas. 3. ed. rev. amp. São Paulo: Atlas, 2010.

ROSENBERG, W.; DONALD, A. Evidence based medicine: An approach to clinical problem-solving. **British Medical Journal**, v. 310, p. 1.122-1.126, 1995.

ROTHER, E. T. Revisão sistemática X revisão narrativa. **Acta Paulista de Enfermagem**, São Paulo, v. 20, n. 2, p. 5-6, 2007.

SABADINI, A. A. Z. P.; SAMPAIO, M. I. C. S.; KOLLER, S. H. **Publicar em Psicologia**: um enfoque para a revista científica. São Paulo: Associação Brasileira de Editores Científicos/Instituto de Psicologia da Universidade de São Paulo, 2009.

SANTOS, C. M. C.; PIMENTA, C. A. M.; NOBRE, M. R. C. A estratégia PICO para a construção da pergunta de pesquisa e busca de evidências. **Revista Latino-Americana de Enfermagem**, Ribeirão Preto, v. 15, n. 3, p. 508-511, 2007.

SCHLOSSER, D. F.; FRASSON, A. C.; CANTORANI, J. R. H. Softwares livres para análise de dados qualitativos. **Revista Brasileira de Ensino de Ciências e Tecnologia**, Ponta Grossa, v. 12, n. 1, p. 539-550, 2019.

SCORSOLINI-COMIN, F. **Metodologia de pesquisa**: uma abordagem científica e aplicada. Ribeirão Preto: Instituto de Ensino e Pesquisa em Administração, 2010.

SCORSOLINI-COMIN, F. **Metodologia de pesquisa**: uma abordagem científica e aplicada. 2. ed. rev. amp. Ribeirão Preto: Instituto de Ensino e Pesquisa em Administração, 2012.

SCORSOLINI-COMIN, F. **Guia de orientação para iniciação científica**. São Paulo: Atlas, 2014.

SCORSOLINI-COMIN, F. **Técnicas de entrevista**: método, planejamento e aplicações. São Paulo: Vetor, 2016.

SCORSOLINI-COMIN, F. A infância clandestina em Clarice Lispector. **Revista do SELL**, Uberaba, v. 8, n. 2, p. 185-203, 2019.

SCORSOLINI-COMIN, F.; ALVES-SILVA, J. D.; SANTOS, M. A. Permanências e descontinuidades nas concepções contemporâneas de casamento na perspectiva de casais longevos. **Psicologia: Teoria e Pesquisa**, Brasília, v. 34, p. e34423, 2018.

SCORSOLINI-COMIN, F.; BAIRRÃO, J. F. M. H.; SANTOS, M. A. Com a licença de Oxalá: a ética na pesquisa etnopsicológica em comunidades religiosas. **Revista da SPAGESP**, Ribeirão Preto, v. 18, n. 2, p. 86-99, 2017.

SCORSOLINI-COMIN, F.; MORAIS, N. A.; KOLLER, S. H. Resolução n. 510/2016 do Conselho Nacional de Saúde: inquietações, dilemas e perspectivas nas pesquisas das ciências humanas e sociais. **Revista da SPAGESP**, Ribeirão Preto, v. 18, n. 2, p. 1-5, 2017.

SIEGEL, S.; CASTELLAN JÚNIOR, J. **Estatística não paramétrica para as ciências do comportamento**. 2. ed. São Paulo: Artmed, 2006.

SILVA, L. M. F.; SCORSOLINI-COMIN, F. Na sala de espera do terreiro: uma investigação com adeptos da umbanda com queixas de adoecimento. **Saúde e Sociedade**, São Paulo, v. 29, n. 1, p. e190378, 2020.

SILVA, O. S. F. Entre o plágio e a autoria: qual o papel da universidade? **Revista Brasileira de Educação**, Rio de Janeiro, v. 13, n. 38, p. 357-368, 2008.

SILVA JUNIOR, L. A.; LEÃO, M. B. C. O software Atlas.ti como recurso para a análise de conteúdo: analisando a robótica no Ensino de Ciências em teses brasileiras. **Ciência & Educação**, Bauru, v. 24, n. 3, p. 715-728, 2018.

STAKE, R. E. Case studies. In: DENZIN, N. K.; LINCOLN, Y. S. (orgs.). **Handbook of Qualitative Research**. 2. ed. Thousand Oaks: Sage, 2000, p. 134-164.

STETLER, C. B.; MORSI, D.; RUCKI, S.; BROUGHTON, S.; CORRIGAN, B.; FITZGERALD, J.; GIULIANO, K.; HAVENER, P.; SHERIDAN, E. A. Utilization-focused integrative reviews in a nursing service. **Applied Nursing Research**, v. 11, n. 4, p. 195-206, 1998.

TIVERON, J. D. P. **A Aldeia dos Mortos no Sertão Paulista**. Tese (Doutorado em Psicologia) – Faculdade de Filosofia, Ciências e Letras de Ribeirão Preto, Universidade de São Paulo, Ribeirão Preto, 2018.

TONG, A.; SAINSBURY, P.; CRAIG, J. Consolidated criteria for reporting qualitative research (COREQ): a 32-item checklist for interviews and focus groups. **International Journal of Qualitative Health Care**, v. 19, n. 6, p. 349-357, 2007.

TOSCANO, C. V. A.; FERREIRA, J. P.; GASPAR, J. M.; CARVALHO, H. M. Crescimento e massa corporal em crianças brasileiras com transtornos do espectro autista: um estudo longitudinal misto. **Jornal de Pediatria**, Rio de Janeiro, v. 95, n. 6, p. 705-712, 2019.

WEBER, F. A entrevista, a pesquisa e o íntimo, ou por que censurar seu diário de campo? **Horizontes Antropológicos**, Porto Alegre, v. 15, n. 32, p. 157-170, 2009.

WITTER, G. P. Ética e autoria na produção textual científica. **Informação & Informação**, v. 15, n. esp., p. 131-144, 2010.

YIN, R. K. **Estudo de caso:** planejamento e métodos. 4. ed. Trad. D. Grassi. Porto Alegre: Artmed, 2010.

YOUNG, S. Evidence-based management: a literature review. **Journal of Nursing Management**, v. 10, n. 3, p. 145-151, 2002.

BIBLIOGRAFIA COMPLEMENTAR RECOMENDADA

Para saber mais sobre metodologia de pesquisa

CASTELLS, M.; IPOLA, E. **Metodología y epistemología de las ciencias sociales**. Madri: Ayuso, 1975.

FOUREZ, G. **A construção das ciências:** introdução à filosofia e à ética das ciências. São Paulo: Unesp, 1995.

FREIRE-MAIA, N. **A ciência por dentro**. 5. ed. Petrópolis: Vozes, 1998.

GOLDENBERG, M. **A arte de pesquisar**. Rio de Janeiro: Record, 1999.

KINCHELOE, J. L.; BERRY, K. S. **Pesquisa em educação:** conceituando a bricolagem. Porto Alegre: Artmed, 2007.

LAKATOS, E. M.; MARCONI, M. A. **Fundamentos de metodologia científica**. São Paulo: Atlas, 2005.

MICHEL, M. H. **Metodologia e pesquisa científica em ciências sociais**. São Paulo: Atlas, 2009.

MINAYO, M. C. S. (Org.). **Pesquisa social:** teoria, método e criatividade. Petrópolis: Vozes, 2003.

Para saber mais sobre regras e normas de escrita

ASSOCIAÇÃO BRASILEIRA DE NORMAS TÉCNICAS. **Informação e documentação** – Artigo em publicação periódica científica impressa – Apresentação – NBR 6022. Rio de Janeiro: Autor, 2003.

ASSOCIAÇÃO BRASILEIRA DE NORMAS TÉCNICAS. **Informação e documentação** – Publicação periódica científica impressa – Apresentação – NBR 6021. Rio de Janeiro: Autor, 2003.

CURTY, R. G. (org.). **Produção intelectual no ambiente acadêmico**. Londrina: Editora da Universidade Estadual de Londrina, 2010.

GUEDES, M. C. Escrever e editar: compromisso com a disseminação de conhecimento. **Psicologia USP**, São Paulo, v. 15, n. 3, p. 249-256, 2004.

MEDEIROS, J. B. **Redação científica:** a prática de fichamentos, resumos, resenhas. 6. ed. São Paulo: Atlas, 2004.

POBLACION, D. A.; WITTER, G. P.; RAMOS, L. M. S. V.; FUNARO, V. M. B. O. (Orgs.). **Revistas científicas:** dos processos tradicionais às perspectivas alternativas de comunicação. Cotia: Ateliê Editorial, 2011.

RIBAS, C. R. P.; ZANETTI, M. L.; CALIRI, M. H. A arte da comunicação do conhecimento científico. **Revista Eletrônica de Enfermagem**, v. 11, n. 3, p. 712-716, 2009.

TOMASI, C.; MEDEIROS, J. B. **Comunicação científica:** normas técnicas para redação científica. São Paulo: Atlas, 2008.

Para saber mais sobre projetos de pesquisa e demais trabalhos acadêmicos

BELL, J. **Projeto de pesquisa:** guia para pesquisadores iniciantes em educação, saúde e ciências sociais. Porto Alegre: Artmed, 2008.

BREVIDELLI, M. M.; DOMENICO, E. B. L. **Trabalho de conclusão de curso** – Guia prático para docentes e alunos da área da saúde. São Paulo: Iátria, 2006.

COZBY, C. P. **Métodos de pesquisa em ciências do comportamento**. São Paulo: Atlas, 2011.

GIL, A. C. **Métodos e técnicas de pesquisa social**. São Paulo: Atlas, 1999.

MATIAS-PEREIRA, J. **Manual de metodologia da pesquisa científica**. São Paulo: Atlas, 2010.

RODRIGUES, A. J. **Metodologia científica:** completo e essencial para a vida universitária. São Paulo: Avercamp, 2006.

RUDIO, F. V. **Introdução ao projeto de pesquisa científica**. Petrópolis: Vozes, 2000.

SAMPIERI, R. H. **Metodologia de pesquisa**. 3. ed. São Paulo: McGraw-Hill. Artmed, 2006.

SEVERINO, A. J. **Metodologia do trabalho científico**. 23. ed. São Paulo: Cortez, 2006.

Para saber mais sobre ética, plágio e autoplágio

FEITOSA, M. A. G. A ética no processo de revisão de manuscritos: a expectativa do Editor em relação ao papel do consultor. **Psicologia: Teoria e Pesquisa**, Brasília, v. 9, n. 3, p. iv-vi, 1993.

WITTER, G. P.; POBLACION, D. A.; SILVA, J. F. M. (orgs.). **Comunicação & produção científica:** contexto, indicadores e avaliação. São Paulo: Angellara, 2006.

Para saber mais métodos quantitativos

MANLY, B. J. F. **Métodos estatísticos multivariados:** uma introdução. 3. ed. Porto Alegre: Bookman, 2008.

VOGT, W. P. **Dictionary of Statistics and Methodology:** A Nontechnical Guide for the Social Scientist. Newbury Park: Sage, 1993.

Para saber mais sobre pesquisa qualitativa

ANGROSINO, M. **Etnografia e observação participante.** Trad. J. Fonseca. Porto Alegre: Bookman, 2009.

BANKS, M. **Dados visuais para pesquisa qualitativa.** Trad. J. Fonseca. Porto Alegre: Bookman, 2009.

BARBOUR, R. **Grupos focais.** Trad. M. F. Duarte. Porto Alegre: Bookman, 2009.

CHARMAZ, K. **A construção da teoria fundamentada:** guia prático para análise qualitativa. Porto Alegre: Bookman, 2009.

DENZIN, N. K.; LINCOLN, Y. S. (Orgs.). **Handbook of Qualitative Research.** Thousand Oaks: Sage, 2005.

MARTINS, J.; BICUDO, M. A. V. **A pesquisa qualitativa em Psicologia:** fundamentos e recursos básicos. São Paulo: Moraes, 1989.

MINAYO, M. C. S. **O desafio do conhecimento:** pesquisa qualitativa em saúde. 12. ed. São Paulo: Hucitec, 2010.

MINAYO, M. C. S. Análise qualitativa: teoria, passos e fidedignidade. **Ciência & Saúde Coletiva,** v. 17, n. 3, p. 621-626, 2012.

PERES, R. S.; SANTOS, M. A. Considerações gerais e orientações práticas acerca do emprego de estudos de caso na pesquisa científica em Psicologia. **Interações,** v. 20, n. 10, p. 109-126, 2005.

SILVERMAN, D. **Interpretação de dados qualitativos:** métodos para análise de entrevistas, textos e interações. 3. ed. Porto Alegre: Bookman, 2009.

TRIVIÑOS, A. N. S. **Introdução à pesquisa em ciências sociais:** a pesquisa qualitativa em educação. São Paulo: Atlas, 1992.

APÊNDICES

Objetivo dos apêndices:
- ✓ Possibilitar uma consulta rápida aos principais elementos que estruturam o projeto de pesquisa.

Recomendações para o uso desses modelos
- ✓ Lembre-se sempre de consultar as normas exigidas para a construção do seu projeto de pesquisa. Se estiver produzindo um projeto para a conclusão de uma disciplina, verifique as normas com o docente responsável. Se estiver se candidatando a uma vaga em curso de pós-graduação, consulte as orientações disponíveis no edital de seleção.
- ✓ Sempre siga minuciosamente as regras disponíveis. Um bom projeto também envolve a sua adequação a normas e a um formato específico. Isso também é um critério de qualidade em sua avaliação

Modelos importantes para a estruturação do projeto de pesquisa
- ✓ Apêndice A: Guia rápido para confecção de projetos de pesquisa
- ✓ Apêndice B: Fluxograma de composição do projeto de pesquisa
- ✓ Apêndice C: Modelo de capa de projeto de pesquisa
- ✓ Apêndice D: Modelo de contracapa de projeto de pesquisa
- ✓ Apêndice E: Modelos de cronograma de projeto empírico
- ✓ Apêndice F: Modelos de cronograma de projeto de revisão
- ✓ Apêndice F: Modelo de orçamento
- ✓ Apêndice G: Exemplos de citações e referências pelas normas da ABNT

Apêndice A

Guia rápido para a confecção de projetos de pesquisa

Especificações[21]:

(a) Papel: Tamanho A4 (21 x 29,7 cm). O projeto não deve ultrapassar 15 páginas (mínimo de 6 páginas). As páginas são contadas desde o resumo em língua portuguesa até as referências. Apêndices e anexos não são contabilizados nas 15 páginas. Não há limites para quantidade de anexos e apêndices.

(b) Fonte: Arial, tamanho 11, ao longo de todo o texto, incluindo referências. Apenas as tabelas (se houver) podem ter tamanho entre 8 e 11. Citações diretas longas deverão estar em Arial tamanho 10.

(c) Margens: 2,5 cm em todos os lados (superior, inferior, esquerda e direita).

(d) Espaçamento: espaço 1,5 ao longo de todo o projeto. Apenas nas tabelas o espaçamento deve ser simples.

(e) Alinhamento: justificado.

(f) Recuo da primeira linha do parágrafo: tab = 1,25 cm.

(g) Numeração das páginas: no canto superior direito.

Partes que compõem o projeto:

(a) **Capa** (segundo modelo)

(b) **Contracapa** (segundo modelo)

(c) **Sumário**

(d) Página contendo **Resumo** em português. O resumo deve abordar os seguintes elementos do projeto: tema, objetivo, método e metas do estudo. Escreva no tempo futuro, pois o projeto ainda será realizado. O resumo deve ter no máximo 120 palavras e palavras-chave (de 3 a 5), consultadas em listas de des-

---

[21] Confira as normas da sua instituição, da disciplina para a qual você apresentará o projeto ou para o seu programa de pós-graduação.

critores como DeCS (Descritores em Ciências da Saúde – http://decs.bvs.br/) ou MeSH (*Medical Subject Headings* – https://www.ncbi.nlm.nih.gov/mesh).

(e) Página que deve iniciar com a **Introdução**. Nesta seção, os alunos devem apresentar o tema do projeto, utilizando como referência os estudos encontrados na revisão de literatura. Dependendo das normas da disciplina na qual você apresentará o projeto ou do seu programa de pós-graduação, o referencial teórico pode ser apresentado nesta seção. Não é preciso apresentar uma revisão sistemática dos estudos, mas é importante recuperar artigos recentes, de preferência dos últimos cinco anos, apresentando o estado da produção na área do projeto, suas lacunas e pontos de maior destaque. Destaque apenas os pontos importantes para a compreensão do projeto e sua relevância. Quando for trazer aspectos históricos relacionados ao tema é importante ser objetivo, haja vista que esses elementos já foram explorados em estudos anteriores. É importante recuperar apenas as informações mais importantes e diretamente relacionadas ao seu projeto de pesquisa.

(f) Após a introdução, sem iniciar em uma nova página, deve vir a seção **Justificativa**, na qual devem ser apresentados os motivos para a realização do projeto. Um projeto não se justifica apenas pela baixa produção científica na área/tema, pois é preciso realizar uma revisão bem mais ampla para podermos afirmar isso com certeza. Recomenda-se trazer a justificativa científica e a justificativa social do projeto. A justificativa deve se basear na produção já existente, trazendo os diferenciais e as possíveis contribuições do seu projeto. Dependendo das normas de confecção do projeto (da sua disciplina ou do programa de pós-graduação), a seção de justificativa pode vir ao final da introdução, sem constituir uma seção independente.

(g) A seção **Objetivos** deve vir após a justificativa. Os objetivos devem ser divididos em "Objetivo geral" e "Objetivos específicos". Recomenda-se que não haja mais de quatro objetivos específicos. Todo objetivo deve iniciar com um verbo no infinitivo, como "analisar", "descrever", "conhecer", "compreender", "investigar", "elencar", entre outros. É importante que cada objetivo possa ser respondido por um método específico, ou seja, você só pode propor objetivos que possam ser alcançados a partir do método delineado.

(h) O **Método** não deve iniciar em outra página, mas na sequência do texto, após a justificativa (ou após a introdução, caso a justificativa esteja integrada a essa seção). O método proposto deve permitir que sejam atingidos os objetivos delineados. As partes que compõem o método de um estudo envolvendo seres humanos (estudos empíricos) são:

a. Tipo de estudo – ou delineamento (definir o tipo de estudo, o corte – longitudinal ou transversal, se é qualitativo, quantitativo ou misto, se é teórico ou empírico, se é exploratório, se é descritivo, por exemplo)

b. Participantes

   i. Critérios de inclusão

   ii. Critérios de exclusão

   iii. Recrutamento e seleção dos participantes

   iv. Critérios estatísticos de composição da amostra (para pesquisas quantitativas)

   v. Critérios para definir o número aproximado de participantes ou considerações a respeito (para pesquisas qualitativas)

c. Instrumentos (Definir minuciosamente cada instrumento; no caso de escalas, questionários e testes já utilizados anteriormente, descrever as propriedades psicométricas desses instrumentos, autoria, objetivo, informações sobre validação, sua utilização, dados gerais e forma de apresentação; em se tratando de roteiros de entrevista elaborados pelo próprio pesquisador, descrever as principais questões ou tópicos do roteiro; todos os instrumentos utilizados deverão constar na parte de apêndices e anexos.)

d. Procedimento

   i. Coleta de dados (como haverá o recrutamento dos possíveis participantes e a coleta dos dados, até a composição do *corpus* analítico)

   ii. Análise de dados (categorização, codificação e interpretação dos resultados)

e. Referencial teórico (caso não tenha sido apresentado na seção de introdução)

f. Considerações éticas (Destacar que o desenvolvimento do projeto está amparado na Resolução n. 466, de 12/12/2012 do Conselho Nacional de Saúde ou então na Resolução n. 510, de 07/04/2016 do Conselho Nacional de Saúde, caso seja um projeto na área de ciências humanas e sociais. Descrever que o presente projeto, em conformidade com a legislação ética, está sendo submetido ao Comitê de Ética em Pesquisa de referência – da instituição da qual o estudante/orientador faz parte.)

(i) **Referências** (Devem ser confeccionadas segundo as normas da ABNT[22]. Só devem ser listados nas referências os estudos que efetivamente foram citados ao longo do texto. Os alunos devem revisar sistematicamente as referências em termos das normas e de sua presença no texto – as referências devem corresponder às citações.)

(j) **Apêndices** (São considerados apêndices os materiais desenvolvidos pelo próprio pesquisador, como roteiros de entrevista, Termos de Consentimento Livre e Esclarecido sem assinatura – modelos.)

(k) **Anexos** (São considerados anexos os materiais desenvolvidos por outras pessoas ou organizações que não o próprio pesquisador. São exemplos de anexos pareceres, cartas, documentos assinados por outras pessoas, Termos de Consentimento Livre e Esclarecido assinados.)

(l) Todos os títulos de seções devem vir centralizados e em **negrito** (Exemplo: Resumo, Introdução, Objetivos, Método, Plano de Trabalho e Cronograma de execução, Referências.)

---

[22] Confira as normas da sua instituição, da disciplina para a qual você apresentará o projeto ou para o seu programa de pós-graduação. As normas da ABNT são as mais comuns no Brasil, embora também possamos encontrar programas que solicitam o uso das normas da APA (*American Psychological Association*) ou de Vancouver.

Apêndice B

Fluxograma de composição do projeto de pesquisa

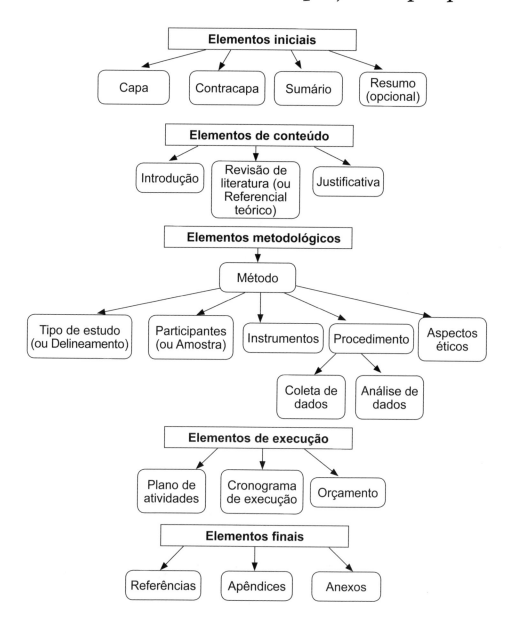

Apêndice C

Modelo de capa de projeto de pesquisa

UNIVERSIDADE DE SÃO PAULO

ESCOLA DE ENFERMAGEM DE RIBEIRÃO PRETO

> ***Atenção:***
>
> *A letra Arial tamanho 11 deve ser utilizada na capa e na contracapa.*
>
> *As margens destas seções devem de ser 2,5 cm (direita, esquerda, superior e inferior).*
>
> *O espaçamento entrelinhas na capa e contracapa deve ser de 1,5 cm.*

Título do trabalho em Arial, tamanho 11, sem negrito, itálico ou sublinhado: subtítulo do trabalho iniciando com letra minúscula, sem negrito, itálico ou sublinhado

Nome Completo do Aluno

RIBEIRÃO PRETO – SP

2021

Apêndice D

Modelo de contracapa de projeto de pesquisa

UNIVERSIDADE DE SÃO PAULO
ESCOLA DE ENFERMAGEM DE RIBEIRÃO PRETO

Atenção:

A letra Arial tamanho 11 deve ser utilizada na capa e na contracapa.

As margens destas seções devem de ser 2,5 cm (direita, esquerda, superior e inferior).

O espaçamento entrelinhas na capa e contracapa deve ser de 1,5 cm.

Título do trabalho em Arial, tamanho 11, sem negrito, itálico ou sublinhado: subtítulo do trabalho iniciando com letra minúscula, sem negrito, itálico ou sublinhado

Nome Completo do Aluno

Nome do Orientador: Prof. Dr. (Nome Completo do Docente)

Junto com as informações como nome do aluno e nome do orientador devem constar informações sobre o projeto, ou seja, se ele está sendo entregue para a conclusão de uma disciplina, se está sendo encaminhado ao Comitê de Ética em Pesquisa ou se está sendo enviado para pedido de bolsa de estudos. Essas especificações devem ser trazidas na contracapa de modo recuado, como exemplificado acima.

RIBEIRÃO PRETO – SP

2021

Apêndice **E**

Modelos de cronograma de projeto empírico[23]

Atividade	Duração	Início previsto	Término previsto
Submissão do projeto ao Comitê de Ética em Pesquisa	3 meses	Mês 1	Mês 4
Levantamento bibliográfico	24 meses	Mês 1	Mês 24
Revisão integrativa da literatura	18 meses	Mês 1	Mês 18
Coleta de dados	7 meses	Mês 6	Mês 12
Transcrição das entrevistas	12 meses	Mês 7	Mês 18
Análise dos dados	12 meses	Mês 13	Mês 24
Produção de artigos	16 meses	Mês 9	Mês 24
Submissão de artigos	12 meses	Mês 13	Mês 24
Relatório final	6 meses	Mês 19	Mês 24
Defesa	1 mês	Mês 24	Mês 24

---

[23] Este modelo é inspirado nas recomendações do Sistema CEP/CONEP. Como podemos observar, trata-se de um cronograma para um projeto a ser desenvolvido ao longo de dois anos. Você pode fazer ajustes no período previsto para cada uma dessas etapas em função do tempo disponível para a realização de sua pesquisa. As pesquisas de iniciação científica e de trabalho de conclusão de curso costumam ser realizadas ao longo de um ano (12 meses). As pesquisas de mestrado geralmente são executadas em dois anos (24 meses) e as de doutorado em três anos e meio (42 meses). Os prazos da pós-graduação dependem do regulamento de cada programa. Note que a coleta de dados só se inicia após a aprovação do projeto em seu respectivo Comitê de Ética em Pesquisa.

Atividades/mês	Ago. 20	Set. 20	Out. 20	Nov. 20	Dez. 20	Jan. 21	Fev. 21	Mar. 21	Abr. 21	Mai. 21	Jun. 21	Jul. 21
Revisão bibliográfica	■	■	■	■	■	■	■	■				■
Recrutamento de participantes		■	■									
Realização de entrevistas			■	■	■	■	■					
Transcrição de entrevistas				■	■	■	■					
Análise de categorias								■	■	■	■	
Relatório final da bolsa e redação de artigo científico											■	■
Submissão de artigo científico para periódico da área de Enfermagem												■

Apêndice F

Modelos de cronograma de projeto de revisão

Atividade	Duração	Início previsto	Término previsto
Levantamento bibliográfico (rastreio)	1 mês	mês 1	mês 2
Seleção das evidências pelos juízes independentes	3 meses	mês 2	mês 5
Comparação das seleções dos dois juízes e acionamento do terceiro juiz, se necessário	2 meses	mês 7	mês 9
Composição do *corpus* analítico	1 mês	mês 10	mês 11
Extração dos dados dos estudos que compõem o *corpus*	2 meses	mês 11	mês 13
Análise do *corpus*	6 meses	mês 14	mês 20
Produção de artigos	4 meses	mês 20	mês 24
Submissão de artigos	1 mês	mês 24	mês 24
Relatório final	1 mês	mês 24	mês 24

Atividades/mês	Ago. 20	Set. 20	Out. 20	Nov. 20	Dez. 20	Jan. 21	Fev. 21	Mar. 21	Abr. 21	Mai. 21	Jun. 21	Jul. 21
Definição da pergunta norteadora, bases indexadoras e unitermos	■											
Treinamento de juízes		■										
Buscas na literatura			■									
Aplicação dos critérios de inclusão e de exclusão			■	■								
Avaliação por juízes e composição do *corpus*					■	■						
Análise do *corpus*							■	■	■	■		
Relatório final da bolsa e redação de artigo científico										■	■	■
Submissão de artigo científico para periódico da área de Enfermagem												■

Apêndice G

Modelo de orçamento[24]

Item	Tipo	Valor	Fonte de recursos
Folhas de Sulfite A4	Custeio	R$ 200,00	Recursos próprios/material de consumo disponível no laboratório de pesquisa
Gravador de voz	Capital	R$ 500,00	Recursos próprios/material de consumo disponível no laboratório de pesquisa
Pen Drive	Custeio	R$ 50,00	Recursos próprios/material de consumo disponível no laboratório de pesquisa

---

[24] No orçamento você deve descrever as estruturas ou os materiais que já pertencem ao laboratório de pesquisa ou ao grupo de pesquisa ao qual o estudante está vinculado ou então descrever como esses recursos serão adquiridos, o que pode se dar por meio de algum financiamento recebido pelo seu orientador, por exemplo, ou mesmo financiamento da universidade para as atividades de pesquisa. Neste exemplo trazemos o orçamento de uma pesquisa qualitativa na qual o pesquisador utilizará como método a entrevista.

Apêndice **H**

Exemplos de citações e referências pelas normas da ABNT

1. Exemplos de citações no corpo do Projeto de Pesquisa

(a) Citação de artigo de autoria múltipla

(a.1) Artigo com dois autores: cite os dois nomes, sempre que o artigo for referido, utilizando "e" no corpo do texto, mas utilizando "ponto e vírgula" se a referência vier entre parênteses:

"Carvalho e Beraldo (2006) fizeram a análise quantitativa..." ou "Esta análise quantitativa (CARVALHO; BERALDO, 2006)".

(a.2) Artigo com três a cinco autores: cite todos os autores só na primeira citação e nas seguintes cite o primeiro autor seguido da expressão "et al." e data:

"A literatura desta área foi revisada por Mansur, Carrthery, Caramelli e Nitrini (2006)" ou "Isto foi descrito em outro artigo (MANSUR; CARRTHERY; CARAMELLI; NITRINI, 2006)" ou "Isto foi descrito em outro artigo (MANSUR et al., 2006)".

(a.3) Artigo com seis ou mais autores: cite no texto apenas o sobrenome do primeiro autor, seguido de "et al." e da data.

(b) Citações de obras antigas e reeditadas

"De fato, Skinner (1963/1975)" ou "...na explicação do comportamento (SKINNER, 1963/1975)".

2. Exemplos de referências

Inicie uma nova página para a seção de referências, com o título centralizado na primeira linha abaixo do cabeçalho. Apenas as obras consultadas e mencionadas no texto devem aparecer nesta seção. Os exemplos aqui mencionados não excluem a necessidade de conferir as normas oficiais da ABNT. Eles devem ser utilizados apenas como um norteador desse processo.

Em casos de referência a múltiplos estudos do(a) mesmo(a) autor(a), utilize ordem cronológica, ou seja, do estudo mais antigo ao mais recente. Trabalhos do mesmo autor e ano devem ser diferenciados pelo acréscimo de uma letra após a data, em ordem alfabética. Nomes de autores não devem ser substituídos por travessões ou traços.

Exemplos de referências

Continue utilizando espaçamento 1,5, sem recuo de parágrafo ao iniciar cada referência. Não deixe um espaço extra entre as citações. As referências devem ser citadas em ordem alfabética pelo sobrenome dos autores. Em casos de referência a múltiplos estudos do(a) mesmo(a) autor(a), utilize ordem cronológica, ou seja, do estudo mais antigo ao mais recente. Trabalhos do mesmo autor e do mesmo ano devem ser diferenciados pelo acréscimo de uma letra após a data, em ordem alfabética. Nomes de autores não devem ser substituídos por travessões ou traços.

(a) Artigo de revista científica

BOSA, C. A.; PICCININI, C. A. Comportamentos interativos em crianças com temperamento fácil e difícil. **Psicologia: Reflexão e Crítica**, Porto Alegre, v. 9, n. 2, p. 337-352, 1996.

(b) Artigo de revista científica editada apenas em formato eletrônico

LIMA, R. F. F.; RAFFAELLI, M.; MORAIS, N. A.; SANTANA, J. P.; NIETO, C. J.; KOLLER, S. H. Trajectories of adjustment in a Brazilian sample of street-involved youth. **Child Development**, v. 90, cdev.13300, 2019. doi: 10.1111/cdev.13300. Disponível em: https://www.ncbi.nlm.nih.gov/pubmed/31444808 – Acesso em: 01 mai. 2020.

(c) Livros

KOLLER, S. H. **Ecologia do desenvolvimento humano:** Pesquisa e intervenção. São Paulo: Casa do Psicólogo, 2004, 142 p.

(d) Capítulo de livro

DELL'AGLIO, D. D.; DERETTI, L. Estratégias de *coping* em situações de violência no desenvolvimento de crianças e adolescentes. In: HUTZ, C. S. (org.). **Violência e risco na infância e adolescência:** Pesquisa e intervenção. São Paulo: Casa do Psicólogo, 2005, p. 147-171.

(e) Obra antiga e reeditada em data muito posterior

BRONFENBRENNER, U. **A ecologia do desenvolvimento humano:** Experimentos naturais e planejados. Porto Alegre: Artes Médicas, 1979/1996.

(f) Autoria institucional

AMERICAN PSYCHIATRIC ASSOCIATION. **Diagnostic and statistical manual of mental disorder – DSM-III-R**. 3. ed. rev. Washington: Author, 1988.

SOBRE O AUTOR

Fabio Scorsolini-Comin é psicólogo e pedagogo, com especialização em Supervisão Educacional e em Administração Escolar. Possui mestrado, doutorado e livre-docência em Psicologia pela Universidade de São Paulo. No doutorado realizou estágio na Faculdade de Psicologia e de Ciências da Educação da Universidade do Porto (Portugal). Realizou dois pós-doutorados na área de Tratamento e Prevenção Psicológica pela USP. Atualmente é professor do Departamento de Enfermagem Psiquiátrica e Ciências Humanas da Escola de Enfermagem de Ribeirão Preto da Universidade de São Paulo (EERP-USP), do Programa de Pós-graduação em Enfermagem Psiquiátrica da EERP-USP e do Programa Interunidades de Doutoramento em Enfermagem da USP. Coordenador do *ORÍ – Laboratório de Pesquisa em Psicologia, Saúde e Sociedade* e do Centro de Psicologia da Saúde da EERP-USP. Já atuou como editor em diversos periódicos científicos, tais como na Revista da SPAGESP (Sociedade de Psicoterapias Analíticas Grupais do Estado de São Paulo), na Paidéia (USP), na Trends in Psychology (Sociedade Brasileira de Psicologia) e na SMAD – Revista Eletrônica Saúde Mental, Álcool e Drogas (USP). Desde o ano de 2010 é docente de disciplinas de Metodologia Científica na graduação e na pós-graduação em Enfermagem e Psicologia. Autor de *Guia de orientação para iniciação científica* (Editora Atlas) e *Técnicas de entrevista: método, planejamento e aplicações* (Editora Vetor). Pela Editora Vozes é organizador das obras *Avaliação psicológica: da teoria às aplicações* e *Temas especiais em Psicologia Positiva*. Bolsista de Produtividade em Pesquisa do CNPq.

E-mail: fabio.scorsolini@usp.br

LEIA TAMBÉM:

Metodologia do estudo e pesquisa
Facilitando a vida dos estudantes, professores e pesquisadores

Lourdes Meireles Leão

O processo de construção do conhecimento científico não se desenvolve espontaneamente. Para isso é necessário um estudo sistemático e rigoroso. A metodologia é um instrumento de extrema utilidade para subsidiar professores, pesquisadores, profissionais de diferentes áreas e alunos dos cursos superiores neste empreendimento. O caminho a ser percorrido exige hábitos e operacionalização de técnicas de estudo e de trabalho que tornem os esforços realmente produtivos. O domínio de métodos e técnicas de leitura e interpretação de textos, como também de elaboração de trabalhos científicos (artigos, monografias, dissertações e teses) constitui uma exigência para todos aqueles que pretendem percorrer esse caminho.

Esse livro se apresenta como uma introdução geral à metodologia científica, tendo como objetivo principal demonstrar as bases e as estruturas do trabalho científico, desde atividades discentes até trabalhos de maior rigor metodológico. Conteúdo essencial exemplificado, linguagem simples e objetiva, texto dividido de maneira didática são as características desse livro que abrange considerações sobre conhecimento, ciência e método, regras de como estudar, elaboração de resumos, esquemas e fichas de leitura, confecção de trabalhos científicos escritos, apresentações orais e noções elementares de pesquisas.

Lourdes Meireles Leão é mestre e doutora em Psicologia Cognitiva; especialista em Psicologia Clínica, docente e pesquisadora do Departamento de Educação da Universidade Federal Rural de Pernambuco. Ministrou as disciplinas Psicologia Social, Psicologia Aplicada às Relações Humanas, Psicologia da Aprendizagem, Psicologia do Desenvolvimento, Gestão de Pessoas e Serviços, Metodologia do Trabalho Científico, Psicologia e Sociedade nos cursos de graduação e Metodologia da Pesquisa Científica nos cursos de Pós-graduação de Medicina Veterinária e demais Ciências Agrárias. Autora de artigos relacionados às áreas de Psicologia e Linguagem. Atualmente aposentada, ministra, como professora-convidada, a disciplina Metodologia da Pesquisa Científica no curso de Pós-Graduação de Medicina Veterinária e demais Ciências Agrárias, na Universidade Federal Rural de Pernambuco.

LEIA TAMBÉM:

Escrever, ler e aprender na universidade

Uma introdução à alfabetização acadêmica

Paula Carlino

Esse livro não propõe incluir o ensino da leitura e da escrita nas matérias apenas porque os estudantes chegam malformados e nem pelo interesse em contribuir para desenvolver as habilidades discursivas dos universitários como um fim em si mesmo. Pelo contrário, pretende integrar a produção e a análise de textos no ensino de todas as disciplinas porque ler e escrever fazem parte da prática profissional acadêmica dos graduandos que esperamos formar e porque elaborar e compreender escritos são os meios inconfundíveis para aprender os conteúdos conceituais das disciplinas que esses alunos também devem conhecer.

Sendo assim, esse livro foi pensado para os professores de qualquer disciplina da educação superior, para os membros da gestão das universidades, os que possuem poder de decisão sobre os planos de estudo e são responsáveis por organizar a carreira docente e planejar ações de desenvolvimento profissional para os professores.

Paula Carlino é PhD em Psicologia pela Universidade Autônoma de Madri, pesquisadora do Conselho Nacional de Investigação Científica e Técnica (Conicet), Argentina. É autora de diversas obras sobre a formação de leitores e escritores.

CULTURAL
- Administração
- Antropologia
- Biografias
- Comunicação
- Dinâmicas e Jogos
- Ecologia e Meio Ambiente
- Educação e Pedagogia
- Filosofia
- História
- Letras e Literatura
- Obras de referência
- Política
- Psicologia
- Saúde e Nutrição
- Serviço Social e Trabalho
- Sociologia

CATEQUÉTICO PASTORAL
Catequese
- Geral
- Crisma
- Primeira Eucaristia

Pastoral
- Geral
- Sacramental
- Familiar
- Social
- Ensino Religioso Escolar

TEOLÓGICO ESPIRITUAL
- Biografias
- Devocionários
- Espiritualidade e Mística
- Espiritualidade Mariana
- Franciscanismo
- Autoconhecimento
- Liturgia
- Obras de referência
- Sagrada Escritura e Livros Apócrifos

Teologia
- Bíblica
- Histórica
- Prática
- Sistemática

REVISTAS
- Concilium
- Estudos Bíblicos
- Grande Sinal
- REB (Revista Eclesiástica Brasileira)

VOZES NOBILIS
Uma linha editorial especial, com importantes autores, alto valor agregado e qualidade superior.

PRODUTOS SAZONAIS
- Folhinha do Sagrado Coração de Jesus
- Calendário de mesa do Sagrado Coração de Jesus
- Agenda do Sagrado Coração de Jesus
- Almanaque Santo Antônio
- Agendinha
- Diário Vozes
- Meditações para o dia a dia
- Encontro diário com Deus
- Guia Litúrgico

VOZES DE BOLSO
Obras clássicas de Ciências Humanas em formato de bolso.

CADASTRE-SE
www.vozes.com.br

EDITORA VOZES LTDA.
Rua Frei Luís, 100 – Centro – Cep 25689-900 – Petrópolis, RJ
Tel.: (24) 2233-9000 – Fax: (24) 2231-4676 – E-mail: vendas@vozes.com.br

UNIDADES NO BRASIL: Belo Horizonte, MG – Brasília, DF – Campinas, SP – Cuiabá, MT
Curitiba, PR – Fortaleza, CE – Goiânia, GO – Juiz de Fora, MG
Manaus, AM – Petrópolis, RJ – Porto Alegre, RS – Recife, PE – Rio de Janeiro, RJ
Salvador, BA – São Paulo, SP